KB075018

분야별로 가려뽑은 핵심

日本語 단어

초중급자

일본어 단어를 익히기 쉽도록 분야별로 구성한 초중급자의 필수 단어장

이규형 지음

도서출판 사사연

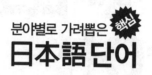

분야별로 가려뽑은 핵심
日本語 단어

과연 어떻게 하면 쉽고 그리고 빠르고 정확하게 일본어 단어를 익힐 수 있을까, 나름대로 연구하고 고심한 끝에 만들어낸 것이 바로 이 분야별 단어집이다.

일본어를 배우려는 사람들(특히 초보자들)의 편의를 위해서 단어를 각 분야별로 가려 뽑되, 배운 그것을 문장이나 대화에 즉시 응용할 수 있게끔 일상적(日常的)으로 많이 사용되는 기초용어를 중심으로 엮은 새로운 스타일의 교재인 것이다.

그 분야와 관계가 깊은 기초단어는 거의 모두 수록했고, 발음이나 뜻이 까다로운 단어에는 따로 설명을 덧붙였으며, 또한 가급적 예문(例文)을 많이 넣어 독자들이 쉽게 이해할 수 있도록 노력했다.

예컨대 음식물, 쇼핑, 여행이나 관광, 비즈니스, 매스컴, 스포츠와 오락, 교육, 종교 등 일상생활에서 빼놓을 수 없는 단어들을 골라 체계적으로 설명하고 있어, 그만큼 머릿속에 기억·저장하는 일이 훨씬 수월해질 것이라 믿는다.

따라서 여기에 수록된 기초단어만 제대로 익혀도 여러분들의 단어 실력은 틀림없이 비약적인 발전을 이룰 수 있으리라 확신한다. 물론 거기에 따른 노력이 필수적이지만.

어느 나라의 말이나 마찬가지일 테지만, 일본어 또한 그 단어의 발음과 뜻을 하나하나 정확하게 기억해두는 수밖에 달리 묘책이 없다. 오직 인내가 요구될 따름인 것이다.

그렇다면 문제는 어떻게 하면 쉽게 익히고, 그 익힌 것을 잊어버리지 않게 하느냐 인데, 이 또한 반복학습이 외에는 달리 뾰족한 방법이 없을 것이다. 배운 단어를 이렇게도 써보고 저렇게도 써보는 사이에 그 단어가 머릿속에 단단히 박히게 하는 것이다.

그럴 것이 일본어 단어에는 우리의 상식을 초월한 변칙 발음이 제법 많고, 뜻 역시 이렇게도 되고 저렇게도 되는 것들이 많아, 그것을 수십 년간 배워온 사람들로서도 알쏭달쏭한 경우가 드물지 않기 때문이다. 속된 말로 결코 그렇게 만만하지가 않다는 것이다.

한 가지 다행스런 것은 일본어는 영어나 중국어처럼 문법(文法)이 그리 까다롭지 않아, 단어만 제대로 알고 있으면, 문장 구성이나 대화에 큰 어려움은 없다는 점이다. 문장과 대화가 우리말처럼 되어 있는 까닭이다. 결국 단어 습득이 열쇠가 된다고 해도 과언이 아니다. 이 점 단단히 새겨두기 바란다.

어쨌거나 이 책이 일본어를 배우려는 사람들에게 다소라도 도움을 줄 수가 있다면, 펴낸 사람으로서 그 이상 바랄 것이 없겠다. 독자 여러분들의 분발을 촉구하는 바이다.

2004년
지은이 씀

차 례

　일본사람들의 가족관계, 또는 친족관계를 나타내는 단어는 우리로서는 좀 생소하고 의아스러운 점이 없지 않다. 그럴 것이 그 호칭이 우리처럼 또박또박 구별되어 있지 않고, 한 단어에 여러 가지 다른 뜻이 포함되어 있기 때문이다.

　가령 우리는 「피붙이」, 「친족」 이렇게 간단하게 표현하고 있지만, 그들은 「피붙이」를 「血続き(지쓰즈끼)」 「血筋(지스지)」 「毛並き(게나미)」 등으로, 「친족」 또한 「身内(미우찌)」 「身寄り(미요리)」 「親類(신루이)」 「親戚(신세끼)」 등 여러 단어로 나타내고 있다.

　게다가 우리는 「백부」 「숙모」 「고모」 「이모」 「시아버지」 「장인」 「장모」…… 이렇게 그 호칭이 구분되어 있지만, 그들은 같은 「おじ(오지)」인데 부모의 손위는 「伯父」, 손아래는 「叔父」로 쓰고 있으며, 「おば(오바)」 역시 자기의 부모를 기준으로 해서 손위는 「伯母」, 손아래는 「叔母」로 쓰고 있다.

　그런데 이 「おじ」는 비단 「백부」 「숙부」 뿐만 아니라, 「고모부」 「이모부」도 되며, 「おば」 또한 「백모」와 「숙모」가 될 뿐만 아니라, 「고모」도 되고 「이모」도 되는 것이다. 우리로서는 좀 헷갈리지 않을 수 없다.

　더욱이 「장인」 「장모」 「시아버지」 「시어머니」에 이르러서는 더한층 혼란을 느끼게 된다. 그럴 것이 그들은 「舅」라고 쓰고 「장인」과 「시아버지」로, 그리고 「姑」라고 쓰고 「장모」와 「시어머니」로 병용(併用)하고 있기 때문이다. 그리고 이 두 발음 또한 같은 「しゅうと(슈우또)」가 되어 혼란을 가중시켜 주고 있다.

　한편 「이혼」을 가리킬 때 물론 「離婚(리꽁)」이라고도 하지만 그보다는 「離縁(리엔)」, 결국 「인연을 끊음」이라고 쓰고 있다. 따라서 「이혼장」 역시 「離縁状(리엔죠오)」가 된다.

　아무튼 이런 사실들을 염두에 두고 관련단어를 익혀주기 바란다.

家(いえ・이에) 집

家庭(かてい・가떼이) 가정

家族(かぞく・가조꾸) 가족

世帯(せたい・세따이) 세대

戸主(こしゅ・고슈) 호주

宗家(そうけ・소오께) 본가, 큰집

　당연히 「しゅうか」로 알기 쉬우나 「소오께」가 된다.

本家(ほんけ・홍께) 본가, 종가

戸籍(こせき・고세끼) 호적

祖先(そせん・소셍) 조상

　「祖先」이라고 하면 무슨 뜻인지 잘 이해하기 힘들 테지만 「조상」을 가리킨다.

先祖(せんぞ・센조) 조상, 선조

家門(かもん・가몽) 가문

門閥(もんばつ・몬바쓰) 문벌, 가문

氏族(しぞく・시조꾸) 조상이 같은 일족

家系(かけい・가께이) 가계

系図(けいず・게이즈) 계도

血縁(けつえん・게쓰엥) 혈연, 혈육

血肉(けつにく・게쓰니꾸) 혈육

身内(みうち・미우찌) 가족, 집안, 일가

　발음이 「미우찌」라는 사실에 유의할 것

血族(けつぞく・게쓰조꾸) 혈족

近親(きんしん・긴싱) 혈연관계가 가까운 친족

親戚(しんせき・신세끼) 친척

親族(しんぞく・신조꾸) 친족

親類(しんるい・신루이) 친척

　彼女は 遠い 親類である

　(그녀는 먼 친척이다)

身寄り(みより・미요리) 친족

血統(けっとう・겟또오) 혈통

血筋(ちすじ・지스지) 혈통

血続き(ちつづき・지쓰즈끼) 혈연

毛並み(けなみ・게나미) 혈통・가문 등의 출신성분

素姓(すじょう・스죠오) 혈통・집안・태생, 신분, 신원

親(おや・오야) 어버이, 부모

両親(りょうしん・료오싱) 양친, 부모

父母(ふぼ・후보) 부모

肉親(にくしん・니꾸싱) 육친

親子(おやこ・오야꼬) 부모와 자식

祖父(そふ・소후) 조부, 할아버지

祖母(そぼ・소보) 조모, 할머니

曾祖父(そうそふ・소오소후) 증조부

曾祖母(そうそぼ・소오소보) 증조모

外祖父(がいそふ・가이소후) 외조부, 외할아버지

外祖母(がいそぼ・가이소보) 외조모, 외할머니

外孫(そとまご・소또마고) 외손자

父(ちち・지찌) 아버지, 부친

父親(ちちおや・지찌오야) 부친, 아버지

父上(ちちうえ・지찌우에) 아버님

親父(おやじ・오야지) 성인남자가 자기 아버지를 일컫는 말, 또는 직장의 책임자

実父(じっぷ・짓뿌) 친아버지

母(はは・하하) 어머니, 모친

母親(ははおや・하하오야) 모친, 어머니

母上(ははうえ・하하우에) 어머님

実母(じつぼ・지쓰보) 친어머니

母方(ははがた・하하가따) 외가쪽

兄(あに・아니) 형

兄嫁(あによめ・아니요메) 형수

実兄(じっけい・짓께이) 친형

兄弟(きょうだい・교오다이) 형제

弟(おとうと・오도오또) 남동생

実弟(じってい・짓떼이) 친동생

舎弟(しゃてい・샤떼이) 자기 아우를 일컫는 말

弟御(おとうとご・오또오또고) 남의 동생을 존중해서 일컫는 말

姉(あね・아메) 누나, 누님

妹(いもうと・이모오또) 여동생

姉妹(しまい・시마이) 자매

シスター(시스따아) 시스터, 자매

実妹(じつまい・지쓰마이) 친여동생

おじいさん(오지이상) 할아버지

おばあさん(오바아상) 할머니

お父さん(おとうさん・오도오상) 아버지

お母さん(おかあさん・오까아상) 어머니

兄さん(にいさん・니이상) 형님

姉さん(ねえさん・네에상) 누님

伯父(おじ・오지) 백부, 큰아버지

叔父(おじ・오지) 숙부, 작은아버지

伯母(おば・오바) 백모, 큰어머니, 고모

叔母(おば・오바) 숙모, 작은어머니, 고모

甥(おい・오이) 조카, 생질

姪(めい・메이) 조카딸, 질녀

いとこ(이또꼬) 사촌, 종형제, 종자매

従祖父(じゅうそふ・쥬우소후) 당숙

従妹(じゅうまい・쥬우마이) 사촌여동생

子(こ・고) 자식, 새끼

息子(むすこ・무스꼬) 아들자식

倅(せがれ・세가레) 자기 아들을 겸손하여 일컫는 말

娘(むすめ・무스메) 딸

愛娘(まなむすめ・마나무스메) 귀여워하는 딸, 고명딸

箱入り娘(はこいりむすめ・하꼬이리무스메) 규중처녀

父子(ふし・후시) 부자, 아버지와 자식

母子(ぼし・보시) 모자, 어머니와 자식

妻子(さいし・사이시) 처자, 아내와

자식

長男(ちょうなん・죠오낭) 장남, 큰아들

長女(ちょうじょ・죠오죠) 장녀, 큰 딸

次男(じなん・지낭) 차남, 둘째아들

次女(じじょ・지죠) 차녀, 둘째딸

三男(さんなん・산낭) 삼남, 세째아들

三女(さんじょ・산죠) 삼녀, 세째딸

子宝(こだから・고다까라) 보배처럼
　귀한 자식

子煩悩(こぼんのう・고본노오) 자식
　을 끔찍이 사랑하고 아낌, 또 그런
사람

孝子(こうし・고오시) 효자

孝行(こうこう・고오꼬오) 효도, 효행

不孝(ふこう・후꼬오) 불효

のら息子(のらむすこ・노라무스꼬)
　방탕한 자식

放蕩児(ほうとうじ・호오또오지) 방
　탕아

家訓(かくん・가꿍) 가훈

勤勉(きんべん・긴벵) 근면, 부지런함

正直(しょうじき・쇼오지끼) 정직

和睦(わぼく・와보꾸) 화목

結婚(けっこん・겟꽁) 결혼

夫婦(ふうふ・후우후) 부부

夫妻(ふさい・후사이) 부처

連合い(つれあい・쓰레아이) 배우자,
　동반자

발음이 「쓰레아이」라는 사실에 유
의할 것

伴侶(はんりょ・한료) 반려자, 동반자

配偶者(はいぐうしゃ・하이구우샤)
　배우자

カップル(갓뿌루) 커플, 부부

糟糠の妻(そうこうのつま・소오꼬오
　노쓰마) 조강지처

共稼ぎ(ともかせぎ・도모가세기) 직
　역하면 「같이 돈벌이를 하다」가 되
어 결국 「맞벌이」를 뜻한다.

内職(ないしょく・나이쇼꾸) 부업
　「집에서 하는 직업」, 결국 「부업」을
뜻하며 「나이쇼꾸」라고 발음한다.

夫(おっと・옷또) 남편

良人(おっと・옷또) 남편
　「료오징」으로 알기 쉬우나 「옷또」
가 된다.

ハズバンド(하즈반도) 허즈벤드, 남편

主人(しゅじん・슈징) 주인

亭主(ていしゅ・데이슈) 한 집안의 주
　인, 남편

妻(つま・쓰마) 처, 아내

家内(かない・가나이) 자기안내
　彼女は わたしの 家内です
　(그녀는 제 아내입니다)

女房(にょうぼう・뇨오보오) 아내, 마
　누라

「죠보오」로 알기 쉬우나 「뇨오보오」이다.

ワイフ(와이후) 와이프, 아내

愚妻(ぐさい · 구사이) 어리석은 아내
　결국 자기 아내를 남에게 일컫는 말
이다.

細君(さいくん · 사이꿍) 남의 아내

新妻(にいづま · 니이즈마) 새댁, 새색시

令夫人(れいふじん · 레이후징) 영부인

舅(しゅうと · 슈우또) 장인, 시아버지

姑(しゅうと · 슈우또) 장모, 시어머니

小姑(こじゅうとめ · 고쥬우또메)　시
　누이

若様(わかさま · 와까사마) 도련님, 서
　방님

嫁(よめ · 요메) 며느리

実家(じっか · 짓까) 친정집

出戻り(でもどり · 데모도리) 소박데기

婿(むこ · 무꼬) 사위

入り婿(いりむこ · 이리무꼬) 데릴사위

跡目(あとめ · 아또메) 집안의 대를 이
　을 상속인

跡継ぎ(あとつぎ · 아또쓰기)　집안의
　대를 이을 상속인, 「跡目」와 같음

後裔(こうえい · 고오에이) 후예, 자손

家督(かとく · 가또꾸) 후계자, 상속인

後継(こうけい · 고오께이) 후계

相続人(そうぞくにん · 소오조꾸닝)
상속인

同居(どうきょ · 도오꾜) 동거

分家(ぶんけ · 붕께) 분가
　「붕까」가 아닌 「붕께」라는 사실에
유의할 것

間柄(あいだがら · 아이다가라) 혈통
　· 친척간의 관계

水入らず(みずいらず · 미즈이라즈)
　남이 끼지 않은 집안끼리

赤の他人(あかのたにん · 아까노다닝)
　피가 전혀 섞이지 않은 남
　직역하면 「빨간 타인」이 되지만,
「아무 관계가 없는 남」이라는 뜻이다.

勘当(かんどう · 간도오) 부자(父子)
　의 인연을 끊는 것

死別(しべつ · 시베쓰) 사별

後家(ごけ · 고께) 과부, 미망인

寡婦(やもめ · 야모메) 과부, 미망인

未亡人(みぼうじん · 미보오징) 미망인

やもめ(야모메) 홀아비

本妻(ほんさい · 혼사이)　본처

後添い(のちぞい · 노찌조이) 후처, 후실

妾(めかけ · 메까께) 첩

側妻(そばめ · 소바메) 첩, 소실
　「소꾸사이」가 아닌 「소바메」라고
읽는다.

腹違い(はらちがい · 하라찌가이)　이
복(異腹), 배다른

妾腹(しょうふく・쇼오후꾸) 첩에게서 태어난 자식

生母(せいぼ・세이보) 생모, 낳아준 어머니

生みの親(うみのおや・우미노오야) 친부모, 낳아준 부모

仮親(かりおや・가리오야) 양부모

養い親(やしないおや・야시나이오야) 양부모

継父母(けいふぼ・게이후보) 계부와 계모

養父母(ようふぼ・요오후보) 양부모

養子(ようし・요오시) 양자

養女(ようじょ・요오죠) 양녀

継子(ままこ・마마꼬) 의붓자식

貰い子(もらいご・모라이고) 남의 자식을 얻어다 기름. 또 그 아이

父無し子(ててなしご・데떼나시고) 아비 없는 자식

당연히 「지찌나시고」로 알 테지만 엉뚱하게도 「데떼나시고」이다.

未婚母(みこんぼ・미꼰보) 미혼모

捨て子(すてご・스떼고) 버려진 아이, 또 아이를 버리는 것

私生児(しせいじ・시세이지) 사생아

合の子(あいのこ・아이노꼬) 혼혈아, 튀기

混血児(こんけつじ・공께쓰지) 혼혈아

孤児(みなしご・미나시고) 고아 「미나시고」라고도 하고 「고지」라고도 한다.

性別(せいべつ・세이베쓰) 성별

性比(せいひ・세이히) 성비

男女(だんじょ・단죠) 남녀

平等(びょうどう・뵤오도오) 평등

男(おとこ・오또꼬) 남자, 사나이

男性(だんせい・단세이) 남성

男子(だんし・단시) 남자

男児(だんじ・단지) 남아, 사내아이

童(わらわ・와라와) 어린이, 아동

童子(どうじ・도오지) 동자, 어린이

神童(しんどう・신도오) 신동

男所帯(おとこじょたい・오또꼬죠따이) 여자가 없고 남자뿐인 살림살이

男一匹(おとこいっぴき・오또꼬잇삐끼) 성년남자임을 강조하는 말 직역하면 「남자 한 마리」가 되지만 「어엿한 남자」라는 뜻이다.

女(おんな・온나) 여자

女性(じょせい・죠세이) 여성

女子(じょし・죠시) 여자

女児(じょじ・죠지) 여아, 여자아이

女王(じょおう・죠오오) 여왕

女流(じょりゅう・죠류우) 여류

女心(おんなごころ・온나고꼬로) 여심, 여자다운 마음

女だてらに(おんなだてらに・온나다떼라니) 여자 주제에

　女だてらに 生意気である

　(여자 주제에 건방지다)

子供(こども・고도모) 어린아이, 어린이

小児(しょうに・쇼오니) 소아, 어린이

ちび(지비) 꼬마

ちんぴら(찐삐라) 꼬마, 조무래기

　ちんぴらだが なかなか 賢い

　(조무래기지만 제법 똑똑하다)

稚児(ちご・지고) 유아, 어린이

少年(しょうねん・쇼오넹) 소년

ボーイ(보오이) 보이, 소년

少女(しょうじょ・쇼오죠) 소녀

ガール(가아루) 걸, 소녀

小娘(こむすめ・고무스메) 계집아이

ティンエージャ(띤에에쟈) 틴에이저.

　10대의 소년소녀

行儀(ぎょうぎ・교오기) 행실, 예절

　「고오기」로 알기 쉬우나 「교오기」라

고 한다.

　この頃の 子供達は 行儀が 悪い

　(요즈음의 아이들은 행실이 나쁘다)

青春(せいしゅん・세이슝) 청춘

大人(おとな・오또나) 어른

　「다이징」이 아닌 「오또나」라는 사실

에 유의할 것

紳士(しんし・신시) 신사

ゼントルマン(젠또루망) 젠틀맨, 신사

おじさん(오지상) 아저씨

淑女(しゅくじょ・슈꾸죠) 숙녀

ミス(미스) 미스, 처녀

マドモアゼル(마도모아제루) 미스, 아

　가씨

セニョリーター(세뇨리이따) 아가씨

婦人(ふじん・후징) 부인

レディー(레디이) 레이디, 숙녀

レディーファースト(레디화아스또)

　레이디 퍼스트(여성제일)

娘盛り(むすめざかり・무스메자까리)

　처녀로서 한창 아름다울 때

妙齢(みょうれい・묘오레이) 묘령, 20

　안팎의 여자나이

芳年(ほうねん・호오넹) 꽃다운 나이,

　방년

　芳年 20才の 大学生である

　(방년 20세의 대학생이다)

奥様(おくさま・오꾸사마) 마님, 영부인

奥さん(おくさん・오꾸상) 아주머니

夫人(ふじん・후징) 부인

主婦(しゅふ・슈후) 주부

人妻(ひとづま・히또즈마) 유부녀, 남

　의 아내

おばさん(오바상) 아주머니

マダム(마다무) 마담, 부인

年増(としま・도시마) 30대에서 40대

의 부인

발음이 「도시마」라는 사실에 유의
할 것

内儀(ないぎ・나이기) 신분이 높은 사
람의 아내

人生(じんせい・진세이) 인생

出生(しゅっせい・슛세이) 출생

生存(せいぞん・세이종) 생존

幼い(おさない・오사나이) 어리다

**幼馴染み(おさななじみ・오사나나지
미)** 어린 시절의 친구

久しぶりに 幼馴染みに 会った

(오래간만에 어릴 적 친구를 만났다)

なつかしい(나쓰까시이) 그리운, 그립다

思い出(おもいで・오모이데) 추억, 회상

追憶(ついおく・쓰이오꾸) 추억

面影(おもかげ・오모까게) 얼굴모습,
옛날의 상태나 모양

발음이 쉽지 않을 테지만 「오모까
게」이다.

生い立ち(おいたち・오이다찌) 성장
(成長), 성장과정

若い(わかい・와까이) 젊다, 젊은

成年(せいねん・세이넹) 성년

未成年(みせいねん・미세이넹) 미성년

若者(わかもの・와까모노) 젊은 사람,
젊은이

青年(せいねん・세이넹) 청년

チョンガー(쫑가아) 총각, 우리나라의
「총각」을 가리키는 단어이다.

乙女(おとめ・오또메) 처녀, 소녀

「오쯔죠」가 아닌 「오또메」라고 읽
는다.

処女(しょじょ・쇼죠) 처녀

バージン(바아진) 버진, 처녀

未通女(おぼこ・오보꼬) 숫처녀

발음이 엉뚱하게도 「오보꼬」이다.

生娘(きむすめ・기무스메) 숫처녀

蓮っ葉(はすっぱ・하슷빠) 말괄량이

직역하면 「연꽃잎」이 되지만, 뜻은
전혀 다른 「말괄량이」이다.

娘が どうも 蓮っ葉で 困る

(딸이 도무지 말괄량이어서 곤란하다)

じゃじゃ馬(じゃじゃうま・쟈쟈우마)
말괄량이

令嬢(れいじょう・레이죠오) 영양, 영애

老嬢(ろうじょう・로오죠오) 노처녀,
올드미스

オールドミス(오오루도미스) 올드미
스, 노처녀

余生(よせい・요세이) 여생, 나머지
생애

寿命(じゅみょう・쥬묘오) 수명

長生き(ながいき・나가이끼) 장수(長
寿)

若返り(わかがえり・와까가에리) 되

젊어짐, 회춘(回春)

ロマンスグレイ(로만스구레이) 로맨스그레이, 초로에 접어든 사람

初老(しょろう・쇼로오) 초로

老人(ろうじん・로오징) 노인

年寄り(としより・도시요리) 늙은이, 노인

老婆(ろうば・로오바) 노파, 할머니

老いぼれ(おいぼれ・오이보레) 늙은이, 노인을 얕잡아 부르는 말

老いる(おいる・오이루) 늙다, 나이먹다

老い先(おいさき・오이사끼) 여생, 노후

年波(としなみ・도시나미) 연륜(年輪)

呆ける(ぼける・보께루) 멍청해지다

もうろく(모오로꾸) 늙어서 망령을 부림

よぼよぼ(요보요보) 늙어서 힘이 없는 모양

衰弱(すいじゃく・스이쟈꾸) 쇠약

衰える(おとろえる・오또로에루) 쇠약해지다

若死(わかじに・와까지니) 요절, 젊어서 죽음

遺言(ゆいごん・유이공) 유언

夭折(ようせつ・요오세쓰) 요절, 젊어서 죽음

死ぬ(しぬ・시누) 죽다

死亡(しぼう・시보오) 사망

臨終(りんじゅう・린쥬우) 임종

「린쇼오」로 생각하기 쉬우나 「린쥬우」이다.

黄泉路(よみじ・요미지) 황천길, 저승길

あの世(あのよ・아노요) 저 세상

没年(ぼつねん・보쓰넹) 죽은 해

挽歌(ばんか・방까) 만가, 죽은 사람을 애도하는 노래

一握りの 灰(ひとにぎりの はい・히또니기리노 하이) 한 줌의 재

無常(むじょう・무죠오) 무상, 덧없음

儚ない(はかない・하까나이) 덧없다

運命(うんめい・운메이) 운명

宿命(しゅくめい・슈꾸메이) 숙명

墓場(はかば・하까바) 묘지, 무덤이 있는 장소

墓参り(はかまいり・하까마이리) 성묘

納骨堂(のうこつどう・노오꼬쓰도오) 납골당

納める(おさめる・오사메루) 거두다

思春期(ししゅんき・시슝끼) 사춘기

異性(いせい・이세이) 이성

憧憬(どうけい・도오께이) 동경

憧れ(あこがれ・아꼬가레) 동경, 그리움

愛(あい・아이) 사랑, 애정

ラブ(라부) 러브, 사랑

愛情(あいじょう・아이죠오) 애정

感じる(かんじる・간지루) 느끼다

恋愛(れんあい・렝아이) 연애

本能(ほんのう・혼노오) 본능

魅力(みりょく・미료꾸) 매력

好き(すき・스끼) 좋아하다

愛する(あいする・아이스루) 사랑하다

一目惚れ(ひとめぼれ・히또메보레)
한눈에 반함
「히또메호레」가 아닌 「히또메보레」
임을 유의할 것

巡り合わせ(めぐりあわせ・메구리아
와세) 운명, 숙명

独身(どくしん・도꾸싱) 독신

一人暮らし(ひとりぐらし・히또리구
라시) 독신생활

独り者(ひとりもの・히또리모노) 독
신자

独身主義(どくしんしゅぎ・도꾸싱슈
기) 독신주의

フェミニスト(훼미니스또) 페미니스
트, 여성을 존중하는 사람

未婚(みこん・미꽁) 미혼

既婚(きこん・기꽁) 기혼

初婚(しょこん・쇼꽁) 초혼

再婚(さいこん・사이꽁) 재혼

新婚(しんこん・싱꽁) 신혼

晩婚(ばんこん・방꽁) 만혼

初恋(はつこい・하쓰꼬이) 첫사랑

恋人(こいびと・고이비또) 연인, 애인

愛人(あいじん・아이징) 애인

恋仲(こいなか・고이나까) 사랑하는
사이

恋敵(こいがたき・고이가다끼) 연적,
라이벌

ライバル(라이바루) 라이벌, 연적

デート(데에또) 데이트

アベック(아뻿꾸) 아베크, 여인과 함께
인 것

ランデブー(란데부우) 랑데브, 남녀의
밀회(密会)

逢引き(あいびき・아이비끼) 밀회, 랑
데브

惚れる(ほれる・호레루) 반하다

恋しい(こいしい・고이시이) 그리운,
그립다

恋情(れんじょう・렌죠오) 연정, 사모
하는 마음

思慕(しぼ・시보) 사모

純情(じゅんじょう・쥰죠오) 순정

捧げる(ささげる・사사게루) 바치다

抱擁(ほうよう・호오요오) 포옹, 얼싸
안음

愛撫(あいぶ・아이부) 애무

接吻(せっぷん・셋뿡) 입맞춤, 키스

キス(기스) 키스, 입맞춤

ミーティング(미이띵구) 미팅, 회합(会
合)

ペッティング(뻿띵구) 페팅, 이성과의

애무행위

エクスタシー(에꾸스따시이) 엑스터
시, 황홀

熱愛(ねつあい・네쓰아이) 열애, 열렬
한 사랑

純愛(じゅんあい・중아이) 순애, 사랑
을 위해서 죽음

失恋(しつれん・시쓰렝) 실연
　失恋の　痛みは　つらい
　(실연의 아픔은 괴롭다)

悩む(なやむ・나야무) 고뇌하다, 괴로
워하다

溺愛(できあい・데끼아이) 맹목적으
로 사랑함

肉体美(にくたいび・니꾸따이비) 육
체미

官能美(かんのうび・간노오비) 관능미

ブロンド(부론도) 블론드, 금발의 여자

グラマー(구라마아) 글래머

チャーミング(짜아밍구) 차밍, 매력적

テレパシー(데레빠시이) 텔레퍼시, 정
신감응

痴情(ちじょう・지죠오) 치정

三角関係(さんかくかんけい・상까꾸
강께이) 삼각관계

肉欲(にくよく・니꾸요꾸) 육욕, 정욕
　(情欲)

同性愛(どうせいあい・도오세이아이)
동성애

レスビアン(레스비앙) 여성의 동성애자

仲人(なこうど・나꼬오도) 결혼중매
인, 중매장이
　「나까비또」나 「쥬우닝」으로 알기
쉬우나 「나꼬오도」가 된다.

媒酌(ばいしゃく・바이샤꾸) 중매

縁談(えんだん・엔당) 혼담

見合い(みあい・미아이) 맞선
　「서로 보다」 즉 「맞선」이라는 뜻이다.

求婚(きゅうこん・규우꽁) 구혼

求愛(きゅうあい・규우아이) 구애

プロポーズ(뿌로뽀오즈) 프러포즈, 구혼

婚約(こんやく・공야꾸) 약혼

許嫁(いいなずけ・이이나즈께) 약혼녀
　「교꽁」이라고 생각하기 쉬우나 「이
이나즈께」이며 「약혼녀」를 가리킨다.

フィアンセ(휘앙세) 피앙세, 약혼자

結納(ゆいのう・유이노오) 약혼예물
　당연히 「게쓰노오」라고 생각할 테
지만 엉뚱하게도 「유이노오」이다.

交換(こうかん・고오깡) 교환

持参金(じさんきん・지상낑) 지참금

祝言(しゅうげん・슈우겡) 혼례, 결혼
　「슈꾸겡」이 아닌 「슈우겡」이라는
사실에 유의할 것

結婚式(けっこんしき・겟꽁시끼) 결
혼식

挙げる(あげる・아게루) 올리다, 거행
　하다

ウェディングマーチ(웨딩구마아찌)
　웨딩마치

祝福(しゅくふく・슈꾸후꾸) 축복

ブーケ(부우께) 브케, 꽃다발

嫁ぐ(とつぐ・도쓰구) 시집가다, 출가
　하다

嫁入り(よめいり・요메이리) 출가, 시집

娶る(めとる・메또루) 아내로 맞이하다

花婿(はなむこ・하나무꼬) 새신랑

花嫁(はなよめ・하나요메) 신부, 새색시

結合(けつごう・게쓰고오) 결합

契約結婚(けいやくけっこん・게이야
　꾸겟꽁) 계약결혼

蜜月旅行(みつげつりょこう・미쓰게
　쓰료꼬오) 밀월여행

ハネムーン(하네문) 허니문, 밀월여행

初夜(しょや・쇼야) 첫날밤, 초야

羞じらい(はじらい・하지라이) 수줍음

純潔(じゅんけつ・중께쓰) 순결

プラットニックラブ(뿌랏또닛꾸라부)
　플라토닉러브, 정신적인 사랑

娘心(むすめごころ・무스메고꼬로)
　순정적인 처녀의 마음

操(みさお・미사오) 정절(貞節)

貞操(ていそう・데이소오) 정조

浮気(うわき・우와끼) 바람기, 외도

(外道), 변하기 잘 하는 마음

ドンファン(돈판) 돈판, 호색한(好色漢)

破綻(はたん・하땅) 파탄

破鏡(はきょう・하꾜오) 파경, 이혼

別居(べっきょ・벳꾜) 별거

離婚(りこん・리꽁) 이혼

離縁(りえん・리엥) 이혼

合議(ごうぎ・고오기) 합의

手切れ金(てぎれきん・데기레낑)　위
　자료

　직역하면 「손을 끊는 돈」이 되어 결
국 「위자료」가 된다.

訴訟(そしょう・소쇼오) 소송

提起(ていき・데이끼) 제기

縁切り(えんきり・엥끼리) 부부의 인
　연을 끊음

離縁状(りえんじょう・리엔죠오)　이
　혼장

三下り半(みくだりはん・미꾸다리항)
　이혼장

　이혼장을 「석 줄 반」으로 쓴 데에서
비롯된 말이다.

投げつける(なげつける・네게쓰께루)
　집어던지다

内縁(ないえん・나이엥)　법적수속을
　못한 내연의 부부

不倫(ふりん・후링) 불륜, 그릇된 사랑
　不倫が 流行る 世の中である

(불륜이 유행하는 세상이다)

駆落ち(かけおち・게께오찌) 사랑의 도피

情死(じょうし・죠오시) 정사

心中(しんぢゅう・신쮸우) 정사(情死), 동반자살

身重(みおも・미오모) 임신

글자 그대로 「몸이 무겁다」로서 「임신」을 뜻한다.

身籠る(みごもる・미고모루) 아이를 배다, 임신하다

孕む(はらむ・하라무) 잉태하다, 임신하다

不妊(ふにん・후닝) 불임

悪阻(つわり・쓰와리) 입덧

발음이 「쓰와리」라는 사실에 유의할 것

出産(しゅっさん・슛상) 출산

生む(うむ・우무) 낳다, 출산하다

生まれる(うまれる・우마레루) 태어나다

わたしは　田舎で　生まれた

(나는 시골에서 태어났다)

誕生(たんじょう・단죠오) 탄생

赤子(あかご・아까고) 갓난아기, 젖먹이

赤ん坊(あかんぼう・아간보오) 「赤子」와 같음

赤ちゃん(あかちゃん・아까쨩) 「아기」

의 애칭으로서 「아가」라는 뜻이다.

ベビー(베비이) 베이비, 아기

みどり児(みどりご・미도리고) 젖먹이

新生児(しんせいじ・신세이지) 신생아

無邪気(むじゃき・무쟈끼) 천진함, 순진함

발음이 「무쟈끼」이며 「천진난만하다」는 뜻이다.

幼児(ようじ・요오지) 유아, 어린이

双子(ふたご・후따고) 쌍둥이, 쌍생아

双生児(そうせいじ・소오세이지) 쌍생아

似る(にる・니루) 닮다, 비슷하다

託児所(たくじしょ・다꾸지쇼) 탁아소

育児(いくじ・이꾸지) 육아

育てる(そだてる・소다떼루) 키우다, 기르다

養う(やしなう・야시나우) 기르다, 양육하다

授乳(じゅにゅう・쥬뉴우) 수유, 젖을 먹임

母乳(ぼにゅう・보뉴우) 모유, 어머니의 젖

牛乳(ぎゅうにゅう・규우뉴우) 우유

ミルク(미루꾸) 밀크, 우유

子守唄(こもりうた・고모리우따) 자장가

발음이 쉽게 생각나지 않을 테지만

「고모리우따」이다.

すやすや(스야스야) 편히 자는 모양,
　새근새근

寝入る(ねいる・네이루) 잠이 들다

すくすく(스꾸스꾸) 힘차게 자라는 모
　양, 쑥 쑥, 무럭무럭
　すくすく 育って くれて ありがたい
　(무럭무럭 자라나주어 고맙다)

育つ(そだつ・소다쓰) 자라나다, 성장
　하다

成長(せいちょう・세이쬬오) 성장

発育(はついく・하쓰이꾸) 발육

這う(はう・하우) 기다, 기어다니다

よちよち(요찌요찌) 아장아장

歩く(あるく・아루꾸) 걷다

おしっこ(오싯꼬) 오줌, 소변

おむつ(오무쓰) 기저귀

むつき(무쓰끼) 기저귀

替える(かえる・가에루) 바꾸다, 갈다

揺籃(ようらん・요오랑) 요람, 젖먹이
　의 채롱

蚊屋(かや・가야) 모기장

モビール(모비이루) 모빌, 아기가 바라
　보도록 만든 일종의 장식

乳母車(うばぐるま・우바구루마)　유
　모차
　발음이 「우보구루마」가 아닌 「우바
구루마」이다.

片言(かたこと・가따꼬또) 서투른 말씨

肩車(かたぐるま・가따구루마) 목말

おもちゃ(오모쨔) 장난감, 완구

玩具(がんぐ・강구) 완구, 장난감

人形(にんぎょう・닝교오) 인형

積木(つみき・쓰미끼) 집짓기놀이

ブロック(부롯꾸) 블록, 집짓기놀이

02 주거환경에 관한 단어

주거환경(住居環境)과 관계되는 단어 가운데에도 그 발음이나 뜻이 제법 까다로운 것들이 많다. 따라서 그 단어부터 제대로 익히고 나서 나머지 단어들을 배워나가면 좋을 것이다.

「建物」는 모든 「건물」을 통틀어 가리키는 단어로서, 그 발음이 「겐부쓰」가 아닌 「다떼모노」라는 사실에 유의해 주기 바란다.

「ビルディング」는 물론 「빌딩」을 뜻하는데, 일본사람들은 통상 그냥 「ビル(비루)」라고 쓰고 있다. 우리는 어떤 특정빌딩을 가리킬 때만 「××비루」라고 말하고 있지만, 그들은 「빌딩」을 가리킬 때 「ビルディング」를 생략해서 「ビル」로 쓰고 있는 것이다.

한편 「집세」는 「家賃(야찡)」이라고도 하지만, 흔히 「間代(마다이)」라는 말을 사용하고 있으며, 「거실」은 「居間(이마)」, 「객실」은 「客間(갸꾸마)」라고 하고 있다.

「복도」는 「廊下(로오까)」이고 「액자」는 「額緣(가꾸부찌)」이며, 「방석」은 「座布団(자부똥)」인데, 이 때의 「ざ」는 「자」가 아닌 「즈아」를 빨리한 Z발음인 만큼 반드시 제대로 사용할 일이다.

또 한 가지 생소한 것이 「수도꼭지」인데, 그들은 「수도꼭지」를 난데없는 「뱀아가리」 즉 「뱀의 입」이라는 뜻의 「蛇口(쟈구찌)」로 쓰고 있으며, 「우물」은 「井戸」라고 쓰고 「이도」로 발음하고 있다.

「左官」은 자칫 「군대나 집단의 계급」 같은 것을 연상하기 쉽지만, 엉뚱하게도 「미장이」를 가리키며, 「雑巾」은 글자 그대로 「잡동사니 헝겊」, 즉 「걸레」를 뜻하며 「조오낑」이 되는데, 이 때의 「조오」도 Z발음의 「조」인 만큼 염두에 새겨두기 바란다.

물론 이밖에도 발음이나 뜻이 상식 밖의 것이 제법 많으니까 하나하나를 정확하게 익혀야 할 것이다.

建物(たてもの・다떼모노) 건물, 건축물

家(いえ・이에) 집, 가정

家屋(かおく・가오꾸) 가옥

住宅(じゅうたく・쥬우따꾸) 주택

住い(すまい・스마이) 주거, 사는 일

住処(すみか・스미까) 사는 집, 주거
　발음이 「스미까」임을 생겨넣을 것

塒(ねぐら・네구라) 보금자리, 주로
　「짐승의 보금자리」를 뜻한다.

スイートホーム(스이이또호오무) 스
　위트홈

我が家(わがや・와가야) 내집, 우리집

住む(すむ・스무) 살다, 거처하다

暮らす(くらす・구라스) 살다, 생활하다

暮らし向き(くらしむき・구라시무끼)
　살림살이, 생계
　暮らし向きが 決して 楽では ない
　(살림살이가 결코 편치는 않다)

住みよい(すみよい・스미요이)　살기
　가 좋다

住みにくい(すみにくい・스미니꾸이)
　살기가 힘들다

生活(せいかつ・세이까쓰) 생활

便利(べんり・벤리) 편리

不便(ふべん・후벵) 불편

平屋(ひらや・히라야) 단층집
　わたしの 家は 古い 平屋である
　(우리집은 오래된 단층집이다)

二階建て(にかいだて・니까이다떼)
　이층집

アパート(아빠아또) 아파트

マンション(만숑) 맨션

ワンルーム(완루우무) 원룸

オフィステール(오휘스떼에루)　오피
　스텔

若向き(わかむき・와까무끼)　젊은이
　취향

ビルディング(비루딩구) 빌딩
　その ビルが 一番 高い
　(그 빌딩이 가장 높다)

高層(こうそう・고오소오) 고층

摩天樓(まてんろう・마뗀로오)　마천
　루, 고층건물

聳える(そびえる・소비에루) 높이 솟다

日照権(にっしょうけん・닛쇼오껭)
　일조권

紛争(ふんそう・훈소오) 분쟁

住宅街(じゅうたくがい・쥬우따꾸가
　이) 주택가

オフィス街(がい・오삐스가이)　오피
　스가

商店街(しょうてんがい・쇼오뗑가이)
　상점가

ベッドタウン(벳도따운) 베드타운, 대
　도시 주변의 주택지역

再開発(さいかいはつ・사이까이하쓰)

재개발

再建築(さいけんちく · 사이겐찌꾸) 재건축

建築ブーム(けんちく · 겐찌꾸부우무) 건축붐

建設会社(けんせつかいしゃ · 겐세쓰가이샤) 건설회사

土建会社(どけんかいしゃ · 도껭가이샤) 토건회사

団地(だんち · 단찌) 단지

造成(ぞうせい · 조오세이) 조성

モデルハウス(모데루하우스) 모델하우스

展示(てんじ · 덴지) 전시

公開(こうかい · 고오까이) 공개

分譲(ぶんじょう · 분죠오) 분양

投機屋(とうきや · 도오끼야) 투기꾼

押し寄せる(おしよせる · 오시요세루) 밀려들다, 모여들다

くじ引き(くじひき · 구지비끼) 제비뽑기, 추첨

当り(あたり · 아따리) 들어맞음

前金(まえきん · 마에낑) 선금

納める(おさめる · 오사메루) 납부하다, 거두다

残り(のこり · 노꼬리) 나머지, 남은 것

分割納付(ぶんかつのうふ · 붕까쓰노오후) 분할납부

仲介業(ちゅうかいぎょう · 쥬우까이교오) 중개업

仲買い(なかがい · 나까가이) 중개인, 브로커

盛況(せいきょう · 세이꾜오) 성황

成金(なりきん · 나리낑) 벼락부자

당연히 「세이낑」이라고 생각할 테지만 엉뚱한 「나리낑」이며, 뜻도 「벼락부자」이다.

彼は 不動産 成金である (그는 부동산으로 벼락부자가 된 사람이다)

入住(にゅうじゅう · 뉴우쥬우) 입주

住み着く(すみつく · 스미쓰꾸) 정착해 살다

屋敷(やしき · 야시끼) 저택

邸宅(ていたく · 데이따꾸) 저택

洋屋(ようおく · 요오오꾸) 양옥

和屋(わおく · 와오꾸) 화옥, 일본주택

一軒(いっけん · 잇껭) 한 채

二軒(にけん · 니껭) 두 채

別荘(べっそう · 벳소오) 별장

山荘(さんそう · 산소오) 산장

コンドー(곤도오) 콘도

バンガロー(방가로오) 여름에 사용하는 간단한 오두막집, 방갈로

小屋(こや · 고야) 오두막, 움막집

バラック(바랏꾸) 바라크, 가건물

コンテナー(곤떼나아) 콘테이너

建てる(たてる・다떼루) (집을) 짓다

建築様式(けんちくようしき・겐찌꾸요오시끼) 건축양식

バロック(바롯꾸) 건축·미술의 한 양식
   その 建物は バロック様式である
   (그 건물은 바로크양식이다)

ゴシック(고싯꾸) 고딕식 건축

ロココ(로꼬꼬) 건축·미술의 장식모양

新築(しんちく・신찌꾸) 신축

改築(かいちく・가이찌꾸) 개축

増築(ぞうちく・조오찌꾸) 증축

修理(しゅうり・슈우리) 수리

補修(ほしゅう・호슈우) 보수

起工(きこう・기꼬오) 기공

着工(ちゃっこう・잣꼬오) 착공

基礎工事(きそこうじ・기소고오지) 기초공사

地均し(じならし・지나라시) 정지작업
   (整地作業)

進入路(しんにゅうろ・신뉴우로) 진입로

建前(たてまえ・다떼마에) 집을 지을 때 기둥·대들보 등 뼈대를 세우는 것

梁(はり・하리) 대들보, 마룻대

垈地(たいち・다이찌) 대지

面積(めんせき・멘세끼) 면적

広い(ひろい・히로이) 넓다

狭い(せまい・세마이) 좁다

50坪(ごじっつぼ・고짓쓰보) 50평

延べ坪(のべつぼ・노베쓰보) 연건평

竣工(しゅんこう・슝꼬오) 준공

東向き(ひがしむき・히가시무끼) 동향, 동쪽으로 향함

南向き(みなみむき・미나미무끼) 남향, 남쪽으로 향함

木造(もくぞう・모꾸조오) 목조

鉄筋(てっきん・뎃낑) 철근

コンクリート(공꾸리이또) 콘크리트

大理石(だいりせき・다이리세끼) 대리석

藁ぶき(わらぶき・와라부끼) 초가집

家並み(やなみ・야나미) 집이 늘어선 모양

家主(やぬし・야누시) 집주인

間貸し(まがし・마가시) 셋방을 줌

貸家(かしや・가시야) 셋집

間借り(まがり・마가리) 셋방살이
   발음이 「마가리」인데 「가」는 G발음의 「가」이다.

借家(しゃくや・샤꾸야) 셋집

店子(たなこ・다나꼬) 셋집에 사는 사람, 세입자
   무슨 뜻인지 전혀 이해가 안 될 테지만,「셋방살이를 하는 사람」이라는 뜻이며 발음도 엉뚱하게 「다나꼬」이다.

家賃(やちん・야찡) 집세

間代(まだい・마다이) 집세

역시 쉽게 뜻이 떠오르지 않을 테지만 「집세」라는 뜻이고 발음도 「마다이」이다.

間代が だんだん 高くなって 困る
(집세가 점점 비싸져서 곤란하다)

荷造り(にづくり・니즈꾸리) 짐을 꾸리는 것

引っ越し(ひっこし・힛꼬시) 이사, 집을 옮김

「힛꼬시」라고 읽으며 「이사」라는 뜻이다.

1年に 二度も 引っ越しを する
(1년에 두 번이나 이사를 한다)

移る(うつる・우쓰루) 옮기다

屋根(やね・야네) 지붕

뜻이 쉽게 생각나지 않을 테지만, 「지붕」을 가리키며 「야네」라고 읽는다.

ドーム(도오무) 돔, 둥근 기둥

煉瓦(れんが・렝가) 기와

トタン屋根(とたんやね・도땅야네) 양철지붕

風見(かざみ・가자미) 풍향계

「가제미」가 아닌 「가자미」라는 사실에 유의할 것

避雷針(ひらいしん・히라이싱) 피뢰침

屋塔(おくとう・오꾸또오) 옥탑

軒(のき・노끼) 처마

軒下(のきした・노끼시따) 처마 밑

ベランダ(베란다) 베란다

バルコニー(바루꼬니이) 발코니, 노대(露台)

テラス(데라스) 테라스, 노대

屋上(おくじょう・오꾸죠오) 옥상

見下ろす(みおろす・미오로스) 내려다보다

展望(てんぼう・덴보오) 전망

欄干(らんかん・랑깡) 난간

手摺(てすり・데스리) 난간

발음이 좀체로 생각나지 않을 테지만, 「데스리」이다.

屋内(おくない・오꾸나이) 옥내

屋外(おくがい・오꾸가이) 옥외

庭(にわ・니와) 마당, 정원

庭園(ていえん・데이엥) 정원

ガーデン(가아뎅) 가든, 정원

ガーデンパーティ(가아뎅빠아띠) 원유회

庭園樹(ていえんじゅ・데이엔쥬) 정원수

植える(うえる・우에루) 심다

芝生(しばふ・시바후) 잔디

발음이 엉뚱하게도 「시바후」이다.

手入れ(ていれ・데이레) 손질함, 보살핌

日曜日には 庭の 手入れを する
(일요일에는 정원을 손질한다)

除草剤(じょそうざい・죠소오자이) 제초제

花壇(かだん・가당) 화단

泉水(せんすい・센스이) 뜰에 만든 작은 인공연못

ちょろちょろ(쬬로쬬로) 물이 흐르는 모양, 졸졸

流れる(ながれる・나가레루) 흐르다

涼しい(すずしい・스즈시이) 시원하다

庭師(にわし・니와시) 정원사

園丁(えんてい・엔떼이) 정원사

敷石(しきいし・시까이시) 댓돌, 디딤돌

踏む(ふむ・후무) 밟다

垣(かき・가끼) 울타리, 담장

垣根(かきね・가끼네) 울타리

石垣(いしがき・이시가끼) 돌담

塀(へい・헤이) 담, 담장

土塀(どべい・도베이) 흙담

柵(さく・사꾸) 나무울타리

門(もん・몽) 문, 대문

門柱(もんばしら・몬바시라) 문기둥

門札(もんさつ・몬사쓰) 문패

門番(もんばん・몬방) 문지기, 수위

戸(と・도) 문, 문짝

潜り戸(くぐりど・구구리도) 쪽문

閂(かんぬき・간누끼) 대문의 빗장

閉める(しめる・시메루) 닫다

開ける(あける・아께루) 열다

閉じる(とじる・도지루) 닫다

閉まる(しまる・시마루) 닫혀지다

呼び鈴(よびりん・요비링) 초인종

ブザー(부자아) 버저, 초인종

押す(おす・오스) 누르다

インターフォン(인따훵) 인터폰

答える(こたえる・고따에루) 대답하다

出入り(でいり・데이리) 출입, 드나들다

監視(かんし・간시) 감시

管理人(かんりにん・간리닝) 관리인

階段(かいだん・가이당) 계단, 층계

段段(だんだん・단당) 계단, 층계

階下(かいか・가이까) 아래층

頂上(ちょうじょう・죠오죠오) 꼭대기, 정상

エレベーター(에레베에따) 엘리베이터

上がる(あがる・아가루) 올라가다

降る(くだる・구다루) 내려가다

止まる(とまる・도마루) 서다, 멈추다

降りる(おりる・오리루) 내리다

部屋(へや・헤야) 방

　발음이 쉽게 생각나지 않을 테지만 엉뚱하게도 「헤야」이다.

座敷(ざしき・자시끼) 객실, 거실

敷居(しきい・시끼이) 문지방

　발음이 「시끼이」임을 새겨넣을 것

居間(いま・이마) 거실

　발음이 「이마」이고 「거실」을 뜻한다.

客間(きゃくま・갸꾸마) 객실

応接間(おうせつま・오오세쓰마) 응접실

洋間(ようま・요오마) 양실

別室(べっしつ・벳시쓰) 별실

別間(べつま・베쓰마) 별실, 딴 방

離れ(はなれ・하나레) 별채

押入れ(おしいれ・오시이레) 벽장

屋根裏(やねうら・야네우라) 다락방

　彼の 住いは 狭い 屋根裏である

　（그가 사는 곳은 좁은 다락방이다）

書斎(しょさい・쇼사이) 서재

机(つくえ・쓰꾸에) 책상

テーブル(데에부루) 테이블

引出し(ひきだし・히끼다시) 서랍

椅子(いす・이스) 의자

　「이시」라고 생각하기 십상이지만, 「이스」가 된다.

腰掛け(こしかけ・고시까께) 걸상

本立て(ほんだて・혼다떼) 책꽂이

本箱(ほんばこ・혼바꼬) 책장

ぎっしり(깃시리) 잔뜩, 빽빽히

詰まる(つまる・쓰마루) 꽉 차다

コンピューター(곤쀼우따아) 컴퓨터

日記帳(にっきちょう・닛끼쬬오) 일기장

家計簿(かけいぼ・가께이보) 가계부

記す(しるす・시루스) 기입하다, 적어

넣다

室内(しつない・시쓰나이) 실내

室外(しつがい・시쓰가이) 실외

廊下(ろうか・로오까) 복도

　무슨 뜻인지 쉽게 생각되지 않을 테지만, 「복도」라는 뜻이고 「로오까」라고 읽는다.

縁側(えんがわ・엥가와) 툇마루, 마루

床(ゆか・유까) 마루

床下(ゆかした・유까시따) 마루 밑

玄関(げんかん・겡깡) 현관

靴箱(くつばこ・구쓰바꼬) 신발장

整頓(せいとん・세이똥) 정돈

清潔(せいけつ・세이께쓰) 청결

台所(だいどころ・다이도꼬로) 부엌, 주방

　무슨 뜻인지 짐작이 안 될 테지만, 「부엌」을 가리키며 「다이도꼬로」라고 읽는다.

キチン(기찡) 키친, 주방

炊事(すいじ・스이지) 취사

料理(りょうり・료오리) 요리

食事(しょくじ・쇼꾸지) 식사

食卓(しょくたく・쇼꾸따꾸) 식탁

布巾(ふきん・후낑) 행주

棚(たな・다나) 선반, 시렁

戸棚(とだな・도다나) 찬장

冷蔵庫(れいぞうこ・레이조오꼬) 냉

장고

ガスレンジ(가스렌지) 가스레인지

クーラー(구우라) 쿨러, 냉각기

バーナー(바아나) 버너

クリーナー(구리이나아) 클리너, 청소기

柱(はしら・하시라) 기둥

壁(かべ・가베) 벽

天井(てんじょう・덴죠오) 천정

窓(まど・마도) 창, 창문

窓辺(まどべ・마도베) 창가

窓ガラス(まど・마도가라스) 창유리

ガラス戸(がらすど・가라스도) 유리문

すりガラス(스리가라스) 반투명유리

通風機(つうふうき・쓰우후우끼) 통
　　풍기

防音(ぼうおん・보오옹) 방음

防寒(ぼうかん・보오깡) 방한

防虫網(ぼうちゅうもう・보오쮸우모
　　오) 방충망

雨戸(あまど・아마도) 덧문
　　「아메도」가 아닌 「아마도」라는 사
실에 유의할 것

障子(しょうじ・쇼오지) 장지문

カーテン(가아뗑) 커튼

ブラインド(부라인도) 브라인드

バーティカル(바아띠까루) 버티컬

簾(すだれ・스다레) 발

蚊屋(かや・가야) 모기장

ドア(도아) 도어, 문

扉(とびら・도비라) 문짝

かける(가께루) 걸다, 잠그다

ノップ(놋뿌) 문의 손잡이

鍵(かぎ・가기) 열쇠, 키이

キー(끼이) 키이, 열쇠

ノック(놋꾸) 녹, 문을 두드림

叩く(たたく・다다꾸) 두드리다

覗く(のぞく・노조꾸) 들여다보다
　　他人の ドアを 覗くのは 失礼である
　　(남의 도어를 들여다보는 것은 실
례이다)

ソファー(소화아) 소파, 긴의자

安楽椅子(あんらくいす・안라꾸이스)
　　안락의자

クッション(굿숑) 쿠션

長椅子(ながいす・나가이스) 긴의자

床几(しょうぎ・쇼오기) 걸상

座る(すわる・스와루) 앉다

腰掛ける(こしかける・고시가께루)
　　걸터앉았다

じゅうたん(쥬우땅) 융단, 카펫

カーペット(가아뺏또) 카펫

マットレス(맛또레스) 메트리스

畳(たたみ・다따미) 다따미, 속에 짚을
　　넣은 일본식 돗자리

敷物(しきもの・시끼모노) 깔개

敷く(しく・시꾸) 깔다

ワックス(왓꾸스) 왁스

ニス(니스) 니스, 와니스의 준말

塗る(ぬる·누루) 칠하다, 바르다

家具(かぐ·가구) 가구

調度(ちょうど·죠오도) 세간, 가구

たんす(단스) 장롱

キャビネット(가비넷또) 캐비닛

額縁(がくぶち·가꾸부찌) 액자, 사진틀
　　발음이 「가꾸부찌」라는 사실에 유
　의할 것
　　居間に 水彩画の 額縁を かける
　　(거실에 수채화 액자를 건다)

掛け物(かけもの·가께모노) 족자

カレンダー(가렌다아) 캘린더, 달력

写真(しゃしん·샤싱) 사진

かける(가께루) 걸다

柱時計(はしらどけい·하시라도께이)
　　벽시계

鏡(かがみ·가가미) 거울

鏡台(きょうだい·교오다이) 경대

花瓶(かびん·가빙) 화병, 꽃병

金魚鉢(きんぎょばち·깅교바찌) 어항

植木鉢(うえきばち·우에끼바찌) 화분
　　「鉢」는 본시 「はち」로 발음하지만
　앞에 명사가 붙을 때는 「바찌」가 된다.

鉢物(はちもの·하찌모노) 분재

盆栽(ぼんさい·본사이) 화분에 심은
　　관상용 나무, 분재

如雨露(じょうろ·죠오로) 물뿌리개

瀬戸物(せともの·세또모노) 도자기

陶器(とうき·도오끼) 도자기, 도기

電話機(でんわき·뎅와끼) 전화기

テレビ(데레비) TV, 텔레비전

アンテナ(안떼나) 안테나

ビデオ(비데오) 비디오

オデオ(오데오) 오디오

ステレオ(스떼레오) 스테레오

インテリア(인떼리아) 인테리어

照明器具(しょうめいきぐ·쇼오메이
　　기구) 조명기구

シャンデリア(샨데리아) 샹데리아

蛍光灯(けいこうとう·게이꼬오또오)
　　형광등

電気(でんき·뎅끼) 전기

電灯(でんとう·덴또오) 전등

電球(でんきゅう·뎅뀨우) 전구

灯火(ともしび·도모시비) 등불
　　「とうか(도오까)」라고도 하지만 「도
　모시비」로 발음한다.

ランプ(람뿌) 램프

ランタン(란땅) 랜턴, 각등(角灯)

ろうそく(로오소꾸) 초, 양초

つける(쓰께루) 켜다, 붙이다

明るい(あかるい·아까루이) 밝다

暗い(くらい·구라이) 어둡다

薄暗い(うすぐらい·우스구라이)　약

간 어둡다

真っ暗(まっくら・맛꾸라) 아주 캄캄
하다

発電(はつでん・하쓰뎅) 발전

原電(げんでん・겐뎅) 원자력발전

水力発電(すいりょくはつでん・스이
료꾸하쓰뎅) 수력발전

配線(はいせん・하이셍) 배선

スイッチ(스잇찌) 스위치

ソケット(소껫또) 소켓

プラグ(뿌라구) 플럭

差込み(さしこみ・사시꼬미) 플럭

ねじ廻し(ねじまわし・네지마와시)
나사돌리기, 드라이버

合線(ごうせん・고오셍) 합선

火事(かじ・가지) 화재

무슨 뜻인지 쉽게 짐작이 안 갈 테
지만 「화재」를 가리키며 「가지」라고
발음한다.

電気合線で 火事に なる

(전기합선으로 화재가 난다)

寝室(しんしつ・신시쓰) 침실

寝台(しんだい・신다이) 침대

ベッド(벳도) 베드, 침대

ダブルベッド(다부루벳도) 더블침대

寝床(ねどこ・네도꼬) 침상, 잠자리

枕(まくら・마꾸라) 베개

肘枕(ひじまくら・히지마꾸라) 팔베개

布団(ふとん・후똥) 이불

「후당」이 아닌 「후똥」임을 명심할 것

毛布(もうふ・모오후) 담요, 모포

敷布(しきふ・시끼후) 호청, 욧잇

しとね(시또네) 요처럼 바닥에 까는 것

座布団(ざぶとん・자부똥) 방석

앞에서 말했듯이 「ざ」가 Z발음의
「ざ」이다.

寝る(ねる・네루) 자다, 잠자다

眠る(ねむる・네무루) 잠자다, 자다

眠たい(ねむたい・네무따이) 자고 싶
다, 졸립다

あくび(아꾸비) 하품

寝そべる(ねそべる・네소베루) 엎드
려 눕다

眠気(ねむけ・네무께) 졸음, 자고 싶
은 느낌

うとうと(우또우또) 꾸벅꾸벅 조는 모양

睡眠(すいみん・스이밍) 수면

熟眠(じゅくみん・쥬꾸밍) 숙면

不眠症(ふみんしょう・후민쇼오) 불
면증

夢(ゆめ・유메) 꿈

夢見る(ゆめみる・유메미루) 꿈꾸다

우리는 「꿈을 꾸다」라고 쓰지만, 그
들은 「夢見る(꿈을 보다)」라고 표현하
고 있다.

夢現(ゆめうつつ・유메우쓰쓰) 비몽

사몽

「もうげん(모오겡)」이 아니고, 「유메

우쓰쓰」로 발음하는 사실에 유의할 것

悪夢(あくむ・아꾸무) 악몽, 나쁜 꿈

「아꾸모오」가 아닌 「아꾸무」이다.

寝言(ねごと・네고또) 잠꼬대

寝顔(ねがお・네가오) 잠들어 있는 얼굴

いびきをかく(이비끼오 가꾸) 코를 골다

起きる(おきる・오끼루) 일어나다, 바

로서다

起床(きしょう・기쇼오) 기상

早起き(はやおき・하야오끼) 일찍 일

어남

朝寝(あさね・아사네) 아침잠, 늦잠

寝不足(ねぶそく・네부소꾸) 잠이 모

자람, 수면부족

「네후소꾸」가 아닌 「네부소꾸」라

는 사실에 유의할 것

目覚まし時計(めざましどけい・메자

마시도께이) 지명종시계

鳴り響く(なりひびく・나리히비꾸)

울려퍼지다

うるさい(우루사이) 귀찮다, 번거롭다

目覚める(めざめる・메자메루) 눈뜨

다, 잠에서 깨어나다

お手洗い(おてあらい・오떼아라이)

화장실

トイレ(도이레) 토일렛, 화장실

「トイレット」의 준말로서 그들은 「化

粧室」이라는 말은 쓰지 않고 「トイレ」

아니면 「お手洗い」라고 말하고 있다.

洗面場(せんめんじょう・센멘죠오)

세면장

便所(べんじょ・벤죠) 변소

便器(べんき・벵끼) 변기

水洗い式(みずあらいしき・미즈아라

이시끼) 수세식

在来式(ざいらいしき・자이라이시끼)

재래식

汚ない(きたない・기따나이) 더럽다

風呂場(ふろば・후로바) 욕실

浴室(よくしつ・요꾸시쓰) 욕실

バスルーム(바스루우무) 바스룸, 욕실

タイル(다이루) 타이루

洗面台(せんめんだい・센멘다이) 세

면대

浴槽(よくそう・요꾸소오) 욕조, 목욕통

湯船(ゆぶね・유부네) 욕조, 목욕통

「요꾸셍」도 아니고 「유후네」도 아

닌 「유부네」가 된다.

ぬるま湯(ぬるまゆ・누루마유) 미지

근한 물

洗う(あらう・아라우) 씻다, 빨다

シャワー(샤와아) 샤워

たらい(다라이) 대야

行水(ぎょうずい・교오즈이) 목물, 목욕

銭湯(せんとう・센또오) 공중목욕탕

직역하면 「돈을 내는 물」이 되어 결국 돈을 내고 들어가는 「공중목욕탕」을 가리킨다.

湯屋(ゆや・유야) 목욕집

石けん(せっけん・셋껭) 비누

シャボン(샤봉) 샤봉, 비누

歯ブラシ(は・하부라시) 칫솔

歯磨粉(はみがきこ・하미가끼꼬) 치약

磨く(みがく・미가꾸) 닦다

うがい(우가이) 양치질

すすぐ(스스구) 헹구다

剃刀(かみそり・가미소리) 면도칼

뜻도 생소하고 발음도 어려운 단어로서 「면도칼」이라는 뜻이고 「가미소리」라고 읽는다.

髭(ひげ・히게) 수염

剃る(そる・소루) 면도하다, 깎다

面倒(めんどう・멘도오) 귀찮다, 번거롭다

「うるさい」와 같은 뜻으로서 「귀찮다」「번거롭다」이다.

毎朝 ひげを 剃るのも 面倒である
(매일아침 수염을 깎는 것도 귀찮다)

手拭い(てぬぐい・데누구이) 수건

タオル(다오루) 타월, 수건

洗濯機(せんたくき・센따꾸끼) 세탁기

塵紙(ちりがみ・지리가미) 휴지

塵箱(ちりばこ・지리바꼬) 휴지통

塵取り(ちりとり・지리도리) 쓰레받기

暖房(だんぼう・단보오) 난방

スチーム(스찌이무) 스팀

ヒーター(히이따아) 난방장치

ガスボイラー(가스보이라아) 가스보일러

ストーブ(스또오부) 스토부, 난로

マントルピース(만또루삐이스) 맨틀피스, 벽난로

温風機(おんぷうき・온뿌우끼) 온풍기

冷房(れいぼう・레이보오) 냉방

エアコン(에아꼰) 에어콘

稼動(かどう・가도오) 가동

扇風機(せんぷうき・센뿌우끼) 선풍기

扇(おうぎ・오오기) 부채

扇子(せんす・센스) 접는 부채

扇ぐ(あおぐ・아오구) 부채질하다, 부치다

石油(せきゆ・세끼유) 석유

石炭(せきたん・세끼땅) 석탄

薪(たきぎ・다끼기) 장작

丸太(まるた・마루따) 통나무

燃料(ねんりょう・넨료오) 연료, 땔감

かまど(가마도) 아궁이

ふいご(후이고) 풀무

焚く(たく・다꾸) 피우다, 지피다

燃焼(ねんしょう・넨쇼오) 연소

焼ける(やける・야께루) 타다, 불타다

煙突(えんとつ・엔또쓰) 굴뚝

　煙突から 煙が もくもく 出る

　(굴뚝에서 연기가 꾸역꾸역 나온다)

煙(けむり・게무리) 연기

もくもく(모꾸모꾸) 꾸역꾸역

出る(でる・데루) 나오다

火鉢(ひばち・히바찌) 화로

灰(はい・하이) 재

灰神楽(はいかぐら・하이가구라)　불기가 있는 재에 물이 떨어져 일어나는 재

　「하이신라꾸」로 알기 쉬우나 「하이가구라」라고 읽는다.

七厘(しちりん・시찌링) 풍로

水道(すいどう・스이도오) 수도

配水管(はいすいかん・하이스이깡)　배수관

蛇口(じゃぐち・쟈구찌) 수도꼭지

　직역하면 「뱀아가리」가 되지만 「수도꼭지」를 뜻하며, 발음 또한 「쟈구찌」가 된다.

栓(せん・셍) 꼭지, 마개

コック(곳꾸) 콕, 마개

ひねる(히네루) 틀다, 비틀다

捩る(よじる・요지루) 뒤틀다

ねじる(네지루) 비틀다, 나사를 틀다

井戸(いど・이도) 우물

뜻이 쉽게 이해되지 않을 태지만 「우물」을 가리키며 「이도」라고 읽는다.

つるべ(쓰루베) 두레박

　つるべで 井戸水を 汲む

　(두레박으로 우물물을 푼다)

ポンプ(뽐뿌) 펌푸

水瓶(みずがめ・미즈가메) 물동이, 물항아리

バケツ(바께쓰) 양동이

樽(たる・다루) 나무로 만든 통

風車(かざぐるま・가자구루마)　풍차, 팔랑개비

　당연히 「가제구루마」라고 생각할 테지만 「가자구루마」이다.

ぐるぐる(구루구루) 빙글빙글

廻る(まわる・마와루) 돌다, 회전하다

車庫(しゃこ・샤꼬) 차고

ガレージ(가레에지) 차고

地下駐車場(ちかちゅうしゃじょう・지까쥬우샤죠오) 지하주차장

地下車道(ちかしゃどう・지까샤도오) 지하차도

地下室(ちかしつ・지까시쓰) 지하실

倉庫(そうこ・소오꼬) 창고

蔵(くら・구라) 창고, 광

土蔵(どぞう・도조오) 흙벽으로 만든 광

納屋(なや・나야) 헛간

　당연히 「노오야」 또는 「노오오꾸」

로 생각할 테지만 「나야」이다.

納戸(なんど・난도) 광

物置(ものおき・모노오끼) 광, 헛간

かび臭い(かびくさい・가비구사이)
　쾨쾨하다, 곰팡내가 난다

がらくた(가라꾸따) 잡동사니

いっぱい(잇빠이) 잔뜩, 가득

積み重なる(つみかさなる・쓰미가사
　나루) 겹쳐쌓이다

梯子(はしご・하시고) 사다리
　발음이 「하시고」이고 「사다리」를
뜻한다.

　梯子を 利用して 屋根に 上がる
　(사다리를 이용해서 지붕에 올라간다)

ペンキ(뼁끼) 페인트

セメント(세멘또) 시멘트

塗る(ぬる・누루) 바르다, 칠하다

塗装(とそう・도소오) 도장, 도료를
　칠함

大工(だいく・다이꾸) 목수
　「다이꼬오」라고 생각하기 쉬우나
「다이꾸」가 되며 「목수」를 뜻한다.

左官(さかん・사깡) 미장이
　한자를 아무리 풀어보아도 뜻을 짐
작하기 힘든 단어로서 「미장이」를 가
리키며 「사깡」이라고 읽는다.

下水(げすい・게스이) 하수

詰まる(つまる・쓰마루) 막히다

掘る(ほる・호루) (땅을) 파다

堀(ほり・호리) 도랑

土管(どかん・도깡) 토관

掃除(そうじ・소오지) 청소

箒(ほうき・호오끼) 비, 빗자루

掃く(はく・하꾸) 쓸다

はたく(하따꾸) 털다

雑巾(ぞうきん・조오낑) 걸레
　「잣낑」이 아닌 「조오낑」인데, 「ぞ」
는 Z발음이다.

拭く(ふく・후꾸) 닦다, 훔치다

拭う(ぬぐう・누구우) 닦다

金槌(かなづち・가나즈찌) 망치, 장도리

釘(くぎ・구기) 못

打つ(うつ・우쓰) 박다, 치다

抜く(ぬく・누꾸) 뽑다, 빼내다

棒(ぼう・보오) 막대기

竿(さお・사오) 장대

洗濯物(せんたくもの・센따꾸모노)
　세탁물

干す(ほす・호스) 말리다, 건조시키다

乾かす(かわかす・가와가스) 말리다

刷毛(はけ・하께) 솔, 귀얄
　「사쓰모오」로 생각할 테지만, 「하
께」라고 읽는다.

貼る(はる・하루) 붙이다

鋸(のこぎり・노꼬기리) 톱

削る(けずる・게즈루) 깎다

針金(はりがね・하리가네) 철사

鍬(くわ・구와) 괭이

鶴嘴(つるはし・쓰루하시) 곡괭이

鎌(かま・가마) 낫

刈る(かる・가루) 초목이나 머리를 잘
　라냄

熊手(くまで・구마데) 갈퀴

　직역하면 「곰손」이 되지만 낙엽 같
은 것을 긁는 「갈퀴」를 뜻한다.

のみ(노미) 끌, 목재 따위를 가공하는
　연장

かんな(간나) 대패

シャベル(샤베루) 삽

スコップ(스꽂뿌) 원예용삽

03 의복(衣服)

이번에는 「의류」에 관한 단어 중에서 발음이나 뜻이 너무나 엉뚱한 것들을 익혀보기로 하자.

우리가 「의복류」를 통틀어 「옷」이라고 하듯이, 일본사람들 역시 「옷」을 「服(후꾸)」라고 한다.

한편 「着物(기모노)」 역시 「옷」을 뜻하는데, 그보다는 「일본옷」, 특히 여자들이 입는 「일본옷」을 지칭하는 경우가 많다.

옷을 맞추거나 백화점 등에서 골라살 때 「칫수」를 따져보게 마련인데, 「칫수」에 해당하는 단어가 「寸法(슨뽀오)」이다. 물론 「サイズ(사이즈)」라는 외래어를 더 많이 사용하고 있거니와.

「背広(세비로)」라고 하면 「등이 넓다」가 되어 무슨 뜻인지 짐작할 길이 없거니와, 이것은 「양복」을 통틀어 가리키는 말이다.

옷 같은 것이 잘 「어울릴」 경우 「似合う(니아우)」라고 하고, 옷맵시가 「날씬하다」 할 때 「すらり(스라리)」라고 표현한다. 반대로 옷차림이 칠칠치 않을 때는 「だらしない(다라시나이)」라고 말한다.

다음으로 옷 같은 것이 「지나치게 화려하다」 할 때는 「派手(하데)」라고 하며, 반대로 「수수하다」할 때는 「地味(지미)」라고 하고 있다.

또한 옷이나 화장이 「우아할」 때는 「上品(죠오힝)」, 「야하다」할 때는 「下品(게힝)」이라고 하는데, 한자풀이만으로는 그 뜻을 짐작하기가 매우 힘든 단어들이 아닐 수 없다.

흔히들 그것이 일본어인지도 모르고 사용하는 단어 중에 「半袖(한소데)」니 「袖無し(소데나시)」라는 것이 있다. 그런데 「袖(소데)」란 「소매」를 가리키는 일본어이며, 따라서 「半袖」이니까 「반소매」가, 「소매없음」이니까 「袖無し」가 되는 것이다.

다음으로 「靴下(구쓰시따)」는 자칫 「구두 밑」을 연상하기 쉬우나, 「양말」이라는 뜻이고, 「手袋」는 「장갑」을 뜻하는데 「데후꾸로」로 짐작할 테지만 「데부꾸로」, 그리고 「足袋」는 「아시부꾸로」가 아닌 「다비」이고 「버선」이라는 뜻이다.

끝으로 우리는 꼭 「하이힐」이라고 안 하고 그냥 「힐」이라고 쓰는 경우가 많지만, 그들은 반드시 「ハイヒール(하이히이루)」라고 하고 있다.

이 밖에도 까다로운 단어들이 많지만, 이상 언급한 단어만큼은 반드시 제대로 익히고 넘어가자.

服(ふく・후꾸) 옷, 의복

衣服(いふく・이후꾸) 의복

衣類(いるい・이루이) 의류, 옷가지

衣裳(いしょう・이쇼오) 의상

着物(きもの・기모노) 옷, 여자일본옷

服飾(ふくしょく・후꾸쇼꾸) 복식

ファッション(홧숀) 패션, 양복 등의
　양식

デザイナー(데자이나아) 디자이너

ドレスメーカー(도레스메에까) 드레
　스메이커

ブレンド(부랜도) 브렌드

アラモード(아라모오도) 최신유행

復古風(ふっこふう・훗꼬후우) 복고풍

モデル(모데루) 모델

スタイル(스따이루) 스타일

ファッションショー(홧숀쇼오) 패션
　쇼우

流行(りゅうこう・류우꼬오) 유행

流行り(はやり・하야리) 유행

　발음이 좀체로 생각나지 않을 테지
만 「하야리」가 된다.

流行る(はやる・하야루) 유행하다

　今年は ロングスカートが 流行るそう
だ (금년은 롱스커트가 유행한다는군)

リバイバル(리바이바루) 리바이벌, 재
　유행

洋服(ようふく・요오후꾸) 양복

和服(わふく・와후꾸) 일본옷

洋装(ようそう・요오소오) 양장

カジュアル(가쥬아루) 캐쥬얼, 입기쉬
　운 옷

簡単服(かんたんふく・간땅후꾸) 간
　단한 옷

夏服(なつふく・나쓰후꾸) 하복, 여름옷

冬服(ふゆふく・후유후꾸) 동복, 겨울옷

紳士服(しんしふく・신시후꾸) 신사복

淑女服(しゅくじょふく・슈꾸죠후꾸)
　숙녀복

婦人服(ふじんふく・후징후꾸) 부인복

ドレス(도레스) 드레스, 부인복

セーラー服(ふく・세에라후꾸) 세일
　러복

作業服(さぎょうふく・사교오후꾸)
　작업복

　「사꾸교오후꾸」로 생각할 테지만
「사교오후꾸」가 된다.

制服(せいふく・세이후꾸) 제복

ユニホーム(유니호오무) 유니폼, 제복

正装(せいそう・세이소오) 정장

略装(りゃくそう・랴꾸소오) 약장

晴れ着(はれぎ・하레기) 나들이옷

普段着(ふだんぎ・후당기) 평상복

平服(へいふく・헤이후꾸) 평상복

古着(ふるぎ・후루기) 헌옷, 오래된 옷

一張羅(いっちょうら・잇쬬오라) 단

한 벌 뿐인 좋은 옷

服装(ふくそう・후꾸소오) 복장, 옷차림

身なり(みなり・미나리) 옷차림

身振り(みぶり・미부리) 복장이나 태도

なりふり(나리후리) 옷차림, 외양

身支度(みじたく・미지따꾸) 옷치장

「미시따꾸」로 알기 십상이지만 「미지따꾸」이다.

身づくろい(みづくろい・미즈꾸로이) 몸차림, 옷치장

身拵え(みごしらえ・미고시라에) 옷차림

身奇麗(みぎれい・미기레이) 몸차림이 깨끗함, 단정함

布(ぬの・누노) 천, 헝겊

布切れ(ぬのぎれ・누노기레) 헝겊조각

布地(ぬのじ・누노지) 피륙, 옷감

反物(たんもの・단모노) 옷감

당연히 「한모노」 또는 「한부쓰」로 알기 쉬우나 엉뚱하게도 「단모노」이다.

糸(いと・이또) 실

針(はり・하리) 바늘

鋏(はさみ・하사미) 가위

ミシン(미싱) 미싱, 재봉틀

糸車(いとぐるま・이또구루마) 물레

毛糸(けいと・게이또) 털실

編物(あみもの・아미모노) 편물, 뜨개질

ニット(닛또) 니트, 편물, 뜨개질

毛編み(けあみ・게아미) 털실로 짜는 것

刺繍(ししゅう・시슈우) 자수

縫う(ぬう・누우) 꿰매다

縫物(ぬいもの・누이모노) 바느질

針仕事(はりしごと・하리시고또) 바느질

仕立て(したて・시다떼) 재봉, 바느질

裁断(さいだん・사이당) 재단

洋裁(ようさい・요오사이) 양재

洋服店(ようふくてん・요오후꾸뗑) 양복점

洗濯屋(せんたくや・센따꾸야) 세탁소

アイロン(아이롱) 아이롱, 다림질

襞(ひだ・히다) 의복의 주름

メーカー(메에까아) 메이커

デザイン(데자잉) 디자인

縞(しま・시마) 줄무늬

横縞の ワイシャツを 着る

(가로줄무늬의 와이셔츠를 입는다)

模様(もよう・모요오) 장식무늬

選ぶ(えらぶ・에라부) 고르다, 선택하다

生地(きじ・기지) 옷감, 직물의 바탕

발음이 엉뚱하게도 「기지」임을 새겨넣을 것

裏地(うらじ・우라지) 안감

下地(したじ・시따지) 옷감의 바탕

肌触り(はだざわり・하다자와리) 촉감, 감촉

この 生地は 肌触りが 実に よい
(이 옷감은 촉감이 참으로 좋다)

ラベル(라베루) 라벨, 광고·상표 등의 작은 종이쪽지

レッテル(렛떼루) 렛테르, 상품에 붙이는 상표

帖る(はる·하루) 붙이다

ショーウインドー(쇼오윈도오) 쇼윈도우

マネキン(마네낑) 마네킹

人目を 引く(ひとめを ひく·히또메오 히꾸) 사람들의 시선을 끈다

あつらえる(아쓰라에루) 맞추다, 장만하다

洋服を 新しく 一着 あつらえた
(양복을 새로 한 벌 맞추었다)

新調(しんちょう·신쬬오) 새로 맞추다

一着(いっちゃく·잇쨔꾸) 한 벌

一揃い(ひとそろい·히또소로이) 한 벌, 한 세트

似合う(にあう·니아우) 잘 맞다, 어울리다

サイズ(사이즈) 사이즈

寸法(すんぽう·슨뽀오) 칫수, 사이즈

長さ(ながさ·나가사) 길이

計る(はかる·하까루) 재다, 달다

バスト(바스또) 가슴둘레

ウエスト(웨스또) 옷의 허리부분, 또

그 둘레

ヒップ(힛뿌) 엉덩이

仮縫い(かりぬい·가리누이) 가봉

ぴったり(삣따리) 꼭, 딱

合う(あう·아우) 맞는다

スマート(스마아또) 스마트

優雅(ゆうが·유우가) 우아함

着る(きる·기루) (옷을) 입다

まとう(마또우) 걸치다

着用(ちゃくよう·쟈꾸요오) 착용

着替える(きがえる·기가에루) 갈아입다

着飾る(きかざる·기까자루) 좋은 옷을 차려입다

盛装(せいそう·세이소오) 성장

めかす(메까스) 멋을 부리다

洒落る(しゃれる·샤레루) 멋을 부리다, 모양을 내다

뜻도 어렵거니와 발음도 힘든 단어로서 「샤레루」라고 읽으며 「멋을 부리다」라는 뜻이다.

装う(よそおう·요소오우) 몸치장하다, 장식하다

ござっぱり(고잣빠리) 옷차림이 산뜻한 모양

着やすい(きやすい·기야스이) 입기 쉽다

きゅうくつ(규우꾸쓰) 갑갑함, 답답함

野暮ったい(やぼったい・야봇따이) 촌스럽다

着心地(きごこち・기고꼬찌) 옷을 입었을 때의 기분

脱ぐ(ぬぐ・누구) 벗다

脱衣(だつい・다쓰이) 탈의, 옷을 벗음

ハンガー(항가아) 행거, 양복걸이

掛ける(かける・가께루) 걸다

吊す(つるす・쓰루스) 매달다

汚す(よごす・요고스) 더럽히다

汚れる(よごれる・요고레루) 더러워지다

裂ける(さける・사께루) 찢어지다, 터지다

破れる(やぶれる・야부레루) 찢어지다

綻びる(ほころびる・호꼬로비루) 실밥이 풀리다

ほつれる(호쓰레루) 풀리다, 흐트러지다

褪める(さめる・사메루) 퇴색하다, 빛이 바래다

くたびれる(구따비레루) 낡다, 지치다
くたびれた 洋服しか 無い
(낡은 양복 밖에 없다)
一日中 歩いたので くたびれた
(종일 걸었기 때문에 지쳤다)

しわ寄る(しわよる・시와요루) 주름이 잡히다, 구겨지다

垢(あか・아까) 때

染み(しみ・시미) 얼룩이

洗う(あらう・아라우) 씻다, 빨다

拭く(ふく・후꾸) 닦다, 훔치다

ぼろ(보로) 넝마, 누더기

よれよれ(요레요레) 의복이 낡아 구겨진 모양

洗濯(せんたく・센따꾸) 세탁

クリーニング(구리이닝구) 크리닝

染める(そめる・소메루) 물들이다, 염색하다

コート(고오또) 코트

レーンコート(렌고오또) 레인코트

バーバリ(바아바리) 바발리

オーバー(오오바) 오버, 외투

外套(がいとう・가이또오) 외투, 오버

マント(만또) 망토

トッパー(돗빠아) 부인용 반코트

トップコート(돗뿌고오또) 톱코트, 여성용 춘추반코트

インバネス(인바네스) 인버네스, 남성용 짧은 외투

毛皮服(もうひふく・모오히후꾸) 모피복

背広(せびろ・세비로) 양복

「등이 넓다」가 되어 무슨 뜻인지 알길이 없지만 「양복」을 가리키며 발음도 「세히로」가 아닌 「세비로」이다.

両前(りょうまえ・료오마에) 양복의

더블

片前(かたまえ · 가따마에) 양복의 싱글

タキシード(다끼시이도) 택시도우

ジャンパー(잔빠아) 점퍼

上衣(うわぎ · 우와기) 웃옷

上着(うわぎ · 우와기) 웃옷

「우에기」로 생각할 테지만 「우와기」
라고 한다.

ズボン(즈봉) 바지, 즈봉

ズボン吊り(つり · 즈봉쓰리) 바지가
내려가지 않도록 어깨에 매는 멜빵

袴(はかま · 하까마) 아랫도리에 입는
주름잡힌 치마

羽織り(はおり · 하오리) 옷 위에 덧입
는 짧은 웃옷

ねじけ(네지께) (옷의) 주름

ナイロン(나이롱) 나일론

メリヤス(메리야스) 메리야스

ビロード(비로오도) 비로도

シルク(시루꾸) 실크, 비단, 명주

レーヨン(레에용) 레이용, 인조견사

モヘヤ(모헤야) 모헤어, 앙골라 염소털
로 짠 고급직물

絹(きぬ · 기누) 비단

錦(にしき · 니시끼) 비단

綿(わた · 와따) 솜

木綿(もめん · 모멩) 무명, 면직물
당연히 「모꾸멩」으로 생각할 테지

만 「모멩」이라고 한다.

柔らかい(やわらかい · 야와라까이)
부드럽다, 포근하다

すべすべ(스베스베) 매끈매끈

シャツ(샤쓰) 셔츠

セーター(세에따아) 스웨터

ジャケット(쟈껫또) 재킷

カーディガン(가아디간) 카디건, 앞을
튼 털스웨터

ワイシャツ(와이샤쓰) 와이셔츠

アロハシャツ(아로하샤쓰) 남방셔츠

チョッキ(죳끼) 조끼

ネクタイ(네꾸따이) 넥타이

蝶ネクタイ(ちょう · 죠오네꾸따이)
나비넥타이

ボータイ(보오따이) 보타이, 나비넥타이

派手(はで · 하데) 화려한 모양
발음과 뜻이 모두 생소한 단어로서
「화려하다」라는 뜻이고 「하데」라고
한다.

華やか(はなやか · 하나야까) 화려한
모양

派手過ぎる(はですぎる · 하데스기루)
너무 화려하다

地味(じみ · 지미) 빛깔이나 모양이 수
수함
이 단어 역시 발음과 뜻이 쉽지 않
은 단어로서 「지미」라고 읽으며 「수수

41

하다」라는 뜻이다.

彼女には 地味な 服が よく 似合う
(그녀에게는 수수한 옷이 잘 어울린다)

締める(しめる・시메루) 조이다, 매다

引き締める(ひきしめる・히끼시메루)
단단히 죄다, 졸라매다

外す(はずす・하즈스) 풀다, 벗기다

アフターヌーンドレス(아후따눈도레
스) 여자가 오후 외출 때 입는 원피
스 모양의 양복

カクテルドレス(가꾸떼루도레스) 칵
테일드레스

イブニングドレス(이부닝구도레스)
이브닝드레스

ウエディングドレス(웨딩구도레스)
웨딩드레스

純白(じゅんぱく・쥰빠꾸) 순백, 새하얌

花嫁(はなよめ・하나요메) 새색시, 신부

エレガンス(에레간스) 엘레강스, 우아함

ワンピース(완삐이스) 원피스

ツーピース(쓰우삐이스) 투피스

スーツ(스우쓰) 부인용 상하 한 벌로
된 옷

ブラウス(부라우스) 블라우스

スカート(스까아또) 스커트

タイトスカート(다이또스까아또) 타
이트스커트

ミニスカート(미니스까아또) 미니스

커트

曲線美(きょくせんび・교꾸센비) 곡
선미

すらり(스라리) 날씬한 모양

ロングスカート(롱구스까아또) 롱스
커트

パンタロン(빤따롱) 판탈론, 여성용바지

スラックス(스랏꾸스) 슬랙스, 부인용
바지

もんぺ(몬뻬) 몬뻬, 바지모양의 여성용
노동복

シュミーズ(슈미이즈) 시미즈, 속치마

ネグリジェ(네구리제) 네글리제, 여성
용잠옷

ガウン(가웅) 가운, 길고 낙낙한 웃옷

ブラジャー(부라쟈) 브래지어

ノーブラ(노오부라) 브래지어를 안 함

ランゼリー(란제리) 여성의 양장용 속옷

ジッパー(짓빠어) 지퍼, 재크

閉める(しめる・시메루) 잠그다, 닫다

下ろす(おろす・오로스) 내리다

ポーズ(뽀오즈) 포즈, 자태, 자세

あだっぽい(아닷뽀이) 요염하게 아름
답다

艶めかしい(なまめかしい・나마메까
시이) 요염하다

魅力的(みりょくてき・미료꾸떼끼)
매력적

42

チャーミング(짜아밍구) 처밍, 매력적

スマート(스마아또) 스마트, 멋짐

コルセット(고루셋또) 코르셋, 여자의
　양장속옷

ガードル(가아도루) 거들, 양말대님이
　붙은 짧은 코르셋

長い(ながい・나가이) 길다

短い(みじかい・미지까이) 짧다

大きい(おおきい・오오끼이) 크다

小さい(ちいさい・지이사이) 작다

大き過ぎる(おおきすぎる・오오끼스
　기루) 지나치게 크다

だぶだぶ(다부다부) 의복이 커서 몸에
　맞지 않는 모양. 헐렁헐렁

小さ過ぎる(ちいさすぎる・지이사스
　기루) 지나치게 작다

不似合(ふにあい・후니아이) 어울리
　지 않음

だらしない(다라시나이) 칠칠치 못하다
　だらしない 恰好で 現れる
　(칠칠치 못한 꼴로 나타난다)

不格好(ぶかっこう・부갓꼬오) 꼴이
　흉함
　「후갓꼬오」가 아닌 「부갓꼬오」이
　며 「사나운 꼴」이라는 뜻이다.

肌着(はだぎ・하다기) 속옷
　발음이 「하다기」라는 사실에 유의
　할 것

下着(したぎ・시따기) 속옷

襦袢(じゅばん・쥬방) 짧은 여자 속옷

ランニング(란닝구) 런닝

パンティー(빤띠이) 팬티

パンツ(빤쓰) 팬티, 남자아동용 팬티

猿股(さるまた・사루마따) 팬츠, 잠방이

腰巻き(こしまき・고시마끼) 부인용
　속치마

浴衣(ゆかた・유까따) 무명파자마

パジャマ(빠자마) 파자마

寝間着(ねまき・네마끼) 잠옷

どてら(도떼라) 솜을 둔 잠옷

腹巻き(はらまき・하라마끼) 배를 덥
　게 하기 위해 두르는 띠

帯(おび・오비) 띠, 허리띠

バンド(반도) 밴드

ベルト(베루또) 벨트

バックル(밧꾸루) 버클, 혁대를 고정시
　키는 장치

結ぶ(むすぶ・무스부) 매다, 잇다, 묶다

解く(ほどく・호도꾸) 풀다

襟(えり・에리) 옷깃, 동정

襟無し(えりなし・에리나시) 깃이 없음

襟首(えりくび・에리꾸비) 목덜미

裾(すそ・스소) 옷단, 옷자락

褄(つま・쓰마) 긴 옷의 아랫단 좌우
　끝섶끝

捲る(めくる・메꾸루) 걷어올리다

ネグリジェの 裾を 捲り上げる
(네그리제 자락을 걷어올린다)
はしょる(하쇼루) 옷자락을 걷어올려
　허리띠에 끼우다
捲れる(めくれる・메꾸레루) 걷어올
　라가다
袖(そで・소데) 소매
スリーブ(스리이부) 슬립, 소매
袖口(そでぐち・소데구찌) 소맷부리
袖裏(そでうら・소데우라) 소매안감
長袖(ながそで・나가소데) 긴소매
半袖(はんそで・한소데) 반소매
袖無し(そでなし・소데나시)　소매가
　없는 옷
カフスボタン(가후스보땅) 커프스보턴
嵌める(はめる・하메루) 끼우다
外す(はずす・하즈스) 풀다, 벗기다
ポケット(뽀껫또) 포켓, 호주머니
　일본어에는 「호주머니」라는 단어
가 없고 외래어인 「포켓」을 쓰고 있을
뿐이다.
ボタン(보땅) 보턴, 단추
外れる(はずれる・하즈레루)　벗겨지
　다, 떨어지다, 빠지다
落ちる(おちる・오찌루) 떨어지다
マフラー(마후라아) 머플러, 목도리
スカーフ(스까아후) 스카프, 목도리
ショール(쇼오루) 쇼올, 어깨에 걸치는

여자용 목도리
ネッカチーフ(넷까찌이후) 네커치프
襟巻き(えりまき・에리마끼) 목도리
巻く(まく・마꾸) 감다, 말다
　襟巻きを 首に 巻く
　(목도리를 목에 감는다)
　紙を ぐるぐる 巻く
　(종이를 둘둘 만다)
帽子(ぼうし・보오시) 모자
制帽(せいぼう・세이보오) 제모
学士帽(がくしぼう・가꾸시보오)　학
　사모
被る(かぶる・가부루) 쓰다, 뒤집어쓰다
栄誉(えいよ・에이요) 영예
中折れ(なかおれ・나까오레) 중절모
ソフト(소뿌또) 소프트모의 준말
キャップ(갓뿌) 캡
運動帽(うんどうぼう・운도오보오)
　운동모
ハンチング(한찡구) 헌팅캡, 사냥용모자
狩人(かりゅうど・가류우도) 사냥꾼
ベレー帽(ぼう・베레에보오) 벨레모
画家(がか・가까) 화가
ヘルメット(헤루멧또) 헬멧
兵隊(へいたい・헤이따이) 군인
　「군대」를 연상하기 쉬우나 「군인」
을 통틀어 가리키는 말이다.
麦藁帽(むぎわらぼう・무기와라보오)

밀짚모자

農夫(のうふ・노오후) 농부

頭巾(ずきん・즈낑) 두건

笠(かさ・가사) 삿갓, 갓모양의 것

つば(쓰바) 모자의 차양

庇(ひさし・히사시) 모자의 차양

脱ぐ(ぬぐ・누구) 벗다

脱帽(だつぼう・다쓰보오) 탈모

手袋(てぶくろ・데부꾸로) 장갑

　　모두에서 말했듯이 「데후꾸로」가
아닌 「데부꾸로」가 된다.

嵌める(はめる・하메루) 끼우다

ちぐはぐ(지구하구) 짝짝이

靴下(くつした・구쓰시따) 양말

　　「구쓰시다」가 아닌 「구쓰시따」이
고 「구두밑」이 아닌 「양말」을 뜻한다.

あべこべ(아베꼬베) 거꾸로, 반대

　　靴下を 又 あべこべに 穿く

　　(양말을 또 거꾸로 신는다)

穿く(はく・하꾸) 신다

履く(はく・하꾸) 신다

破れる(やぶれる・야부레루) 찢어지다

パンク(빵꾸) 펑크, 의복류에 구멍이
　　뚫림

足袋(たび・다비) 일본식버선

　　「아시후꾸로」가 아닌 「다비」라는
사실에 유의할 것

ストッキング(스똣낑구) 스타킹

ノーストッキング(노오스똣낑구) 노스
타킹, 스타킹을 신지 않음

脚絆(きゃくはん・갸꾸항) 각반

ゲートル(게에또루) 게트르, 각반

巻く(まく・마꾸) 감다

履き物(はきもの・하끼모노) 신, 신발

靴(くつ・구쓰) 구두

シューズ(슈우즈) 슈즈, 단화(短靴)

合う(あう・아우) 맞다, 꼭 맞다

靴へら(くつへら・구쓰헤라) 구두주걱

長靴(ながぐつ・나가구쓰) 장화

ブーツ(부우쓰) 부츠, 장화

雨靴(あまぐつ・아마구쓰) 비신

ハイヒール(하이히이루) 하이힐

　　그냥 「히일」이라고는 하지 않고 꼭
「하이히이루」라고 쓴다.

サンダル(산다루) 샌들

スリッパ(스릿빠) 슬리퍼

下駄(げた・게따) 나막신

雪駄(せった・셋따) 바닥에 가죽을 댄
　　짚신

草履(ぞうり・조오리) 짚신

草鞋(わらじ・와라지) 짚신

一足(いっそく・잇소꾸) 한 켤레

　　アラモードの 靴を 一足 あつらえた

　　(최신 유행의 구두를 한 켤레 장만했다)

鼻緒(はなお・하나오) 짚신의 끈

泥水(どろみず・도로미즈) 흙탕물

汚れる(よごれる・요고레루) 더러워지다

磨く(みがく・미가꾸) (문질러) 닦다

靴磨き(くつみがき・구쓰미가끼) 구두를 닦는 것, 구두닦이

靴屋(くつや・구쓰야) 구둣가게, 제화점

シューズメーカー(슈우즈메에까) 슈즈메이커

杖(つえ・쓰에) 지팡이

ステッキ(스뗏끼) 단장, 지팡이
   ステッキを ついて やっと 歩く
   (지팡이를 짚고 간신히 걷는다)

つく(쓰꾸) 짚다, 찌르다

とぼとぼ(도보또보) 타달타달, 맥없이

アクセサリー(아꾸세사리이) 액세서리

装身具(そうしんぐ・소오싱구) 장신구

つける(쓰께루) 달다

飾る(かざる・가자루) 꾸미다, 장식하다

装飾(そうしょく・소오쇼꾸) 장식

セット(셋또) 세트, 한 벌

首輪(くびわ・구비와) 목걸이

首飾り(くびかざり・구비가자리) 목걸이

ネックレス(넷꾸레스) 네클리스, 목걸이

ペンダント(뺀단또) 펜던트, 목에 다는 보석이나 메달

ロケット(로껫또) 로킷, 소형사진 등을 넣어 목에 거는 장신구의 하나

耳飾り(みみかざり・미미가자리) 귀걸이

イヤリング(이야링구) 이어링, 귀걸이

掛ける(かける・가께루) 걸다

はめる(하메루) 끼우다

指環(ゆびわ・유비와) 반지

エンゲージリング(엥게에지링구) 약혼반지

腕輪(うでわ・우데와) 팔찌

ブレスレット(뿌레스렛또) 브레이스렛, 팔찌

ブローチ(부로오찌) 브로치

ヘアピン(헤아삔) 헤어핀, 머리핀

かんざし(간자시) 비녀

差す(さす・사스) 꽂다

リボン(리봉) 리본

つける(쓰께루) 달다

マスコット(마스꼿또) 마스코트, 행운을 가져다 준다는 인형·동물 따위

貴金属(ききんぞく・기낑조꾸) 귀금속

宝石(ほうせき・호오세끼) 보석

ダイヤモンド(다이야몬도) 다이아몬드

紅玉(こうぎょく・고오교꾸) 홍옥, 루비

ルビー(루비이) 루비, 홍옥

サファイア(사화이아) 사파이어

エメラルド(에메라루도) 에메럴드

珠玉(しゅぎょく・슈교꾸) 주옥

真珠(しんじゅ・신쥬) 진주

パール(빠아루) 퍼얼, 진주

翡翠(ひすい・히스이) 비취, 비취옥

トパーズ(도빠아즈) 토퍼즈, 황옥(黃玉)

カラット(가랏또) 캐럿, 보석의 무게단위

ハンドバッグ(한도밧구) 핸드백

手提げ(てさげ・데사게) 손가방

　직역하면 「손에 드는 것」이 되어 결국 「손가방」이라는 뜻이 되었다.

財布(さいふ・사이후) 지갑

　이 단어 역시 「재물헝겊」으로서 「지갑」을 뜻하게 되었다.

紙入れ(かみいれ・가미이레) 지갑

パラソル(빠라소루) 파라솔, 양산

日傘(ひがさ・히가사) 양산

サングラス(산구라스) 선글라스, 색안경

ハンケチ(항께찌) 손수건

ハンカチーフ(항까찌이후) 손수건

風呂敷(ふろしき・후로시끼) 보자기

　발음도 쉽지 않고 뜻도 난해한 단어로서 「후로시끼」이며 「보자기」를 가리킨다.

化粧(けしょう・게쇼오) 화장

　「가쇼오」가 아닌 「게쇼오」라는 사실에 유의할 것

薄化粧(うすげしょう・우스게쇼오) 엷은 화장, 진하지 않은 화장

厚化粧(あつげしょう・아쓰게쇼오) 진한 화장

「두꺼운 화장」 결국 「진한 화장」이라는 뜻이다.

上品(じょうひん・죠오힝) 고상함, 품위가 있음

　자칫 물건의 「상품」을 연상하기 쉽지만 「고상하다」는 뜻이다.

下品(げひん・게힝) 천스러움, 품위가 없음

　「上品」의 반대어로서 「천박하다」는 뜻이다.

　下品な 言葉を 使うな

　(천박한 말을 쓰지 말아라)

こてこて(고떼고떼) 더덕더덕

コンパクト(곤빠꾸또) 콤팩트, 거울이 달린 휴대용 화장도구

パフ(빠후) 퍼프, 분첩

メークアップ(메에꾸앗뿌) 메이크업

リップスティック(릿뿌스띳꾸) 립스틱, 막대모양의 입술연지

口紅(くちべに・구찌베니) 입술연지, 루즈

ルージュ(루우쥬) 루즈, 입술연지

頬紅(ほおべに・호오베니) 볼에 바르는 루즈

赤過ぎる(あかすぎる・아까스기루) 지나치게 붉다

マスカラ(마스까라) 마스카라, 속눈썹에 바르는 먹

マニキュア(마니뀨아) 매니큐어

クリーム(구리이무) 크림

ファウンデーション(화운데에숀) 파운데이션, 기초화장품

ローション(로오숑) 로션

スキン(스낑) 스킨

香水(こうずい・고오즈이) 향수

オーデコロン(오오데꼬롱) 향수 비슷한 화장수

塗る(ぬる・누루) 바르다, 칠하다

匂い(におい・니오이) 냄새

芳香(ほうこう・호오꼬오) 방향, 향기로운 냄새

ヘアスタイル(헤아스따이루) 헤어스타일

姿見(すがたみ・스가따미) 큰 거울
  직역하면 「모습을 보는 것」 결국 전신을 볼 수 있는 「큰 거울」이다.

ポマード(뽀마아도) 포마드

ハップバンスタイル(핫뿌반스따이루) 헵번스타일

パーマネント(빠아마넨또) 퍼머넨트, 머리를 곱슬곱슬하게 지짐 또 그 머리

断髪(だんぱつ・단빠쓰) 단발

こて(고떼) 머리손질에 쓰는 인두

カット(갓또) 커트, 잘라냄

内巻き(うちまき・우찌마끼) 안으로 말아올리는 것

外巻き(そとまき・소또마끼) 바깥쪽으로 말아올리는 것

染色(せんしょく・센쇼꾸) 염색

染める(そめる・소메루) 물들이다, 염색하다

ふけ(후께) 비듬

スプレー(스뿌레에) 스프레이, 분무기

かつら(가쓰라) 가발(仮髪)

束ねる(たばねる・다바네루) 묶다, 매다
  「소꾸네루」가 아닌 「다바네루」라는 사실에 유의할 것
  長い 髪を ピンで 束ねる
  (긴 머리를 핀으로 묶는다)

櫛(くし・구시) 머리빗

櫛目(くしめ・구시메) 가리마

床屋(とこや・도꼬야) 이발관
  발음이 「도꼬야」이고 뜻은 「이발관」이다.

理髪店(りはつてん・리하쓰뗑) 이발관

バリカン(바리깡) 바리캉, 이발기구

美容院(びよういん・비요오잉) 미용원

美容室(びようしつ・비요오시쓰) 미용실

マッサージ(맛사아지) 마사지

成形手術(せいけいしゅじゅつ・세이께이슈쥬쓰) 성형수술
  乳房の 成形手術を 受ける
  (유방의 성형수술을 받는다)

음식에 관한 단어 중에도 그 발음이나 뜻이 매우 까다로운 것들이 제법 많다.

우선 「음식물」 즉 「먹거리」는 「食物」라고 쓰고 「쇼꾸모쓰」라고 발음한다. 자칫 「시끼부쓰」나 「쇼꾸부쓰」로 알기 쉬우나 「쇼꾸모쓰」인 것이다.

음식을 만드는 「주방」 즉 「부엌」은 「台所」라고 쓰고 「다이도꼬로」라고 읽으며, 우리가 맛있어 보이는 음식을 보고 흔히 말하는 「입맛을 다시다」는 「舌なめずり」(시따나메즈리)」라고도 하고 「舌鼓(시따쓰즈미)」라고도 한다.

우리는 「배가 고프다」 이렇게 말하지만 일본사람들은 「腹が 減る(하라가 헤루)」 결국 「배가 줄어든다」라고 표현하고 있으며, 「腹が 空(하라가 스꾸)」라고도 한다.

물이나 국 같은 것을 끓일 때 생기는 「김, 수증기」는 「湯気」라고 쓰고 엉뚱하게 「유게」라고 읽으며, 우리가 멋도 모르고 쓰고 있는 「冷やし(히야시)」는 「차갑게 만든 것」이라는 뜻으로서 따라서 「冷やし ビール」 하면 「차게 만든 맥주」가 된다.

한편 음식물을 말할 때 빼놓을 수 없는 단어가 「メリケン粉(메리껭꼬)」인데, 직역하면 「미국가루」로서 결국 「미국에서 온 가루」 「밀가루」라는 뜻이다.

일본사람들이 즐겨 먹는 생선 가운데에 「복어」가 있거니와 이것은 「河豚」라고 쓰고 엉뚱하게 「후구」라고 발음하며, 바다에서 나는 「김」은 「海苔」라고 쓰고 이 역시 발음은 엉뚱하게 「노리」가 된다.

역시 생선류의 일종인 「명태」는 우리와 마찬가지로 「明太」라고 쓰는데 문제는 그 발음이다. 당연히 「묘오따」 또는 「메이따」라고 생각할 테지만 전혀 음이 다른 「멘따이」이다.

「果物」는 「과일」을 뜻하며 발음은 「가부쓰」나 「가모노」가 아닌 「구다모노」이다. 따라서 「과일가게」는 「果物屋(구다모노야)」가 된다.

음식점이나 레스토랑에 가면 「차림표」, 즉 「메뉴판」이 있게 마련이거니와, 이 「차림표」는 「獻立表」라고 쓰고 「곤다떼효오」라고 읽으며, 음식을 만드는 「요리사」 즉 「쿡」은 「板場」라고 쓰고 「이따바」로 읽는다. 아마 이 「板場」가 「요리사」라고 생각하는 사람은 없을 것이다.

음식을 먹고 나면 「계산」을 하게 마련인데, 그들은 「計算(게이상)」이라는 단어는 잘 안 쓰고 「勘定」라는 생소한 말을 쓰고 있다. 이 단어가 「계산」이라는 뜻이며 「간죠오」라고 읽는다. 따라서 「계산서」 역시 「勘定書(간죠오가끼)」이다.

食べ物(たべもの・다베모노) 음식

食物(しょくもつ・쇼꾸모쓰) 먹거리

　앞에서도 말했듯이 발음이 「쇼꾸모쓰」라는 사실에 유의할 것

食糧(しょくりょう・쇼꾸료오) 식량

食料品(しょくりょうひん・쇼꾸료오힝) 식료품

食品(しょくひん・쇼꾸힝) 식품

インスタント(인스딴또) 인스턴트, 즉석

食用(しょくよう・쇼꾸요오) 식용

食生活(しょくせいかつ・쇼꾸세이까쓰) 식생활

菜食(さいしょく・사이쇼꾸) 채식

肉食(にくしょく・니꾸쇼꾸) 육식

食道楽(しょくどうらく・쇼꾸도오라꾸) 식도락

美食家(びしょくか・비쇼꾸까) 미식가

貪る(むさぼる・무사보루) 탐내다, 욕심부리다

栄養(えいよう・에이요오) 영양

熱量(ねつりょう・네쓰료오) 열량

カロリー(가로리) 칼로리, 열량의 단위

ビタミン(비따민) 비타민

摂取(せっしゅ・셋슈) 섭취

反芻(はんすう・한스우) 반추, 되새김질

消化(しょうか・쇼오까) 소화

料理(りょうり・료오리) 요리

クッキング(굿낑구) 쿠킹, 요리

手料理(てりょうり・데료오리) 집에서 손수 만든 요리

台所(だいどころ・다이도꼬로) 부엌, 주방

　「다이도꼬로」라고 하며 「부엌」을 뜻한다.

キチン(기찡) 키친, 주방

冷蔵庫(れいぞうこ・레이조오꼬) 냉장고

ガスレンジ(가스렌지) 가스레인지

食事(しょくじ・쇼꾸지) 식사

主食(しゅしょく・슈쇼꾸) 주식

副食(ふくしょく・후꾸쇼꾸) 부식, 반찬

飯(めし・메시) 밥, 식사

ご飯(ごはん・고항) 밥, 식사

麦飯(むぎめし・무기메시) 보리밥

冷や飯(ひやめし・히야메시) 찬밥

握り飯(にぎりめし・니기리메시) 주먹밥

焼き飯(やきめし・야끼메시) 볶음밥

赤飯(せきはん・세끼항) 경사스러운 날에 먹는 팥을 둔 찰밥

　「아까메시」가 아닌 「세끼항」이라는 사실에 유의할 것

　父の 誕生日に 赤飯を 食べる

　(아버지 생일에 팥을 둔 찰밥을 먹는다)

飯粒(めしつぶ・메시쓰부) 밥알, 밥풀

朝食(ちょうしょく・죠오쇼꾸) 아침밥

「아사메시」라고도 발음한다.

昼食(ちゅうしょく・쮸우쇼꾸) 점심
「히루메시」라고도 한다.

ランチ(란찌) 런치, 점심

夕飯(ゆうはん・유우항) 저녁밥

夕食(ゆうしょく・유우쇼꾸) 저녁밥

晩飯(ばんめし・반메시) 저녁밥

晩餐(ばんさん・반상) 만찬, 좋은 음식이 나오는 저녁식사

ディナー(디나아) 디너, 만찬

ディナーパーティ(디나아빠아띠) 만찬회

炊事(すいじ・스이지) 취사

作る(つくる・쓰꾸루) 만들다

拵える(こしらえる・고시라에루) 만들다, 마련하다
　母が 拵える 料理は うまい
　(어머니가 만드는 요리는 맛이 있다)

前掛け(まえかけ・마에까께) 앞치마

前垂れ(まえだれ・마에다레) 앞치마

エプロン(에뿌롱) 에이프런, 앞치마

招待(しょうたい・쇼오따이) 초대

受ける(うける・우께루) 받다

応ずる(おうずる・오오즈루) 응하다

断る(ことわる・고또와루) 거절하다
　忙しくて せっかくの 招待を 断る
　(바빠서 모처럼의 초대를 거절한다)

もてなす(모떼나스) 융숭히 대접하다

ごちそう(고찌소오) 맛있는 음식, 진수성찬

おかず(오가즈) 반찬, 부식

汁(しる・시루) 국, 국물, 과일의 즙

おつゆ(오쓰유) 국물

スープ(스우쁘) 수프

ポタージュ(뽀따이쥬) 뽀타즈, 걸쭉한 수프

みそ汁(みそしる・미소시루) 된장국

コンソメ(곤소메) 꽁소메, 맑은 수프

吸い物(すいもの・스이모노) 맑은 장국

雑炊(ぞうすい・조오스이) 나물죽
「잣스이」로 알기 쉬우나「조오즈이」라고 한다.

ぜんざい(젠자이) 팥죽

粥(かゆ・가유) 죽

匂う(におう・니오우) 냄새가 나다

匂い(におい・니오이) 냄새

嗅ぐ(かぐ・가구) 냄새맡다

嗅覚(しゅうかく・슈우까꾸) 후각

食べる(たべる・다베루) 먹다

食う(くう・구우) 먹다

いただく(이따다꾸) 먹다, 「食べる」의 공손한 말

召し上がる(めしあがる・메시아가루) 잡수시다

噛む(かむ・가무) 씹다, 물다

噛みしめる(かみしめる・가미시메루)

잘 씹는다, 음미하다

飲む(のむ·노무) 마시다

呑む(のむ·노무) 삼키다

がぶがぶ(가부가부) 벌컥벌컥

水を がぶがぶ 飲む

(물을 벌컥벌컥 마신다)

吸う(すう·스우) 마시다, 피우다

生温い(なまぬるい·나마누루이) 미
지근하다

熱い(あつい·아쓰이) 뜨겁다

冷たい(つめたい·쓰메따이) 차다, 차
갑다

試食(ししょく·시쇼꾸) 시식

好物(こうぶつ·고오부쓰) 좋아하는
음식

「고오모노」로 알기 쉬우나 「고오부
쓰」라고 한다.

山盛り(やまもり·야마모리) 고봉으
로 담음, 수북히 담음

満腹(まんぷく·만뿌꾸) 배가 부름

たらふく(다라후꾸) 배불리, 배가 터지
도록

おかずが おいしいので たらふく 食
べた (반찬이 맛있어 배불리 먹었다)

食べ過ぎ(たべすぎ·다베스기) 과식

食い坊(くいしんぼう·구이신보오)
먹보, 게걸들린 사람

頬張る(ほおばる·호오바루) 음식을

볼이 미어지게 먹다

消化不良(しょうかふりょう·쇼오까
후료오) 소화불량

下痢(げり·게리) 설사

「가리」가 아닌 「게리」이고 「설사」
를 뜻한다.

断食(だんじき·단지끼) 단식

「단쇼꾸」도 「단시끼」도 아닌 「단지
끼」이다.

溜飲(りゅういん·류우잉) 음식물이
소화가 안 되어 신물이 나오는 증상

食欲(しょくよく·쇼꾸요꾸) 식욕

旺盛(おうせい·오오세이) 왕성

食前(しょくぜん·쇼꾸젱) 식전

食後(しょくご·쇼꾸고) 식후

食費(しょくひ·쇼꾸히) 식비

エンゲル係数(けいすう·엥게루게이
스우) 엥겔계수, 생활비 중에서 음식
비가 차지하는 비율을 나타내는 숫자

味(あじ·아지) 음식의 맛, 간

味覚(みかく·미까꾸) 미각

味わう(あじわう·아지와우) 맛보다

ぜんざいを 味わうのも 久しぶりであ
る (팥죽을 맛보는 것도 오래간만이다)

味わい(あじわい·아지와이) 맛

味覚を そそる(みかくを そそる·미
까꾸오 소소루) 미각을 돋구다

舌鼓(したつづみ·시따쓰즈미) 입맛

을 다심

舌なめずり(したなめずり・시따나메즈리) 입맛을 다심

口を すすぐ(くちを すすぐ・구찌오 스스구) 입을 헹그다

美味い(うまい・우마이) 맛이 있다

おいしい(오이시이) 맛있다

不味い(まずい・마즈이) 맛이 없다

　발음이 쉽지 않은 단어로서 「마즈이」라고 한다.

粗食(そしょく・소쇼꾸) 검소한 음식

甘い(あまい・아마이) 달다, 달콤하다

無加糖(むかとう・무까또오) 무가당

苦い(にがい・니가이) 쓰다, 씁쓸하다

辛い(からい・가라이) 맵다

塩辛い(しおからい・시오가라이) 짜다

渋い(しぶい・시부이) 떫다

　この 柿は とても 渋い

　(이 감은 아주 떫다)

油っ濃い(あぶらっこい・아부랏꼬이) 기름기가 많아 느끼하다

酸っぱい(すっぱい・슷빠이) 시다, 시큼하다

生臭い(なまぐさい・나마구사이) 비리다

臭い(くさい・구사이) 구리다

間食(かんしょく・간쇼꾸) 간식

おやつ(오야쓰) (오후의) 간식

ねだる(네다루) 조르다, 치근거리다

　子供が おやつを ねだる

　(어린아이가 간식을 조른다)

新鮮(しんせん・신셍) 신선함

腐る(くさる・구사루) 썩다, 부패하다

腐敗(ふはい・후하이) 부패

食べ滓(たべかす・다베가스)　먹다남은 음식

腹が減る(はらがへる・하라가헤루) 배가 고프다

腹が空く(はらがすく・하라가스꾸) 배가 고프다

腹が ぺこぺこ(はらが ぺこぺこ・하라가 뻬꼬뻬꼬) 몹시 시장하다

　運動を したので 腹が ぺこぺこである(운동을 했기 때문에 배가 몹시 고프다)

ひもじい(히모지이) 출출하다, 시장하다

空腹(すきばら・스까바라) 공복, 빈 속

腹拵え(はらごしらえ・하라고시라에) 배를 미리 단단히 채워둠

腹一杯(はらいっぱい・하라잇빠이) 배불리, 잔뜩

食卓(しょくたく・쇼꾸따꾸) 식탁

テーブル(데에부루) 테이블

テーブルクローズ(데에부루구로오즈) 테이블 크로스, 식탁보

ナプキン(나뿌낑) 냅킨

しぼり(시보리) 물수건

布巾(ふきん・후낑) 행주

楊枝(ようじ・요오지) 이쑤시개

塵紙(ちりがみ・지리가미) 휴지, 화장지

ティッシュペーパー(덧슈뻬에빠) 화
장지

膳立て(ぜんだて・젠다떼) 상을 차려
식사준비를 하는 것

お膳(おぜん・오젱) 소반

卓袱台(ちゃぶだい・쟈부다이) 다리
가 낮은 밥상

　발음이 도저히 생각나지 않는 단어
로서 「쟈부다이」라고 한다.

匙(さじ・사지) 수저

スプーン(스뿌운) 스픈, 수저

フォーク(훠어꾸) 포크

ナイフ(나이후) 나이프

塊(かたまり・가따마리) 덩어리

切る(きる・기루) 자르다, 절단하다

小刀(こがたな・고가따나) 나이프

箸(はし・하시) 젓가락

割り箸(わりばし・와리바시) 소독저

すくう(스꾸우) 떠올리다, 뜨다

鋏む(はさむ・하사무) 집다, 끼우다

つまむ(쓰마무) 손가락으로 집다

入れ物(いれもの・이레모노) 그릇, 용기

茶碗(ちゃわん・쟈왕) 밥공기, 찻잔

ステンレス(스뗀레스) 스테인레스

皿(さら・사라) 접시

　발음이 쉽게 생각나지 않을 테지만
「사라」이다.

皿洗い(さらあらい・사라아라이) 접
시닦기

　アルバイトで 皿洗いを する
　(아르바이트로 접시닦기를 한다)

ひび(히비) 그릇 따위에 생긴 잔금

コップ(곳뿌) 컵, 유리잔

割れる(われる・와레루) 깨지다

鍋(なべ・나베) 냄비

牛鍋(ぎゅうなべ・규우나베) 쇠고기
를 끓이는 냄비

蓋(ふた・후따) 뚜껑

お盆(おぼん・오봉) 쟁반

ホット(홋또) 포트, 항아리, 단지

オーブン(오오붕) 빵 따위를 굽는 철제
요리기구

ホイル(호이루) 음식을 싸는 금박지

真魚板(まないた・마나이따) 도마

　아무리 생각해도 발음이 쉽게 떠오
르지 않는 단어로서 「마나이따」이다.

庖丁(ほうちょう・호오쬬오) 식칼

ミキサー(기끼사아) 믹서

薬缶(やかん・야깡) 주전자

　당연히 「야꾸깡」이라고 생각할 테
지만 난데없는 「야깡」이다.

湯沸し(ゆわかし・유와까시) 주전자

サモワール(사모와아루) 러시아의 물
　끓이는 기구
沸かす(わかす・와까스) 끓이다
たぎる(다기루) 끓어오르다
湯気(ゆげ・유게) 김, 수증기
　「유끼」도 아니고 「도오끼」도 아닌
「유게」라는 사실에 유의할 것
　台所が 湯気で いっぱいである
　(주방이 김으로 가득 차있다)
水差し(みずさし・미즈사시) 다른 그
　릇에 물을 따르기 위한 그릇
急須(きゅうす・규우스) 찻주전자, 티
　포트
笊(ざる・자루) 소쿠리
漏斗(ろうと・로오또) 깔때기
杓子(しゃくし・샤꾸시) 국자
柄杓(ひしゃく・히샤꾸) 국자
バケツ(바께쓰) 양동이
暖める(あたためる・아따따메루) 데
　우다
ぬくめる(누꾸메루) 데우다
沸かす(わかす・와까스) 끓이다
冷やす(ひやす・히야스) 차게 만들다
冷やし(ひやし・히야시) 차갑게 식힌 것
冷える(ひえる・히에루) 식다, 차가와
　지다
焼く(やく・야꾸) 굽다
炒める(いためる・이따메루) 기름에

볶다, 지지다
煮る(にる・니루) 끓이다
煎る(いる・이루) 찌다
茹でる(ゆでる・유데루) 삶다
茹卵(ゆでたまご・유데다마고) 삶은
　계란
生煮え(なまにえ・나마니에) 설익다
生物(なまもの・나마모노) 날것, 생것
　물론 「생물」이라는 뜻의 「세이부쓰」
　도 되지만 「날것」인 경우에는 「나마모
　노」라고 한다.
洋食(ようしょく・요오쇼꾸) 양식
和食(わしょく・와쇼꾸) 일본식음식
日本料理(にほんりょうり・니혼료오
　리) 일본요리
韓国料理(かんこくりょうり・강꼬꾸
　료오리) 한국요리
中華料理(ちゅうかりょうり・쥬우까
　료오리) 중화요리
西洋料理(せいようりょうり・세이요
　오료오리) 서양요리
料理屋(りょうりや・료오리야) 음식점
食堂(しょくどう・쇼꾸도오) 식당
レストラン(레스또랑) 레스토랑
食券(しょっけん・숏껭) 식권
一品料理(いっぴんりょうり・잇삥료
　오리) 일품요리
自慢料理(じまんりょうり・지망료오

리) 자랑하는 요리

「自慢」은 자칫 「자만심」을 떠올릴지도 모르지만 「자랑」을 뜻한다.

スナック(스낫꾸) 스넥

定食(ていしょく・데이쇼꾸) 정식

ブュッフェ(붓훼) 뷔페

肉料理(にくりょうり・니꾸료오리) 고기요리

牛肉(ぎゅうにく・규우니꾸) 쇠고기

豚肉(ぶたにく・부따니꾸) 돼지고기

鶏肉(けいにく・게이니꾸) 닭고기

卵(たまご・다마고) 계란, 달걀

フライ(후라이) 프라이, 생선이나 조개류・야채 따위를 기름에 튀긴 요리

バーベキュー(바아베뀨우) 바비큐, 불고기의 일종

すき焼き(すきやき・스끼야끼) 일본식불고기

焼き肉(やきにく・야끼니꾸) 구운 고기

魚料理(さかなりょうり・사까나료오리) 생선요리

浜焼き(はまやき・하마야끼) 생선을 절여서 찌거나 구운 음식

焼き魚(やきさかな・야끼사까나) 구운 생선

挽肉(ひきにく・히끼니꾸) 다진 고기

レバー(레바아) 동물의 간

塩焼き(しおやき・시오야끼) 소금구이

干物(ひもの・히모노) 건어물

발음이 「히모노」라는 사실에 유의할 것

漬物(つけもの・쓰께모노) 김치

キムチ(기무찌) 김치

塩漬け(しおづけ・시오즈께) 소금에 절인 것

塩気(しおけ・시오께) 염분, 소금기

脂気(あぶらけ・아부라께) 기름기

穀物(こくもつ・고꾸모쓰) 곡물, 곡식

稲(いね・이네) 벼

米(こめ・고메) 쌀

米穀(べいこく・베이꼬꾸) 미곡

白米(はくまい・하꾸마이) 백미

「햐꾸베이」도 아니고 「햐꾸베이」도 아닌 「하꾸마이」라고 읽는다.

玄米(げんまい・겐마이) 현미

米俵(こめだわら・고메다와라) 쌀가마

叺(かます・가마스) 쌀가마

麦(むぎ・무기) 보리

豆(まめ・마메) 콩

豆腐(とうふ・도오후) 두부

大豆(だいず・다이즈) 대두콩

小豆(あずき・아즈끼) 팥

당연히 「쇼오즈」로 생각할 테지만 엉뚱하게 「아즈끼」이다.

粟(あわ・아와) 좁쌀

メリケン粉(こ・메리껭꼬) 밀가루

앞에서도 말했지만 「미국에서 온 가루」라는 뜻으로서 「밀가루」를 가리킨다.

雑穀(ざっこく · 잣꼬꾸) 잡곡

餅(もち · 모찌) 떡

餅屋(もちや · 모찌야) 떡집, 떡가게

まんじゅう(만쥬우) 찐빵

団子(だんご · 당고) 경단, 완자
　　앞에서도 말했듯이 발음이 엉뚱하게 「당고」이다.

あんこ(앙꼬) 단팥소
　　あんこが 多くて 甘過ぎる
　　(단팥소가 많아 너무 달다)

塩(しお · 시오) 소금

醤油(しょうゆ · 쇼오유) 간장

味噌(みそ · 미소) 된장

胡麻(ごま · 고마) 참깨

砂糖(さとう · 사또오) 설탕

角砂糖(かくさとう · 가꾸사또오) 각설탕

シュガー(슈가아) 슈가, 설탕

撒く(まく · 마꾸) 뿌리다

交ぜる(まぜる · 마제루) 섞다, 뒤섞다

調味料(ちょうみりょう · 죠오미료오) 조미료

香辛料(こうしんりょう · 고오신료오) 향신료, 맵거나 향기가 있는 고추 · 후추 따위

芥子(からし · 가라시) 겨자, 「辛子」라고도 씀

胡椒(こしょう · 고쇼오) 후추

ソース(소오스) 소스

唐芥子(とうがらし · 도오가라시) 고추
　　중국 당(唐)나라에서 건너왔다고 해서 붙여진 명칭이다.

にんにく(닌니꾸) 마늘

葱(ねぎ · 네기) 파

玉葱(たまねぎ · 다마네기) 양파

野菜(やさい · 야사이) 야채

白菜(はくさい · 하꾸사이) 배추

キャベツ(갸베쓰) 양배추

大根(だいこん · 다이꽁) 무

もやし(모야시) 콩나물
　　朝食には もやし汁を 食べる
　　(조반에는 콩나물국을 먹는다)

ほうれん草(ほうれんそう · 호오렌소오) 시금치

山葵(わさび · 와사비) 고추냉이

カボチャ(가보쨔) 호박

茄子(なす · 나스) 가지

胡瓜(きゅうり · 규우리) 오이
　　발음이 엉뚱하게도 「규우리」이다.

人参(にんじん · 닌징) 당근

牛蒡(ごぼう · 고보오) 우엉

わらび(와라비) 고사리

パセリー(빠세리) 파슬리

里芋(さといも・사또이모) 토란

春菊(しゅんぎく・슝기꾸) 쑥갓

セロリー(세로리) 셀러리

苦菜(にがな・니가나) 씀바귀

韮(にら・니라) 부추

蓮根(れんこん・렝꽁) 연근

芹(せり・세리) 미나리

もよぎ(모요기) 쑥

レタス(레따스) 레터스, 서양상치

筍(たけのこ・다께노꼬) 죽순, 버섯

松茸(まつたけ・마쓰다께) 송이버섯

椎茸(しいたけ・시이다께) 표고버섯

とうもろこし(도오모로꼬시) 옥수수

じゃがいも(쟈가이모) 감자

馬鈴薯(ばれいしょ・바레이쇼) 감자

ポテト(뽀떼또) 포테토, 감자

さつまいも(사쓰마이모) 고구마

どんぐり(동구리) 도토리

落花生(らっかせい・랏까세이) 땅콩

南京豆(なんきんまめ・낭낑마메) 땅콩
   이 단어 또한 중국 남경(南京)에서
   건너왔다고 해서 붙여진 명칭이다.

ピーナッツ(삐이낫쓰) 피넛, 땅콩

バター(바따아) 버터

マーガリン(마아가링) 마가린, 식물성
   인조버터

ラード(라아도) 라드, 돼지기름

マヨネーズ(마요네에즈) 마요네즈

チーズ(지이즈) 치즈

ケチャップ(게챿뿌) 케첩, 조미료의 하나

サラダ(사라다) 샐러드

ハム(하무) 햄, 돼지고기 식품의 하나

ソーセージ(소오세에지) 소시지

えび(에비) 새우

伊勢えび(いせえび・이세에비) 왕새우

貝(かい・가이) 조개, 조가비

かき(가끼) 굴(조개)

いか(이까) 오징어

するめ(스루메) 말린 오징어

栄螺(さざえ・사자에) 소라

蟹(かに・가니) 게

鱈(たら・다라) 대구

うなぎ(우나기) 뱀장어

河豚(ふぐ・후구) 복, 복어
   앞에서도 말했듯이 「후구」라고 읽
으며 「복어」를 뜻한다.
   河豚は 日本人達の 好物である
   (복어는 일본사람들이 좋아하는 음
식이다)

鰹節(かつおぶし・가쓰오부시) 가다
   랭이를 짜게 쪄서 말린 포

若芽(わかめ・와까메) 미역

昆布(こんぶ・곤부) 다시마

海苔(のり・노리) 김
   발음은 엉뚱하게 「노리」이고 해조
물인 「김」을 가리킨다.

明太(めんたい·멘따이) 명태, 북어
　이 단어 또한 변칙발음으로 「멘따
　이」가 되며 「명태」를 뜻한다.
明太粉(めんたいこ·멘따이꼬) 명란젓
蒲鉾(かまぼこ·가마보꼬) 생선묵
うどん(우동) 일본식 가락국수
そば(소바) 「そばきり」의 준말로서 메
　밀국수
マカロニー(마까로니이) 서양식국수
おでん(오뎅) 꼬치음식
どんぶり(돈부리) 덮밥
寿司(すし·스시) 김초밥
てんぷら(덴뿌라) 튀김
ちゃんぽん(쨘뽕) 여러 가지를 섞은 음식
ラーメン(라아멩) 라면
豚カツ(とん·동까쓰) 돈카츠
カレー(가레에) 카레
オムレツ(오무레쓰) 오믈렛
ステーキ(스떼에끼) 스테이크, 「비
　프스테이크」의 준말로서 구운 고기
ロストビーフ(로스또비이후) 찜을 한
　쇠고기
ピッツアー(삣싸아) 피자
カナッペ(가낫뻬) 카나페, 빵에 생선이
　나 고기를 얹은 음식
スパゲッティ(스빠겟띠) 스파게티
チキン(찌낀) 치킨, 닭고기
ハンバーグ(한바아구) 햄버거

マクドナルド(마꾸도나루도) 맥도널드
サンドイッチ(산도잇찌) 샌드위치
コロッケ(고롯께) 크로켓
ホットドッグ(홋또돗구) 핫도그, 소시
　지를 넣은 빵
パン(빵) 빵
ケーキ(게에끼) 케이크
ケーキ屋(や·게에끼야) 빵가게, 제과점
ベーカリー(베에까리) 베이커리, 제과점
生クリーム(なま·나마구리이무) 생
　크림
クリームパン(구리이무빵) 크림빵
あんこパン(앙꼬빵) 단팥빵
食パン(しょくパン·쇼꾸빵) 식빵
カステラ(가스떼라) 카스텔라
ドーナツ(도오나쓰) 도우넛
誕生祝い(たんじょういわい·단죠오
　이와이) 생일축하
ろうそく(로오소꾸) 초, 양초
吹き消す(ふきけす·후끼게스) 불어
　서 끄다
ジャム(쟈무) 잼
塗る(ぬる·누루) 바르다, 칠하다
切る(きる·기루) 자르다
ちぎる(지기루) 잘라떼다
　パンを 三つに ちぎる
　(빵을 셋으로 잡아뗀다)
ママレード(마마레에도) 마말레이드,

59

오렌지·레몬 껍질로 만든 잼

菓子(かし·가시) 과자

せんべい(센베이) 구운 과자

ビスケット(비스껫또) 비스켓

クレッカー(구렛까아) 크레커

洋かん(ようかん·요오깡) 양갱, 팥소
에 설탕·우무를 넣어 찐 대표적인
일본식 과자

ゼリー(제리이) 젤리

キャンディ(간디) 캔디

キャラメル(가라메루) 카라멜

飴(あめ·아메) 엿

飴玉(あめだま·아메다마) 눈깔사탕

チョコレート(쬬꼬레에또) 초콜릿

バレンタインデー(바렌따인데에) 발
렌타인데이

プレゼント(뿌레젠또) 프레젠트, 선물

チューインガム(쥬우잉가무) 츄잉껌, 검

アイスケーキ(아이스께에끼) 아이스
케이크

シャーベット(샤아벳또) 셔벳 과즙(果
汁)에 향료를 넣은 청량음료

氷菓(ひょうが·효오가) 빙과, 얼음과자

果物(くだもの·구다모노) 과일
　어떻게 읽어야 할지 분간이 되지
않는 단어로서「구다모노」라고 한다.

フルーツ(후루우쓰) 프루츠, 과일

皮(かわ·가와) 껍질, 가죽

剝く(むく·무꾸) 껍질을 벗기다, 까다

割る(わる·와루) 쪼개다, 가르다

熟す(じゅくす·쥬꾸스)（과일 따위
가）잘 익다

甘い(あまい·아마이) 달다, 달콤하다

酸っぱい(すっぱい·슷빠이) 시다, 시
큼하다

りんご(링고) 사과, 능금

梨(なし·나시) 배

柿(かき·가끼) 감

干し柿(ほしがき·호시가끼) 곶감

桃(もも·모모) 복숭아

苺(いちご·이찌고) 딸기

へた(헤따) 감·딸기 따위의 꼭지

西瓜(すいか·스이까) 수박

種(たね·다네) 씨, 종자

ぶどう(부도오) 포도

バナナ(바나나) 바나나

トマト(도마또) 토마토

蜜柑(みかん·미깡) 밀감, 귤

メロン(메롱) 멜론, 서양참외

レモン(레몽) 레몬

ネーブル(네에부루) 네이블

ココナツ(고꼬나쓰) 코코넛

すもも(스모모) 자두

なつめ(나쓰메) 대추

胡桃(くるみ·구루미) 호두
　발음이 전혀 예상밖인「구루미」이다.

艶(つや・쓰야) 윤기, 광택

つやつや(쓰야쓰야) 반들반들, 윤이 아름다운 모양

ぺちゃんこ(뻬쨩꼬) 눌려 납작해진 모양
風呂敷に 包んだ 柿が ぺちゃんこに なる (보자기에 싼 감이 납짝깽이가 된다)

潰れる(つぶれる・쓰부레루) 뭉개지다, 찌부러지다

蝕む(むしばむ・무시바무) 벌레먹다

飲み物(のみもの・노미모노) 마실 것, 음료

ドリンク(도링꾸) 드링크제, 청량음료

のどが 渇く(のどが かわく・노도가 가와꾸) 목이 마르다

喇叭飲み(らっぱのみ・랏빠노미) 병째로 벌컥벌컥 마시는 것

清涼飲料(せいりょういんりょう・세이료오인료오) 청량음료

水(みず・미즈) 물

生水(なまみず・나마미즈) 냉수, 끓이지 않은 물
발음이 「나마미즈」라는 사실에 유의할 것

冷水(れいすい・레이스이) 냉수

煮え湯(にえゆ・니에유) 펄펄 끓는 물

浄水器(じょうすいき・죠오스이끼) 정수기

サイダー(사이다아) 사이다

コーラ(고오라) 콜라

コカコーラ(고까고오라) 코카콜라

ジュース(쥬우스) 쥬스

牛乳(ぎゅうにゅう・규우뉴우) 우유

ミルク(미루꾸) 밀크, 우유

ヨーグルト(요오구루또) 요그르트

豆乳(とうにゅう・도오뉴우) 두유

ネクター(네꾸따아) 넥타, 과일을 으깨어 만든 진한 쥬스

レモネード(레모네에도) 레모네이드, 레몬즙에 물·설탕·탄소를 섞은 청량음료

茶(ちゃ・쟈) 차

ティー(띠이) 차, 특히 홍차

コーヒー(고오히) 커피

カフェイン(가훼인) 카페인

紅茶(こうちゃ・고오쨔) 홍차

茶道(ちゃどう・쟈도오) 다도

缶詰(かんづめ・간즈메) 통조림

缶切り(かんきり・강끼리) 통조림 뚜껑을 따는 도구

コック(곳꾸) 콕, 마개

ミックス(밋꾸스) 믹스, 뒤섞음

いっぱい(잇빠이) 가득

注ぐ(そそぐ・소소구) 딸다

傾ける(かたむける・가따무께루) 기울이다

61

満たす(みたす・미따스) 채우다

滴る(したたる・시다따루) 흘러떨어
지다

零れる(こぼれる・고보레루) 엎질러
지다

　발음이 쉽게 생각나지 않는 단어로
서「고보레루」라고 읽는다.

零す(こぼす・고보스) 엎지르다

もったいない(못따이나이) 매우 아깝다

　ご飯の 残りを 捨てるとは もったい
ない (밥 남은 것을 버리다니 너무 아
깝다)

パーティ(빠아띠) 파티

テーブルマナー(데에부루마나) 테이
블매너

エチケット(에찌껫또) 에티켓

守る(まもる・마모루) 지키다, 수호하다

ホスト(호스또) 접대역의 주인역

訪問客(ほうもんきゃく・호오몽갸꾸)
방문객

喫茶店(きっさてん・깃사뗑) 찻집, 다방

コーヒーショップ(고오히숏뿌) 커피
숍, 찻집

茶屋(ちゃや・쟈야) 찻집

茶店(ちゃみせ・쟈미세) 찻집

料理屋(りょうりや・료오리야) 음식
점, 요리점

料亭(りょうてい・료오떼이) 요정

サロン(사롱) 살롱

カフェー(까훼) 카페

ビヤホール(비야호오루) 비어홀

酒屋(さかや・사까야) 술집

　「사께야」가 아니고 「사까야」라고
한다.

居酒屋(いざかや・이자까야) 목노주점

飲み屋(のみや・노미야) 술집

献立表(こんだてひょう・곤다떼효오)
차림표

　무슨 뜻인지 또한 어떻게 발음하면
좋은지 좀체로 생각나지 않는 단어로
서「곤다떼효오」이고「차림표」를 뜻
한다.

　献立表を 見て 料理を 注文する
(차림표를 보고 요리를 주문한다)

メニュー(메뉴우) 메뉴

おつまみ(오쓰마미) 안주

　「つまむ(쓰마무)」가 앞에서 배운「손
가락으로 집다」인데,「お」가 붙어「집으
시는 것」결국「안주」라는 뜻이 되었다.

デザート(데자아또) 디저트, 후식

注文(ちゅうもん・쥬우몽) 주문

徳利(とくり・도꾸리) 가늘고 주둥이
가 오므라든 술병

盃(さかずき・사까즈끼) 술잔

杯(さかずき・사까즈끼) 술잔

グラス(구라스) 글라스, 술잔

ジョッキ(죳끼) 맥주 등을 따라마시는 손잡이가 달린 큰 유리잔

猪口(ちょく・죠꾸) 작은 사기술잔

酒(さけ・사께) 술

ビール(비이루) 맥주, 비어

生ビール(なま・나마비이루) 생맥주

ワイン(와잉) 와인, 포도주

ポートワイン(뽀오또와잉) 포트와인, 달콤한 적포도주

ボルドー(보루도오) 보르도, 프랑스제의 고급포도주

ウイスキー(위스끼이) 위스키

ハイボール(하이보오루) 하이볼, 위스키에 소다나 물을 넣고 얼음을 띄운 음료

ブランデー(부란데에) 브랜디

水割り(みずわり・미즈와리) 독한 술에 물을 타서 묽게 하는 것

シャンペン(샨뻰) 샴페인

カクテル(가꾸떼루) 칵테일

ウオツカ(웃까아) 워트카, 러시아의 술

老酒(らおちゅう・라오쮸우) 찹쌀・조・수수로 만든 중국의 술

晩酌(ばんしゃく・반샤꾸) 반주

酒盛り(さかもり・사까모리) 주연, 술잔치

上戸(じょうご・죠오고) 술을 잘 마시는 사람

下戸(げこ・게꼬) 술을 전혀 못마시는 사람

素面(しらふ・시라후) 술을 마시지 않는 맹숭맹숭한 얼굴

당연히 「소멩」으로 알기 쉬우나 엉뚱하게도 「시라후」라고 한다.

アルコール(아루꼬오루) 알코올

酔う(よう・요우) (술에) 취하다

醒める(さめる・사메루) 술이 깨다

酔っぱらう(よっぱらう・욧빠라우) 만취하다

泥酔(でいすい・데이스이) 만취

へべれけ(헤베레께) 고주망태가 된 상태

自棄酒(やけざけ・야께자께) 홧술

직역하면 「자기를 버리는 술」로서, 결국 「자포자기하여 마시는 술」이 된다.

梯子飲み(はしごのみ・하시고노미) 술집순례, 「梯子」는 이미 배웠듯이 「사다리」이거니와, 「사다리마시기」가 되니까 「술집을 이리저리 옮겨 다니며 마시는 술」이라는 뜻이다.

飲んだくれ(のんだくれ・논다구레) 술망나니

一人息子が 飲んだくれである (외아들이 술망난이이다)

飲兵衛(のんべえ・논베에) 술고래

一杯(いっぱい・잇빠이) 한 잔

二杯(にはい・니하이) 두 잔

ちびりちびり(지비리지비리) 홀짝홀짝

祝杯(しゅくはい・슈꾸하이) 축배

乾杯(かんぱい・간빠이) 건배

ブラボー(부라보오) 부라보, 만세

水商売(みずしょうばい・미즈쇼오바
이) 물장사

板場(いたば・이따바) 요리사, 쿡

　이미 설명했듯이 음식점에서 요리
를 만드는「요리사」, 즉「숙수」를 가리
킨다.

コック(곳꾸) 쿡, 숙수

ボーイ(보오이) 보이, 심부름꾼

ウエーター(웨에따아) 웨이터

給仕(きゅうじ・규우지) 급사

バーテン(바아뗀) 바텐더, 술판매담당자

仲居(なかい・나까이) 요리집에서 손
님을 응대하는 하녀

女給(じょきゅう・죠뀨우) 여급, 호스
티스

ホステス(호스떼스) 호스티스, 여급

接待婦(せったいふ・셋따이후) 접대부

芸者(げいしゃ・게이샤) 기생

　예술과 관계가 있는 사람으로 생각
할지도 모르지만, 엉뚱하게도「기생」
을 뜻한다.

踊り子(おどりこ・오도리꼬) 무희(舞姫)

酌婦(しゃくふ・샤꾸후) 작부

　「술을 따라주는 여자」결국「작부」

이다.

酒手(さかて・사까떼) 술값, 팁

チップ(짓뿌) 팁

花代(はなだい・하나다이) 화대, 팁

煙草(たばこ・다바꼬) 담배

シガレット(시가렛또) 시갈렛, 궐련

シガー(시가아) 시가아, 여송연

パイプ(빠이뿌) 파이프, 담뱃대

キセル(기세루) 담뱃대

　무슨 뜻인지 전혀 짐작이 안 되는
단어로서「담뱃대」를 가리키는 외래
어이다.

ライター(라이따아) 라이타

マッチ(맛찌) 성냥

灰皿(はいざら・하이자라) 재떨이

吸殻(すいがら・스이가라) 담배꽁초

　발음이 쉽지 않은 단어로서「스이
가라」라고 한다.

喫煙(きつえん・기쓰엥) 끽연, 흡연

禁煙(きんえん・깅엥) 금연

ノースモーキング(노오스모오낑구)
노우스모킹, 금연

肺癌(はいがん・하이강) 폐암

かかる(가까루) 걸리다

確率(かくりつ・가꾸리쓰) 확률

多い(おおい・오오이) 많다

酒代(さかだい・사까다이) 술값

飲み代(のみだい・노미다이) 술값

직역하면 「마신 값」이 되어 결국 「술 값」으로 통한다.

代金(だいきん・다이낑) 대금

支払い(しはらい・시하라이) 지불

払う(はらう・하라우) 치르다, 지불하다

勘定(かんじょう・간죠오) 계산, 셈

　발음도 힘들고 뜻도 생소한 단어로서 「계산」을 뜻하며 「간쪠이」가 아닌 「간죠오」라고 읽는다.

勘定書(かんじょうがき・간죠오가끼)

계산서

　물건값이나 음식대금을 청구하는 「계산서」를 가리킨다.

割り勘(わりかん・와리깡) 나누어 계산함, 각자부담

　割り勘で 中華料理を 食べる

　(각자부담으로 중국요리를 먹는다)

分配(ぶんぱい・분빠이) 분배, 나누어 냄

　발음이 「홍하이」도, 「붕하이」도 아닌 「분빠이」이다.

일본어의 숫자에는 우리나라와 마찬가지로 「一·二·三·四·五·六·七·八·九·十·百·千·万·億」이 있다.

또한 우리가 「一」을 「일」이라고 하고 「하나」라고도 하듯이 그들 역시 「一」이 「いち(이찌)」도 되고 「一つ(ひとつ·히또쓰)」도 된다. 물론 이들 숫자는 통상 아라비아숫자로 표기하고 있다.

아무튼 수의 기본을 보면 다음과 같다.

0(0) ゼロ(제로)·れい(레이)

1(一) いち(이찌)

2(二) に(니)

3(三) さん(상)

4(四) し(시)·よん(용)

5(五) ご(고)

6(六) ろく(로꾸)

7(七) しち(시찌)·なな(나나)

8(八) はち(하찌)

9(九) きゅう(규우)·く(구)

10(十) じゅう(쥬우)·とお(도오)

百(ひゃく·하꾸) 백

万(まん·망) 만

千(せん·셍) 천

億(おく·오꾸) 억

一つ(히또쓰) 하나

二つ(후따쓰) 둘

三つ(밋쓰) 셋

四つ(욧쓰) 넷

五つ(이쓰쓰) 다섯

六つ(뭇쓰) 여섯

七つ(나나쓰) 일곱

八つ(얏쓰) 여덟

九つ(고꼬노쓰) 아홉

十(도오) 열

그런데 이상의 기본수(基本數)로 알 수 있듯이 「0」과 「4」 「7」 그리고 「9」만은 그 발음이 각각 두 가지씩이 있다. 즉 「0」는 「제로」도 되고 「레이」도 되고, 「4」는 「시」도 되고 「용」도 된다. 또한 「7」은 「시찌」도 되고 「나나」도 되며, 「9」는 「규우」도 되고 「구」도 되는 등 그 발음이 매우 까다롭다.

또 한 가지 말해둘 것은 「하나」 「둘」 …… 할 때 「一つ」에서 「九つ」까지는 그 끝발음이 모두 「つ(쓰)」로 끝나지만, 유독 「十」 만큼은 「とお(도오)」로 발음한다.

예컨대 「三つ(밋쯔)」, 「五つ(이쓰쓰)」, 「八つ(얏쓰)」, …… 이런 식인데 「十」만은 「도오」가 되는 것이다.

한편 이들 숫자 중에서 「百」은 그 발음이 매우 특이하여 초보자들은 당연히 혼란을 느끼게 마련이다. 즉 「百」은 모두 「ひゃく(햐꾸)」로 발음하지만 「三百」은 「산뱌꾸」로, 그리고 「六百」과 「八百」은 「びゃく(빠꾸)」가 되는 것이다.

처음에는 아무래도 헷갈리게 마련이지만, 자주 쓰다 보면 그런 대로 이해가 될 것인즉 굳이 어렵게만 생각할 필요는 없을 것이다.

어쨌거나 「시간」이나 「날짜」를 알아보기 전에 수의 기본이 되는 기초단어를 배워보자.

十(じゅう・쥬우) 10	二十(にじゅう・니쥬우) 20
三十(さんじゅう・산쥬우) 30	四十(よんじゅう・욘쥬우・しじゅう・시쥬우)
五十(ごじゅう・고쥬우) 50	六十(ろくじゅう・로꾸쥬우) 60
七十(しちじゅう・시찌쥬우・ななじゅう・나나쥬우) 70	
八十(はちじゅう・하찌쥬우) 80	九十(きゅうじゅう・규우쥬우) 90
百(ひゃく・햐꾸) 1백	二百(にひゃく・니햐꾸) 2백
三百(さんびゃく・산뱌꾸) 3백	四百(よんひゃく・욘햐우・しひゃく・시햐꾸) 4백
五百(ごひゃく・고햐꾸) 5백	六百(ろっぴゃく・록빠꾸) 6백
七百(ななひゃく・나나햐꾸) 7백	八百(はっぴゃく・핫빠꾸) 8백
九百(きゅうひゃく・규우햐꾸) 9백	千(せん・셍) 1천
二千(にせん・니셍) 2천	三千(さんせん・산셍) 3천
四千(よんせん・욘셍) 4천	五千(ごせん・고셍) 5천
六千(ろくせん・록셍) 6천	七千(ななせん・나나셍) 7천
八千(はっせん・핫셍) 8천	九千(きゅうせん・규우셍) 9천
一億(いちおく・이찌오꾸) 1억	二億(におく・니오꾸) 2억
三億(さんおく・상오꾸) 3억	

다음은 가장 빈번하게 사용되는 수량을 나타내는 단어들이다. 그 발음을 정확하게 익히자.

1本(いっぽん・잇뽕) 한 자루, 한 그루

ボールペン 1本が 10円である

(볼펜 한 자루가 10엔이다)

2本(にほん・니홍) 두 자루, 두 그루

3本(さんぼん・산봉) 세 자루, 세 그루

松の木が 3本 立って いる

(소나무가 세 그루 서있다)

1滴(いってき・잇떼기) 한 방울

1発(いっぱつ・잇빠쓰) 1발

2発(にはつ・니하쓰) 2발

3発(さんばつ・산바쓰) 3발

2人(ににん・니닝) 두 사람

「ふたり(후따리)」라고도 발음한다.

2人は 親しい 友達である

(두 사람은 친한 친구이다)

2等(にとう・니또오) 2등

2杯(にはい・니하이) 두 잔, 두 공기

1杯(いっぱい・잇빠이) 한 잔, 한 공기

3杯(さんばい・산바이) 석잔, 세 공기

2週(にしゅう・니슈우) 2주

3回(さんかい・상까이) 3회, 세 번

3グラム(さん・상구라무) 3그램

3度目(さんどめ・산도메) 세번째

3名(さんめい・산메이) 3명

4階(よんかい・용까이) 4층

4才(よんさい・욘사이) 4세

4時間(よんじかん・욘지깡) 4시간

4泊(よんはく・용하꾸) 4박

1泊(いっぱく・잇빠꾸) 1박

3泊(さんぱく・산바꾸) 3박

5枚(ごまい・고마이) 5매

5軒(ごけん・고껭) 다섯채

5着(ごちゃく・고쨔꾸) 다섯 벌, 5등

옷 같은 것이 「다섯 벌」이라는 뜻과
경기 등에서 「5등」일 때도 사용된다.

5年(ごねん・고넹) 5년

6里(ろくり・로꾸리) 60리

앞에서 배웠듯이 일본의 「1里」는 우
리나라의 「10리」니까 「60리」가 된다.

6番目(ろくばんめ・로꾸반메) 여섯번째

彼は 6番目に 到着した

(그는 여섯 번째로 도착했다)

6匹(ろっぴき・롯삐끼) 여섯 마리

2匹(にひき・니히끼) 두 마리

3匹(さんびき・산비끼) 세 마리

6日(ろくにち・로꾸니찌) 6일

7度(しちど・시찌도) 일곱 번, 7도

「나나도」라고도 읽으며 「일곱번」
이라는 뜻과 온도 같은 것의 단위인 「7
도」라는 두 가지 뜻이 있다.

7坪(ななつぼ・나나쓰보) 7평

7瓶(ななびん・나나빙) 일곱 병

7袋(ななふくろ・나나후꾸로) 일곱 푸대

8月(はちがつ・하찌가쓰) 8월

8辺(はっぺん・핫뼁) 여덟번

8羽(はっぱ・핫빠) 여덟마리

발음이 「핫찌와」가 아닌 「핫빠」이다.

8ドル(はち・하찌도루) 8달러

9台(きゅうだい・규우다이) 아홉 대

9隻(きゅうせき・규우세끼) 아홉 척

海に 船が 9隻 浮んで いる

(바다에 배가 아홉 척 떠있다)

9冊(きゅうさつ・규우사쓰) 아홉 권

9篇(きゅうへん・규우헹) 아홉 편

10代(じゅうだい・쥬우다이) 10대

10個(じっこ・짓꼬) 열 개

「쥬우꼬」가 아닌 「짓꼬」라는 사실
에 유의할 것

2個(にこ・니꼬) 두 개

3個(さんこ・상꼬) 세 개

10足(じっそく・짓소꾸) 열 켤레

이 또한 「쥬우소꾸」가 아닌 「짓소
꾸」이다.

玄関に 靴が 10足 ある

(현관에 구두가 열 켤레 있다)

10箱(とおはこ・도오하꼬) 열상자

일본어로 시간이나 날짜를 배우는데 있어 가장 큰 애로사항이 역시 발음 문제일 것이다. 앞의 숫자의 항목에서도 어지간히 애를 먹었을 테지만, 시간 이나 날짜 역시 까다롭기 그지없기 때문이다.

그럴 것이 우리나라의 경우는 「1시」「2시」「1분」「2분」「1초」「2초」…… 이런 식으로 숫자의 발음이 모두 같지만, 일본어에는 우리의 상식을 뛰어넘 는 변칙발음이 있기 때문이다.

우선 「4時」는 「시지」가 아닌 「욘지」이고 「4分」 또한 「욘붕」, 「4秒」도 「욘 뵤오」라고만 발음하고 있다. 앞에서도 설명했듯이 「4」는 「시」도 되고 「욘」도 된다지만, 시간이나 날짜에 한해서만은 「し(시)」 발음은 일체 없는 것이다.

또한 「7時」는 「시찌지」도 되고 「나나지」도 되지만, 「9時」는 「4時」와 마 찬가지로 「구지」라고는 절대로 안 하고 오직 「규우지」가 있을 뿐인 것이다.

다음으로 또 한 가지 깨다로운 것이 「分」은 「훙」도 되고 「붕」도 되며, 게 다가 「뿡」도 되는 등 그 발음이 참으로 변화무쌍하다는 사실이다.

예컨대 「2分(니훙)」「3分(산붕)」「8分(핫뿡)」…… 이런 식이다. 어디 그 뿐인가, 「1分」은 「이찌훙」이 아닌 「잇뿡」이고 「7分」은 「시찌훙」이라고는 안 하고 오직 「나나훙」으로 발음한다. 또한 「10分」 역시 「쥬우훙」이 아닌 「짓 뿡」이니 참으로 까다롭다고 아니할 수 없다.

어쨌거나 「시간」과 관계가 깊은 단어를 배워보자.

時間(じかん・지깡) 시간
時刻(じこく・지꼬꾸) 시각, 시간
定刻(ていこく・데이꼬꾸) 정각
定時(ていじ・데이지) 정시, 정해진
　시간
時計(とけい・도께이) 시계

「지께이」라고 생각하기 쉬우나 「도 께이」라고 한다.
腕時計(うでどけい・우데도께이) 팔 목시계
プレゼント(뿌레젠또) 프레젠트, 선물
貰う(もらう・모라우) 받다, 얻다

目覚まし時計(めざましどけい・메자마시도께이) 자명종시계, 괘종시계

ベル(베루) 벨, 종

鳴る(なる・나루) 울리다

起きる(おきる・오끼루) 일어나다

柱時計(はしらどけい・하시라도께이) 벽시계

かける(가께루) 걸다

懐中時計(かいちゅうどけい・가이쮸우도께이) 회중시계

針(はり・하리) 바늘

指す(さす・사스) 가리키다, 지적하다

文字盤(もじばん・모지방) 문자판

長針(ちょうしん・죠오싱) 긴 바늘

短針(たんしん・단싱) 짧은 바늘

分針(ふんしん・훈싱) 분침

　「분싱」이 아닌 「훈싱」이다.

ぴったり(삣따리) 딱, 빈틈없이

　古い 時計だが 時間は ぴったり 合う

　(오래된 시계지만 시간은 딱 맞는다)

合う(あう・아우) 맞다, 합쳐지다

早い(はやい・하야이) 빠르다, 이르다

おそい(오소이) 늦다, 늦어지다, 더디다

おくれる(오꾸레루) 늦다, 늦어지다, 더디다

おくれがち(오꾸레가찌) 툭하면 늦다

　무슨 뜻인지 납득이 안 될 테지만,

「늦기 십상이다」「툭하면 늦다」라는 뜻이다.

止まる(とまる・도마루) 멈춰서다

電池(でんち・덴찌) 전지

替える(かえる・가에루) 바꾸다

故障(こしょう・고쇼오) 고장

　この頃の 時計は 故障が 無い

　(요즈음 시계는 고장이 없다)

直す(なおす・나오스) 고치다, 바로잡다

修理(しゅうり・슈우리) 수리

只今(ただいま・다다이마) 지금, 현재

　발음과 뜻이 생소한 단어로서 「다다이마」라고 읽으며 「지금」「현재」라는 뜻이다.

　只今 何時ですか

　(지금 몇 시입니까?)

1時(いちじ・이찌지) 1시

2時(にじ・니지) 2시

3時(さんじ・산지) 3시

4時(よんじ・욘지) 4시

5時(ごじ・고지) 5시

6時(ろくじ・로꾸지) 6시

7時(ななじ・나나지) 7시

8時(はちじ・하찌지) 8시

9時(きゅうじ・규우지) 9시

10時(じゅうじ・쥬우지) 10시

何時(なんじ・난지) 몇 시

1時半(いちじはん・이찌지항) 1시 반

71

1時間(いちじかん・이찌지깡) 1시간

2時間(にじかん・니지깡) 2시간

4時間(よんじかん・욘지깡) 4시간

9時間(きゅうじかん・규우지깡) 9시간

1分(いっぷん・잇뿡) 1분

2分(にふん・니훙) 2분

3分(さんぷん・산뿡) 3분

4分(よんぷん・욘뿡) 4분

5分(ごふん・고훙) 5분

6分(ろっぷん・롯뿡) 6분

7分(ななふん・나나훙) 7분

8分(はっぷん・핫뿡) 8분

9分(きゅうふん・규우훙) 9분

10分(じっぷん・짓뿡) 10분

何分(なんぷん・난뿡) 몇 분

かっきり(갓끼리) 딱, 꼭, 구별이 분명
　한 모양
　　10時 定刻に かっきり 会う
　　(10시 정각에 딱 만난다)

5分前(ごふんまえ・고훙마에) 5분 전

1秒(いちびょう・이찌뵤오) 1초

4秒(よんびょう・욘뵤오) 4초

7秒(ななびょう・나나뵤오) 7초

9秒(きゅうびょう・규우뵤오) 9초

10秒(じゅうびょう・쥬우뵤오) 10초

何秒(なんびょう・난뵤오) 몇 초

午前(ごぜん・고젱) 오전

正午(しょうご・쇼오고) 정오

午後(ごご・고고) 오후

朝(あさ・아사) 아침

朝飯(あさめし・아사메시) 조반, 아침밥

朝日(あさひ・아사히) 아침해

朝霧(あさぎり・아사기리) 아침안개

朝方(あさがた・아사가따) 해뜰 무렵

早朝(そうちょう・소오쬬오) 이른아침

翌朝(よくちょう・요꾸쬬오)　다음날
　아침, 이튿날 아침

昼(ひる・히루) 낮

昼間(ひるま・히루마) 한 낮

真昼(まひる・마히루) 대낮, 백주
　발음이「마히루」라는 사실에 유의할 것

昼下がり(ひるさがり・히루사가리)
　정오를 조금 지났을 무렵

昼寝(ひるね・히루네) 낮잠

白昼(はくちゅう・하꾸쮸우) 백주, 대낮

夜(よる・요루) 밤

夜中(よなか・요나까) 밤중

真夜中(まよなか・마요나까) 한밤중
　발음과 뜻이 모두 어려운 단어인데
　「마요나까」라고　읽으며「한밤중」을
　뜻한다.

夜更け(よふけ・요후께) 이슥한 밤

夜もすがら(よもすがら・요모스가라)
　밤새도록

夜間(やかん・야깡) 야간

深夜(しんや・싱야) 심야, 깊은 밤

그러면 이번에는 「날짜」에 대해서 알아보자.
날짜의 기본을 보면 다음과 같다.

_{いち にち}
1 日 (이찌니찌) 1일

_{に にち}
2 日 (니니찌) 2일

_{さん にち}
3 日 (산니찌) 3일

_{よん にち}
4 日 (욘니찌) 4일

_{ご にち}
5 日 (고니찌) 5일

_{ろく にち}
6 日 (로꾸니찌) 6일

_{しち にち}
7 日 (시찌니찌) 7일

_{はち にち}
8 日 (하찌니찌) 8일

_{きゅう にち}
9 日 (규우니찌) 9일

_{じゅう にち}
10 日 (쥬우니찌) 10일

_{つい たち}
1 日 (쓰이다찌) 초하루

_{ふつ か}
2 日 (후쓰까) 초이틀

_{みっ か}
3 日 (밋까) 초사흘

_{よっ か}
4 日 (욧까) 초나흘

_{いつ か}
5 日 (이쓰까) 초닷새

_{むい か}
6 日 (무이까) 초엿새

_{なの か}
7 日 (나노까) 초이레

_{よう か}
8 日 (요오까) 초여드레

_{ここの か}
9 日 (고꼬노까)초아흐레

_{とお か}
十 日 (도오까) 초열흘

_{は つ か}
2 0 日 (하쓰까) 스무날

_{みそ か}
30日 (미소까) 그믐날

이상으로 알 수 있듯이 「시간」 못지않게 발음이 까다로운 것이 「날짜」이다. 특히 「6日(무이까)」 「7日(나노까)」 「8日(요오까)」 「30日(미소까)」 같은 것은 참으로 이해하기 힘든 발음이 아닐 수 없다.

일본어에는 이렇듯 변칙적인 발음이 다분히 있는 만큼, 잘못 사용하는 일이 없도록 꼼꼼히 새겨넣기 바란다.

아무튼 다른 것은 「시간」 때와 마찬가지로 발음하면 무난한데, 우리가 「1日」을 「1일」이라고도 하고 「초하루」라고도 하듯이 「1日」은 「이찌니찌」도 되고 「쓰이다찌」도 되며, 「2일」은 「니니찌」와 「후쓰까」 두 가지 발음이 있다.

한편 아주 간단한 일상용어인데 발음이 너무나 까다로워, 초보자들을 괴롭히는 단어들이 있다.

즉 「오늘아침」 「내일」 「모레」 「어젯밤」 「그저께」 따위 날짜에 관한 단어들이다.

「오늘아침」은 「今朝」라고 쓰고 발음은 엉뚱하게 「게사」이다. 「내일」은 「明日」이라고 쓰고 「아스」 또는 「아시따」라고 읽는다. 「어제」 역시 「昨日」이라고 쓰고 「기노우」라고 발음하며, 「모레」는 「明後日」라고 쓰고 「아삿떼」라고 한다. 이러니 헷갈릴 것이 당연하다.

「昨夜(어젯밤)」에 이르러서는 우리로서는 도저히 납득이 가지 않는 「유우베」이다. 「그저께는 또 어떠한가?」 「一昨日」라고 쓰고 난데없는 「오도또이」인 것이다.

이 모두가 상식을 뛰어넘는 것들이니 암기하는 수 밖에 달리 묘책이 없다.

「날짜」와 관계가 깊은 기초단어에는 다음 같은 것들이 있다.

曆(こよみ · 고요미) 달력

カレンダー(가렌다아) 캘린더, 달력

今日(きょう · 교오) 오늘

今朝(けさ · 게사) 오늘아침

　「곤쬬오」라고 생각할 테지만 엉뚱하게 「게사」라고 읽는다.

今宵(こよい · 고요이) 오늘저녁

今晩(こんばん · 곤방) 오늘밤

今夜(こんや · 공야) 오늘밤

明日(あす · 아스) 내일

　「아시따」라고도 하지만 대개 「아스」로 발음한다. 간혹 「묘오니찌」라고도 한다.

明後日(あさって · 아삿떼) 모레

　「묘오고니찌」라고도 한다.

明明後日(しあさって · 시아삿떼) 글피

明朝(みょうちょう · 묘오쬬오) 내일아침

明晚(みょうばん · 묘오방) 내일밤

　「明夜(묘오야)」라는 말은 쓰지 않는다.

昨日(きのう · 기노우) 어제

　「사꾸지쓰」라고 말하는 수도 있다.

昨夜(ゆうべ · 유우베) 어젯밤

　「사꾸야」라고도 하지만 보통 「유우베」라고 한다.

昨晩(さくばん · 사꾸방) 어젯밤

一昨日(おととい · 오도또이) 그저께

　「잇사꾸지쓰」라고 하는 수도 있지만 대개 「오도또이」이다.

每日(まいにち · 마이니찌) 매일

每朝(まいあさ · 마이아사) 매일아침

每晩(まいばん · 마이방) 매일밤

每夜(まいよ · 마이요) 매일밤

　每夜 3時間 勉強を する

　(매일밤 3시간 공부를 한다)

いつ(이쓰) 언제, 어느때

　한자로 「何時(이쓰)」라고도 쓴다.

　彼が いつ 来るか わからない

　(그가 언제 오는지 모른다)

さっき(삿끼) 아까, 조금 전

只今(ただいま · 다다이마) 지금, 방금

연·월·요일에 대하여

이번에는 「달」에 대해서 알아보자.

正月(쇼오가쓰) 정월   1月(이찌가쓰) 1월   2月(니가쓰) 2월

3月(상가쓰) 3월   4月(시가쓰) 4월   5月(고가쓰) 5월

6月(로꾸가쓰) 6월   7月(시찌가쓰) 7월   8月(하찌가쓰) 8월

9月(구가쓰) 9월   10月(쥬우가쓰) 10월

「달」 역시 「4月」은 「시가쓰」와 「용가쓰」로, 「7月」은 마찬가지로 「시찌가쓰」와 「나나가쓰」라고 하는데, 다만 「9月」은 「구가쓰」라고만 한다. 결국 「규우가쓰」란 없는 것이다.

한편 「月」이 뒤에 붙는 단어의 경우 「게쓰」라고 발음하는 수가 많다는 사실을 새겨두기 바란다.

何月(낭가쓰) 몇 달   先月(셍게쓰) 지난달   前月(젱게쓰) 지난달

今月(공게쓰) 이달   来月(라이게쓰) 내달   毎月(마이게쓰) 매달

半月(항게쓰) 반달   歳月(사이게쓰) 세월   月末(게쓰마쓰) 월말

月日(갓삐) 월일   年月(넹게쓰) 연월, 세월

上旬(죠오중) 상순   中旬(쥬우중) 중순   下旬(게중) 하순

1箇月(잇까게쓰) 1개월   2箇月(니까게쓰) 2개월

3箇月(상까게쓰) 3개월   4箇月(용까게쓰) 4개월

5 箇月 (고까게쓰) 5개월   6 箇月 (롯까게쓰) 6개월

7 箇月 (나나까게쓰) 7개월   8 箇月 (핫까게쓰) 8개월

9 箇月 (구까게쓰) 9개월   10 箇月 (짓까게쓰) 10개월

何箇月 (낭까게쓰) 몇 개월

1 年 (이찌넹) 1년   2 年 (니넹) 2년   3 年 (산넹) 3년

4 年 (욘넹) 4년   5 年 (고넹) 5년   6 年 (로꾸넹) 6년

7 年 (시찌넹) 7년   8 年 (하찌넹) 8년   9 年 (규우넹) 9년

1 0 年 (쥬우넹) 10년   何年 (난넹) 몇 년

先年 (센넹) 지난해   前年 (젠넹) 지난해   今年 (고또시) 금년

昨年 (사꾸넹) 작년   去年 (쿄넹) 작년   一昨年 (오도또시) 재작년

來年 (라이넹) 내년   明年 (묘오넹) 내년   再來年 (사라이넹) 내후년

半年 (한넹) 반년   毎年 (마이넹) 매년   年末 (넨마쓰) 연말

年月 (도시쓰끼) 세월   何年 (난넹) 몇 년   幾年 (이꾸넹) 몇 년

이상으로 알 수 있듯이 「上旬」 「中旬」의 「旬」은 모두 「じゅん(중)」으로 발음하며 「개월」의 경우 「4箇月」는 「용까게쓰」로, 「7箇月」은 「나나까게쓰」로, 「9箇月」는 「규우까게쓰」가 아닌 「구까게쓰」라고 한다.

「해」 역시 그 발음이 「달」과 비슷한데, 다만 「4年」은 오직 「욘넹」이 있을 뿐, 「시넹」은 없으며, 「7年」은 「시찌넹」도 되고 「나나넹」도 된다. 또한 「달」과는 반대로 「9年」은 「규우넹」이지 「구넹」이라고는 안 한다. 참으로 까다롭다고 아니할 수 없다.

한편 「今年」은 「곤넹」이라고도 하지만 대개 「고또시」라고 하며, 「昨年」은 「사꾸넹」도 되지만 그보다는 「去年(교넹)」을 더 많이 쓰고 있다. 「재작년」은 「그저께」의 경우처럼 「一昨年」이라고 쓰고 발음은 「오도또시」이다. 「내후년」은 「再来年」이 되는데 「사이라이넹」이 아닌 「사라이넹」이라는 사실을 새겨넣기 바란다.

「半年」은 「한넹」이라고도 하고 「한또시」라고도 하며, 「몇년」은 때에 따라 「何年(난넹)」도 되고 「幾年(이꾸넹)」도 된다.

끝으로 「주일」과 「요일」에 대해서 알아보자.

1 週間(잇슈우깡) 1주일   2 週間(니슈우깡) 2주일   3 週間(산슈우깡) 3주일

4 週間(욘슈우깡) 4주일   5 週間(고슈우깡) 5주일   6 週間(로꾸슈우깡) 6주일

7 週間(나나슈우깡) 7주일   8 週間(핫슈우깡) 8주일   9 週間(구슈우깡) 9주일

先週(센슈우) 지난주   今週(곤슈우) 금주   来週(라이슈우) 내주

週末(슈우마쓰) 주말   曜日(요오비) 요일

月曜日(게쓰요오비) 월요일

火曜日(가요오비) 화요일   水曜日(스이요오비) 수요일   木曜日(모꾸요오비) 목요일

金曜日(깅요오비) 금요일   土曜日(도요오비) 토요일   日曜日(니찌요오비) 일요일

우리는 「1주일」 「2주일」 이렇게 말하지만, 그들은 「1주일」은 「1週間(잇슈우깡)」 「2주일」은 「2週間(니슈우깡)」 …… 이런 식으로 「週間(슈우깡)」이라고 한다. 결국 「週日」이라는 말은 쓰지 않는 것이다, 물론 우리도 「週間」이라는 말을 사용하지만 「한 주간 동안」이라는 뜻으로 사용하고 있는 것에 비해 그들은 「주일」로 쓰고 있는 것이다.

「曜日」은 「요오비」가 되며 발음상 특별히 어려운 것은 없다.

물건을 사고 팔 때 가장 많이 사용되는 기본단어 중에서 그 발음이나 뜻이 까다로운 것들을 살펴보기로 하자.

「デパート」는 「백화점」을 뜻하며 「데빠아또」라고 하는데, 일본사람들은 「百貨店(햣까뗑)」이라는 어엿한 자기네 말을 놓아두고 이 「デパート」를 더 많이 쓰고 있는 실정이다.

다음으로 「問屋」는 「동야」라고 읽으며 「도매상」이라는 뜻이고 「商売」는 「장사」이고 「쇼오바이」라고 한다. 「売り子」는 직역하면 「파는 아이」가 되지만, 「판매원」을 통틀어 가리키는 단어로서 「우리꼬」라고 읽는다.

「단골손님」은 「得意(도꾸이)」라고도 하고 「馴染み(나지미)」라고도 하며, 「値段」은 무슨 뜻인지 감이 잡히지 않거니와, 「물건값」이라는 뜻이고, 물건을 살 때 값을 깎는 것은 「値切る(네기루)」 또는 「値引き(네비끼)」라고도 한다.

「물건」은 「品物」라고 쓰는데 발음이 엉뚱하게도 「시나모노」이며, 「本物」는 「진짜배기」 「진짜물건」이라는 뜻에 발음은 「혼모노」이다.

「젊은이 취향」의 상품이라는 말이 많이 쓰여지고 있거니와 이것은 「若向き」라고 쓰고 「와까무끼」로 읽으며, 물건이 「고급이다」 「훌륭하다」 할 때는 「上等(죠오또오)」, 반대로 「변변치 않을」때는 「粗末(소마쓰)」라고 한다.

한편 물건을 구경할 때의 「구경」은 「見物」가 되는데, 발음이 「미모노」가 아닌 「겐부쓰」라는 사실에 유의해 주기 바란다.

물건이 「튼튼하다」 할 때는 「丈夫(죠오부)」라고 하는데, 이 「丈夫」는 「몸이 튼튼하다」 즉 「건강하다」는 뜻으로도 사용된다.

어떤 생산물의 「본고장」을 가리킬 때는 「本場」라고 쓰고 「혼바」라고 읽으며, 돈이나 물건을 「낭비」하는 것을 「無駄使い(무다즈까이)」라고 하는데, 본시 「無駄」는 「헛되다」 「쓸데없다」라는 뜻으로서, 결국 「헛되이 쓰다」가 되어 「낭비」로 변한 것이다. 「낭비」와 연결되는 「사치」는 「ぜいたく(제이따꾸)」라고 한다.

한편 우리는 「지갑」 하나로 통일해서 쓰고 있지만, 그들은 이 「지갑」이라는 단어도 「財布(사이후)」「がま口(가마구찌)」「紙入れ(가미이레)」「巾着(간짜꾸)」…… 이렇듯 여러 단어를 사용하고 있다.

끝으로 요즈음 모두들 「돈벌이」에 급급하고 있거니와, 「돈벌이」는 「金儲け」라고 쓰고 「가네모오께」라고 읽는데, 「儲ける(모오께루)」는 「돈을 벌다」 「이익을 보다」라는 뜻인 만큼 「金儲け」이니까 「돈벌이」가 되는 것이다.

店(みせ・미세) 가게, 점포

店舗(てんぽ・덴뽀) 점포

商店(しょうてん・쇼오뗑) 상점

商会(しょうかい・쇼오까이) 상회

本店(ほんてん・혼뗑) 본점

分店(ぶんてん・분뗑) 분점

老舗(しにせ・시니세) 대대로 내려오는 이름난 가게

暖簾(のれん・노렝) 상호를 적어 점포 앞에 내거는 휘장

　발음이 난데없는 「노렝」임을 새겨 넣을 것

市場(いちば・이찌바) 시장

　「しじょう(시죠오)」라고도 읽는다.

在来市場(ざいらいいちば・자이라이 이찌바) 재래시장

屋台(やたい・야따이) 노점

夜店(よみせ・요미세) 야시

行商(ぎょうしょう・교오쇼오) 행상

スーパーマーケット(수우빠마아껫또) 슈퍼마켓

マート(마아또) 마트

連鎖店(れんさてん・렌사뗑) 연쇄점

チェーンストア(쩨엔스또아) 체인스토어, 연쇄점

ギフトショップ(기후또숏뿌) 기프트숍, 외국인 상대로 선물을 파는 가게

ショッピングセンター(숏삥구센따아) 쇼핑센터

百貨店(ひゃっかてん・햣까뗑) 백화점

デパート(데빠아또) 데파트, 백화점

ショッピングモール(숏삥구모오루) 쇼핑몰

ホームショッピング(호오무숏삥구) 홈쇼핑

利用(りよう・리요오) 이용

急増(きゅうぞう・뀨우조오) 급증

小売店(こうりてん・고우리뗑) 소매점

代理店(だいりてん · 다이리뗑) 대리점

問屋(とんや · 동야) 도매상

　발음이 엉뚱하게 「동야」이며 「도매상」을 통틀어 일컫는 말이다.

卸屋(おろしや · 오로시야) 도매상

商人(しょうにん · 쇼오닝) 상인, 장사꾼

番頭(ばんとう · 반또오) 지배인

チーム長(ちょう · 찌이무쬬오) 팀장

店員(てんいん · 뎅잉) 점원

売り子(うりこ · 우리꼬) 판매원

　앞에서도 말했듯이 「파는 아이」가 아닌 「판매원」을 통틀어 가리키는 말로서 「우리꼬」라고 한다.

　その 売り子は いつも 親切である

　(그 판매원은 언제나 친절하다)

販売人(はんばいにん · 한바이닝) 판매원

アルバイト生(せい · 아루바이또세이)
　아르바이트생

主人(しゅじん · 슈징) 주인

おかみさん(오까미상) 주인아주머니

商い(あきない · 아끼나이) 장사

商売(しょうばい · 쇼오바이) 장사

　商売は 努力と 運である

　(장사는 노력과 운이다)

うまい(우마이) 잘 한다, 솜씨가 있다

商売上手(しょうばいじょうず · 쇼오바이쬬오즈) 장사솜씨가 있다

下手(へた · 헤따) 솜씨가 서투르다

　앞에 나온 「上手」는 「솜씨가 있다」라는 뜻이고, 「下手」는 반대로 「솜씨가 서투르다」는 말인데 발음 또한 엉뚱하게 「헤따」라고 읽는다.

商術(しょうじゅつ · 쇼오쥬쓰) 상술

優れる(すぐれる · 스구레루) 뛰어나다, 우수하다

勤勉(きんべん · 긴벵) 근면, 부지런함

愛想が よい(あいそうが よい · 아이소오가 요이) 상냥하다, 붙임성이 있다

信用(しんよう · 싱요오) 신용

取引き(とりひき · 도리히끼) 거래, 흥정

　발음이 「도리히끼」이고 「거래」를 뜻한다.

安売り(やすうり · 야스우리) 싸게 팔다, 염가판매

不親切(ふしんせつ · 후신세쓰) 불친절

不気嫌(ふきげん · 후끼겡) 기분이 좋지 않음

仏頂面(ぶっちょうづら · 붓쬬오즈라) 무뚝뚝한 얼굴

　발음이 너무나 힘든 단어로서 「붓쬬오즈라」가 되며, 「시무룩한 얼굴」을 가리킨다.

お客(おきゃく · 오갸꾸) 손님

消費者(しょうひしゃ · 쇼오히샤) 소비자

顧客(こきゃく · 고갸꾸) 고객

得意(とくい · 도꾸이) 단골손님, 득의

양양

「단골」이라는 뜻과 「자랑스러워하는 모양」의 두 가지 뜻이 있다.

わたしは その スーパーの 得意である (나는 그 슈퍼의 단골손님이다)

馴染み(なじみ・나지미) 잘 아는 사람, 단골손님

常連(じょうれん・죠오렝) 음식점이나 흥행장의 단골손님

欠かさず(かかさず・가까사즈) 거르지 않고, 빠뜨리지 않고

立ち寄る(たちよる・다찌요루) (지나는 길에) 들르다, 다가서다

売る(うる・우루) 팔다, 판매하다

売買(ばいばい・바이바이) 매매

販売(はんばい・한바이) 판매

発売(はつばい・하쓰바이) 발매

前売り(まえうり・마에우리) 예매

買う(かう・가우) 사다, 매입하다

購入(こうにゅう・고오뉴우) 구입

購買(こうばい・고오바이) 구매

買入れ(かいいれ・가이이레) 사들임, 매입

買い物(かいもの・가이모노) 장보기, 쇼핑

遊びがてら(あそびがてら・아소비가떼라) 놀이삼아, 심심풀이로

遊びがてら 妻と 買い物を する

(놀이삼아 아내와 쇼핑을 한다)

ショッピング(숏삥구) 쇼핑

楽しむ(たのしむ・다노시무) 즐기다

売り手(うりて・우리떼) 파는 사람

買い手(かいて・가이떼) 사는 사람

買い漁り(かいあさり・가이아사리) 여기저기 다니며 사모으다

値段(ねだん・네당) 값, 가격

앞에서도 말했듯이 「네당」이라고 읽으며 물건의 「값」을 뜻한다.

果物の 値段が 意外に 高い

(과일값이 뜻밖으로 비싸다)

価(あたい・아따이) 값, 가격

価格(かかく・가까꾸) 가격, 값

高い(たかい・다까이) 비싸다, 높다

값이 「비싸다」라는 뜻과 높이가 「높다」는 두 가지 뜻이 있다.

高過ぎる(たかすぎる・다까스기루) 너무 비싸다, 지나치게 비싸다

安い(やすい・야스이) 싸다

定価(ていか・데이까) 정가

相場(そうば・소오바) 시세

呼び値(よびね・요비네) 부르는 값

値幅(ねはば・네하바) 가격의 차이

値頃(ねごろ・네고로) 적당한 값

値踏み(ねぶみ・네부미) 값을 평가하다

値切る(ねぎる・네기루) 값을 깎다

価を 値切るのは 当り前である

(값을 깎는 것은 당연하다)

値引きする(ねびきする · 네비끼스루) 에누리하다

まける(마께루) 값을 깎아주다

割引き(わりびき · 와리비끼) 할인

20パーセント(にじっ · 니짓빠아센또) 20퍼센트

ディスカウント(디스가운또) 디스카운트, 할인

売り場(うりば · 우리바) 매장, 판매장

コーナー(고오나아) 코너

パート(빠아또) 파트, 부분

エスカレーター(에스까레에따) 에스컬레이터

4階(よんかい · 용까이) 4층

上がる(あがる · 아가루) 올라가다

降りる(おりる · 오리루) 내리다, 내려가다

週末(しゅうまつ · 슈우마쓰) 주말

混雑(こんざつ · 곤자쓰) 혼잡

人波(ひとなみ · 히또나미) 인파, 사람들의 물결

溢れる(あふれる · 아후레루) 넘치다

すり(스리) 소매치기

すられる(스라레루) 소매치기당하다

万引き(まんびき · 만비끼) 물건을 사는 체 하다가 훔치는 것

「망히끼」가 아닌 「만비끼」이고 「혼

잡을 이용해 물건을 훔치는 것」을 뜻한다.

PC回路(かいろ · 가이로) PC회로

監視(かんし · 간시) 감시

摘発(てきはつ · 데끼하쓰) 적발

品(しな · 시나) 물건, 상품

品物(しなもの · 시나모노) 물건, 상품

발음이 쉽게 생각나지 않는 단어로서 「시나모노」라고 읽는다.

商品(しょうひん · 쇼오힝) 상품

新品(しんぴん · 신삥) 신품

「신힝」이 아닌 「신삥」이 된다.

多い(おおい · 오오이) 많다

少ない(すくない · 스꾸나이) 적다

備える(そなえる · 소나에루) 고루 갖추다

具備(ぐび · 구비) 구비, 고루 갖춤

製品(せいひん · 세이힝) 제품

品質(ひんしつ · 힌시쓰) 품질

確める(たしかめる · 다시까메루) 확인하다

保障(ほしょう · 호쇼오) 보장

受ける(うける · 우께루) 받다

商標(しょうひょう · 쇼오효오) 상표

ラベル(라베루) 라벨, 상표

レッテル(렛떼루) 레테르, 상표, 잣대

トレードマーク(도레에도마꾸) 트레이드마크, 등록상표

メードインジャパン(메에도인쟈빵)

일본제

本物(ほんもの・혼모노) 진짜배기, 진품

　앞에서 이미 말했듯이 「혼부쓰」가 아닌 「혼모노」이고 「진품(真品)」이라는 뜻이다.

にせ物(にせもの・니세모노) 가짜, 위조품

区別が つかない(くべつが つかない・구베쓰가 쓰까나이) 구별이 안 된다, 헷갈린다

　にせ物が 多くて 区別が つかない

　(가짜가 많아 구별이 안 된다)

紛い物(まがいもの・마가이모노) 모조품

安物(やすもの・야스모노) 싸구려물건

疵物(きずもの・기즈모노) 흠이 생긴 물건

確認(かくにん・가꾸닝) 확인

規格(きかく・기까꾸) 규격

サイズ(사이즈) 사이즈

寸法(すんぽう・슨뽀오) 첫수

デザイン(데자잉) 디자인

流行り(はやり・하야리) 유행

若向き(わかむき・와까무끼) 젊은이 취향

女性向き(じょせいむき・죠세이무끼) 여성취향

男性向き(だんせいむき・단세이무끼) 남성취향

年寄り向き(としよりむき・도시요리무끼) 노인취향

学生向き(がくせいむき・가꾸세이무끼) 학생취향

子供向き(こどもむき・고도모무끼) 어린이취향

上等(じょうとう・죠오또오) 고급, 훌륭함

　물건이 「고급」이거나 「훌륭」할 때 쓰이는 단어로서 「죠오또오」라고 읽는다.

粗末(そまつ・소마쓰) 보잘 것 없음, 변변치 못함

派手(はで・하데) 화려함

地味(じみ・지미) 수수함

丈夫(じょうぶ・죠오부) 튼튼함, 건강함

　물건 같은 것이 「튼튼할」 때, 그리고 「몸이 튼튼할」 때 쓰여지며, 발음은 「죠오부」이다.

　その 椅子は 実に 丈夫である

　(그 의자는 참으로 튼튼하다)

　彼は 相変らず 丈夫です

　(그는 여전히 건강합니다)

見物(けんぶつ・겐부쓰) 구경

　「미모노」라고 발음하기 십상이지만 「겐부쓰」가 되며, 물건이나 경치를 「구경」한다는 뜻이다.

拝見(はいけん・하이껭) 삼가 보다

자신을 약간 낮추어서 하는 말로서
「보아보겠습니다」라는 뜻이다.

見てみる(みてみる・미떼미루) 보아본다

着てみる(きてみる・기떼미루) 입어본다

嵌めてみる(はめてみる・하메떼미루)
끼워본다

履いてみる(はいてみる・하이떼미루)
신어본다

冠ってみる(かぶってみる・가붓떼미
루) 써본다

叩いてみる(たたいてみる・다따이떼
미루) 두드려본다

味わってみる(あじわってみる・아지
왓떼미루) 맛본다

気に入る(きにいる・기니이루) 마음
에 든다

무슨 뜻인지 쉽게 떠오르지 않을
테지만 「마음에 든다」라는 뜻이다.

素敵(すてき・스떼끼) 기막히다, 기가
차다

흔히 말하는 「원더풀」에 해당하는
말로서 대개 「기막히게 좋을 때」 사용
된다.

すばらしい(스바라시이) 기막히다, 기
차다

「素敵」와 같은 말로서 「기막힐 때」
쓰인다.

その 海景色は 実に すばらしい

(그 바다경치는 참으로 기막히다)

買いたい(かいたい・가이따이) 사고
싶다

合わない(あわない・아와나이) 맞지
않는다

きゅうくつ(규우꾸쓰) 답답함, 갑갑함

流行り過ぎ(はやりすぎ・하야리스기)
유행이 지났음, 철이 지났음

気に入らない(きにいらない・기니이
라나이) 마음에 안 든다

いくら 見ても やはり 気に入らない
(아무리 보아도 역시 마음에 안 든다)

買いたくない(かいたくない・가이따
꾸나이) 사고 싶지 않다

決める(きめる・기메루) 정하다, 결정
하다

決定(けってい・겟떼이) 결정

選ぶ(えらぶ・에라부) 고르다, 선택하다

選択(せんたく・센따꾸) 선택

止す(よす・요스) 그만 두다

開業(かいぎょう・가이교오) 개업

開店(かいてん・가이뗑) 개점

開く(ひらく・히라꾸) 열다, 열리다

業種(ぎょうしゅ・교오슈) 업종

位置(いち・이찌) 위치

選定(せんてい・센떼이) 선정

資金(しきん・시낑) 자금

投資(とうし・도오시) 투자

運命を かける(うんめいを かける・운메이오 가께루) 운명을 걸다

消費パターン(しょうひ・쇼오히빠땅) 소비패턴

把握(はあく・하아꾸) 파악

アイデア(아이데아) 아이디어

開発(かいはつ・가이하쓰) 개발

顧客管理(こきゃくかんり・고갸꾸깐리) 고객관리

客扱い(きゃくあつかい・갸꾸아쓰까이) 손님접대, 접객(接客)

こつ(고쓰) 요령, 방법

　무슨 뜻인지 전혀 생각이 안 날 테지만 「요령」이라는 단어이고 「고쓰」가 된다.

　顧客の 心理を つかむ こつを 会得する (고객의 심리를 잡는 요령을 터득한다)

学ぶ(まなぶ・마나부) 배우다

習得(しゅうとく・슈우또꾸) 습득

伝授(でんじゅ・덴쥬) 전수, 물려주다

販促(はんそく・한소꾸) 판촉, 판매촉진

セールス(세에루스) 세일즈

マーケッティング(마아겟띵구) 마키팅

強化(きょうか・교오까) 강화

サービス(사아비스) 서비스

向上(こうじょう・고오죠오) 향상

バーゲンセール(바아겐세에루) 바겐세일

利用(りよう・리요오) 이용

ボーナス(보오나스) 보너스

提供(ていきょう・데이꾜오) 제공

定札制(ていさつせい・데이사쓰세이) 정찰제

施行(しこう・시꼬오) 시행

広告(こうこく・고오꼬꾸) 광고

宣伝(せんでん・센뎅) 선전

ビラ(비라) 선전지, 삐라

ばら蒔く(ばらまく・바라마꾸) 마구 뿌리다

店先(みせさき・미세사끼) 점두, 가게앞

陳列(ちんれつ・진레쓰) 진열

並べる(ならべる・나라베루) 늘어놓다, 진열하다

奇抜な(きばつな・기바쓰나) 기발한

キャラクター(갸라꾸따아) 캐릭터

生かせる(いかせる・이까세루) 살리다

ショーウインドー(쇼오윈도오) 쇼윈도우

ネオンサイン(네온사잉) 네온사인

稼動(かどう・가도오) 가동

マネキン(마네낑) 마네킨

飾る(かざる・가자루) 장식하다, 꾸미다

看板(かんばん・간방) 간판

立看板(たてかんばん・다떼간방) 입간판

広告塔(こうこくとう・고오꼬꾸또오) 광고탑

設ける(もうける・모오께루) 마련하다, 설치하다

設置(せっち・셋찌) 설치

視線(しせん・시셍) 시선

集める(あつめる・아쓰메루) 모으다, 집중시키다

繁盛(はんじょう・한죠오) 번성, 번창
　당연히 「한세이」로 알 테지만, 엉뚱하게도 「한죠오」이다.

満員謝礼(まんいんしゃれい・망잉샤레이) 만원사례

うんと(운또) 아주, 많이, 잔뜩

儲ける(もうける・모오께루) 벌다, 이익을 보다

儲かる(もうかる・모오까루) 벌이가 되다, 이가 남다

期待外れ(きたいはずれ・기따이하즈레) 기대에 어긋남, 기대밖

不振(ふしん・후싱) 부진

損する(そんする・손스루) 손해보다, 밑지다

元手(もとで・모또데) 본전, 밑천

失う(うしなう・우시나우) 잃다

損失(そんしつ・손시쓰) 손실

廃業(はいぎょう・하이교오) 폐업

閉店(へいてん・헤이뗑) 폐점

閉める(しめる・시메루) 닫다

仕入れ(しいれ・시이레) 매입, 사들임

輸入(ゆにゅう・유뉴우) 수입

本場(ほんば・혼바) 본고장, 본토
　そこは 梨の 本場だそうだ
　(그곳은 배의 본고장이라는군)

直送(ちょくそう・죠꾸소오) 직송

入荷(にゅうか・뉴우까) 입하

関税(かんぜい・간제이) 관세

支払う(しはらう・시하라우) 지불하다

取引先(とりひきさき・도리히끼사끼) 거래처

得意先(とくいさき・도꾸이사끼) 단골거래처

決済(けっさい・겟사이) 결재

延手形(のべてがた・노베데가따) 연어음
　「手形」가 「어음」이니까 「연어음」이되며 「노베데가따」라고 읽는다.

振る(ふる・후루) 어음·수표 등을 발행하다

注文(ちゅうもん・쥬우몽) 주문

催促(さいそく・사이소꾸) 재촉, 독촉
　品物代の 催促を 受ける
　(물건값 독촉을 받는다)

インフレ(인후레) 인플레, 통화팽창

不景気(ふけいき・후께이끼) 불경기

不況(ふきょう・후꾜오) 불황

原価(げんか・겡까) 원가

単価(たんか・당까) 단가

卸価(おろしか・오로시까) 도매값

引上げ(ひきあげ・히끼아게) 인상

利益(りえき・리에끼) 이익

マージン(마아징) 마진, 매매가격의 차액

利潤(りじゅん・리중) 이윤, 이익

減少(げんしょう・겐쇼오) 감소

物価(ぶっか・붓까) 물가
　　「부쓰까」가 아닌 「붓까」라는 사실
에 유의할 것

上昇(じょうしょう・죠오쇼오) 상승

うなぎ昇り(うなぎのぼり・우나기노
　　보리) 쉬지 않고 자꾸 올라가는 것

夏枯れ(なつがれ・나쓰가레)　여름철
　　불경기

重なる(かさなる・가사나루) 겹치다

売れない(うれない・우레나이) 안 팔
　　린다

在庫(ざいこ・자이꼬) 재고

ストック(스똑꾸) 스톡, 재고품

積もる(つもる・쓰모루) 쌓이다

売上げ高(うりあげだか・우리아게다
　　까) 매상고

落ちる(おちる・오찌루) 떨어지다

愚痴を 零す(ぐちを こぼす・구찌오
　　고보스) 푸념하다, 넋두리하다
　　「愚痴」는 「푸념」 「넋두리」이며 「零
す」는 「흘리다」 「엎지르다」인데, 결국
「푸념을 늘어놓는다」라는 뜻이 된다.

溜息を 吐く(ためいきを はく・다메
　　이끼오 하꾸) 한숨을 쉬다

値下げ(ねさげ・네사게) 가격인하

価格破壊(かかくはかい・가까꾸하까
　　이) 가격파괴

半値(はんね・한네) 반값, 절반값

半額(はんがく・항가꾸) 반액, 반값

安値(やすね・야스네) 싼값

底値(そこね・소꼬네) 바닥시세

売り飛ばす(うりとばす・우리또바스)
　　팔아넘기다

月賦販売(げっぷはんばい・겟뿌한바
　　이) 월부판매

大安売り(おおやすうり・오오야스우
　　리) 염가대판매

アフターサービス(아후따사아비스)
　　애프터서비스

強化(きょうか・교오까) 강화

返品(へんぴん・헴삥) 반품

交換(こうかん・고오깡) 교환

取り換え(とりかえ・도리까에) 교환
　　返品を 気持よく 取り換えて くれた
　　(반품을 기분좋게 교환해 주었다)

特産品(とくさんひん・도꾸상힝)　특
　　산품

外来品(がいらいひん・가이라이힝)
　　외래품

舶来品(はくらいひん・하꾸라이힝)

외래품

贅沢品(ぜいたくひん · 제이따꾸힝)
사치품

ベストセラー(베스또세라아) 베스트셀러

売切れ(うりきれ · 우리끼레) 매절(売切)

奇現象(きげんしょう · 기겐쇼오) 기
현상

無駄使い(むだづかい · 무다즈까이)
낭비

앞에서도 말했듯이 「無駄」는 「헛되
다」로서 「헛되게 쓰다」, 결국 「낭비」
가 되는데, 「무다쓰까이」가 아닌 「무
다즈까이」이다.

節約(せつやく · 세쓰야꾸) 절약

一本(いっぽん · 잇뽕) 가늘고 긴 물건
의 한 개, 한 그루

一個(いっこ · 잇꼬) 한 개

一着(いっちゃく · 잇쨔꾸) 한 벌, 1등
옷 같은 것의 「한 벌」도 되고, 경기
같은 것에서 「1등」을 할 때도 사용된다.

一足(いっそく · 잇소꾸) 한 켤레

一瓶(ひとびん · 히또빙) 한 병

ダース(다아스) 12개를 한 묶음으로 한
단위

セット(셋또) 세트, 한 벌

対(つい · 쓰이) 쌍, 짝

揃える(そろえる · 소로에루) 고루 갖
추다

おみやげ(오미야게) 선물

プレゼント(뿌레젠또) 선물

贈り物(おくりもの · 오꾸리모노) 증
정품, 선물로 주는 물건

贈る(おくる · 오꾸루) 선사하다

貰う(もらう · 모라우) 받다
발음이 「모라우」라는 사실에 유의
할 것

おもちゃ(오모쨔) 장난감, 완구

玩具(がんぐ · 강구) 완구, 장난감

人形(にんぎょう · 닝교오) 인형
「닝께이」 또는 「징께이」로 알기 쉬
우나 「닝교오」이다.

宝石(ほうせき · 호오세끼) 보석

骨董品(こっとうひん · 곳또오힝) 골
동품

瀬戸物(せともの · 세또모노) 도자기

家具(かぐ · 가구) 가구

既製服(きせいふく · 기세이후꾸) 기
성복

食品コーナー(しょくひん · 쇼꾸힝고
오나) 식품코너

電子製品(でんしせいひん · 덴시세이
힝) 전자제품

買占め(かいじめ · 가이지메) 매점, 마
구 사들임

買切り(かいきり · 가이끼리) 매점

ダンピング(단삥구) 덤핑

不良食品(ふりょうしょくひん・후료오쇼꾸힝) 불량식품

製造(せいぞう・세이조오) 제조

闇取引き(やみとりひき・야미도리히끼) 암거래

　공정가격 이하로 상품을 매매하는 것

悪徳商人(あくとくしょうにん・아꾸또꾸쇼오닝) 악덕상인

期限過ぎ(きげんすぎ・기겡스기) 기한이 지났음

製造日(せいぞうじつ・세이조오지쓰) 제조일

原産地(げんさんち・겐산찌) 원산지

変更(へんこう・헹꼬오) 변경

スティカー(스띠까) 스티커

貼る(はる・하루) 붙이다

丸儲け(まるもうけ・마루모오께) 수입의 모두가 이익이 됨, 몽땅 남김

暴利(ぼうり・보오리) 폭리

企む(たくらむ・다꾸라무) 좋지 않은 일을 꾀하다

闇屋(やみや・야미야) 암거래상

密輸品(みつゆひん・미쓰유힝) 밀수품

団束(だんそく・단소꾸) 단속

取締り(とりしまり・도리시마리) 단속

税務署(ぜいむしょ・제이무쇼) 세무서

税金(ぜいきん・제이낑) 세금

納税(のうぜい・노오제이) 납세

義務(ぎむ・기무) 의무

誠実(せいじつ・세이지쓰) 성실

納付(のうふ・노오후) 납부

収める(おさめる・오사메루) 납부하다

代金(だいきん・다이낑) 대금

品物代(しなものだい・시나모노다이) 물건값, 물품대

買い物代(かいものだい・가이모노다이) 산 물건값

飲み代(のみだい・노미다이) 술값

先払い(さきばらい・사끼바라이) 선불

支払い(しはらい・시하라이) 지불

計算(けいさん・게이상) 계산

勘定(かんじょう・간죠오) 계산

現生(げんなま・겐나마) 현금, 현찰

　어떻게 발음해야 좋을지 알 수 없는 단어로서「겐나마」라고 읽으며, 속어로서「현금」을 가리킨다.

現金(げんきん・겡낑) 현금

持ち合わせ(もちあわせ・모찌아와세) 마침 가지고 있는 돈

　持ち合わせが 不足で 買えない

　(마침 가지고 있는 돈이 부족해서 살 수 없다)

不足(ふそく・후소꾸) 부족

カード(가아도) 카드

決済(けっさい・겟사이) 결재

おつり(오쓰리) 거스름돈의 공손한 말

釣銭(つりせん・쓰리겡) 거스름돈

小銭(こぜに・고제니) 잔돈

財布(さいふ・사이후) 지갑

がま口(がまぐち・가마구찌) 쇠꼭지
　가 달린 돈지갑

　「がま」는 「두꺼비」인데 두꺼비 아
가리 같은 모양에서 붙여진 명칭이다.

紙入れ(かみいれ・가미이레) 지폐 따
　위를 넣는 지갑

札入れ(さついれ・사쓰이레) 지갑, 「紙
　入れ」와 같다.

パスポート(빠스뽀오또) 패스포트

ハンドバッグ(한도밧구) 핸드백

巾着(きんちゃく・긴쨔꾸) 염낭, 돈주
　머니

金儲け(かねもうけ・가네모오께) 돈
　벌이

　「儲ける(모오께루)」가 「벌다」 「이
익을 보다」이니까 「金儲け」는 「돈을
벌다」 결국 「돈벌이」가 된다.

先天的(せんてんてき・센뗀떼끼) 선
　천적

生まれつき(うまれつき・우마레쓰끼)
　타고난, 선천적인

うまい(우마이) 능숙하다, 잘 하다

才能(さいのう・사이노오) 재능

財テク(ざい・자이떼꾸) 재테크

やり手(やりて・야리떼) 수완가

彼女は 財テクの やり手である

(그녀는 재테크의 수완가이다)

金持ち(かねもち・가네모찌) 부자, 돈
　많은 사람

　「金持ち」 즉 「돈을 가진 사람」으로
서 「부자」를 뜻한다.

大尽(だいじん・다이징) 부자, 돈 많
　은 사람

富豪(ふごう・후고오) 부호

吝ん坊(けちんぼう・게찐보오) 구두
　쇠, 노랭이

文房具屋(ぶんぼうぐや・분보오구야)
　문방구점

ボールペン(보오루뻰) 볼펜

ノート(노오또) 노트, 공책

封筒(ふうとう・후우또오) 봉투

糊(のり・노리) 풀

書店(しょてん・쇼뗀) 서점

本屋(ほんや・홍야) 책방, 서점

ブックセンター(붓꾸센따아) 북센터

貸本屋(かしほんや・가시홍야) 대본집

新刊(しんかん・싱깡) 신간

古本(ふるほん・후루홍) 헌책

眼鏡屋(めがねや・메가네야) 안경점

レンズ(렌즈) 렌즈

ふち(후찌) 안경테

替える(かえる・가에루) 바꾸다

検眼(けんがん・겡강) 검안

コンタクトレンズ(곤따꾸또렌즈) 콘택트렌즈

嵌める(はめる・하메루) 끼우다

写真屋(しゃしんや・샤싱야) 사진관

撮す(うつす・우쓰스) 찍다, 촬영하다

カメラ屋(가메라야) 카메라 판매점

フィルム(휘루무) 필름

現像(げんぞう・겐조오) 현상

時計屋(とけいや・도께이야) 시계포

腕時計(うでどけい・우데도께이) 팔목시계

故障(こしょう・고쇼오) 고장

直す(なおす・나오스) 고치다, 바로잡다

靴屋(くつや・구쓰야) 양화점

靴直し(くつなおし・구쓰나오시) 구두수선공

靴磨き(くつみがき・구쓰미가끼) 구두닦이

煙草屋(たばこや・다바꼬야) 담배가게

一箱(ひとはこ・히또하꼬) 한 갑, 한 곽

一服(いっぷく・잇뿌꾸) 한 모금, 한 개비
「히또후꾸」로 알기 쉽지만 「잇뿌꾸」이다.

食後に 煙草を 一服 吸う
(식후에 담배를 한 개비 피운다)

吸う(すう・스우) 피우다, 들이마시다

果物屋(くだものや・구다모노야) 과일가게

つやつや(쓰야쓰야) 매우 윤이 나는 모양, 반들반들

肉屋(にくや・니꾸야) 푸줏간, 정육점

重さ(おもさ・오모사) 무게, 중량

秤る(はかる・하까루) 달다, 재다

匁(もんめ・몬메) 돈쭝, 약 3.75㎏

八百屋(やおや・야오야) 채소가게
발음도, 뜻도 까다로운 단어로서 「야채상」을 가리키며 난데없는 「야오야」로 발음한다.

野菜(やさい・야사이) 야채, 채소

魚屋(さかなや・사까나야) 생선가게

新鮮(しんせん・신셍) 신선함

ぴちぴち(삐찌삐찌) 팔딱팔딱, 힘차게 뛰노는 모양

雑貨屋(ざっかや・잣까야) 잡화상

金物屋(かなものや・가나모노야) 철물점

針金(はりがね・하리가네) 철사

米屋(こめや・고메야) 쌀가게, 싸전

一袋(ひとふくろ・히또후꾸로) 한 푸대

呉服屋(ごふくや・고후꾸야) 포목점

表具屋(ひょうぐや・효오구야) 표구점

薬屋(くすりや・구스리야) 약방, 약국

チキンセンター(지낀쎈따아) 치킨센타

餅屋(もちや・모찌야) 떡가게

이번에는 여행과 여행에 필수적인 각종 승용물(교통기관)에 관한 단어를 배워보기로 하자.

먼저 「旅人」는 본시 「여행자」라는 뜻이며 「다비히또」가 아닌 「다비비또」라고 발음하는데, 실상 「여행자」보다는 오히려 「나그네」라는 뜻으로 더 많이 사용되고 있다.

여행을 떠나기에 앞서 준비해가는 「도시락」은 아무리 한자(漢字)를 풀어보았자 뜻을 알 수 없는 「弁当(벤또오)」이다.

「プラットホーム(뿌랏또호오무)」는 열차나 지하철의 「승강장」을 뜻하거니와, 우리는 반드시 「플랫폼」이라고 쓰지만, 일본사람들은 그냥 「ホーム(호오무)」라고 사용하는 수가 많다는 사실을 알아두기 바란다.

여행에서 가장 많이 나오는 단어가 바로 「경치」인데, 이 「경치」도 그들은 「景色」이라 쓰고 「게시끼」라고 읽고 있다.

「運ちゃん(운짱)」은 주로 「택시운전사」를 친밀하게 부르는 호칭이며, 그들의 「一里(이찌리)」는 우리나라의 잇수로 「10리」를 뜻한다. 따라서 우리나라의 「50리」는 「五里(고리)」가 된다.

「赤帽(아까보오)」는 직역하면 「빨간모자」이지만, 이것은 역에서 손님의 짐을 실어나르는 「포토」 「짐꾼」을 가리키며, 그들이 빨간 모자를 쓰고 있기 때문에 붙여진 호칭이다.

「目抜き(메누끼)」는 직역하면 「눈을 빼다」로서 무슨 뜻인지 짐작할 길이 없거니와, 엉뚱하게 「번화가」 「중심가」를 가리키며, 반대로 「변두리」는 「場末(바스에)」가 된다.

한편 「最寄り(모요리)」는 「현재 있는 곳에서 가장 가까운 곳」이라는 뜻이고 「袋小路」는 「주머니 작은 길」이 되어 뜻을 짐작하기 힘들거니와, 엉뚱하게 「막다른 골목」이라는 뜻이고 발음 또한 「후꾸로고오지」가 된다.

여행을 함에 있어 중요한 「방향」은 「方向(호오꼬오)」라고도 하지만, 「方角(호오가꾸)」라는 말을 더 많이 쓰고 있으니까 새겨두기 바란다.

「横手(요꼬떼)」는 「옆손」을 연상할 테지만, 「옆쪽」이라는 뜻이며, 마찬가지로 「右手(미기떼)」는 「오른손」도 되지만 「오른쪽」이라는 뜻으로도 사용된다. 「左手(히다리떼)」 역시 「왼손」도 되고 「왼쪽」도 된다.

끝으로 일본어에는 「양쪽」이라는 단어가 「両方(료오호오)」,「両側(료오가와)」,「両辺(료오헹)」 이렇게 여러 가지가 있으며, 그 때 그 때 가려쓰고 있으니 참고하기 바란다.

旅(たび・다비) 여행

旅行(りょこう・료꼬오) 여행

国内旅行(こくないりょこう・고꾸나이료꼬오) 국내여행

外国旅行(がいこくりょこう・가이꼬꾸료꼬오) 외국여행

海外旅行(かいがいりょこう・가이가이료꼬오) 해외여행

渡日(とじつ・도지쓰) 도일

渡米(とべい・도베이) 도미

渡仏(とふつ・도후쓰) 도불

外遊(がいゆう・가이유우) 외유

旅人(たびびと・다비비또) 여행하는 사람, 여행자, 나그네

「다비히또」가 아닌 「다비비또」이다.

旅烏(たびがらす・다비가라스) 정처 없는 나그네

一人旅(ひとりたび・히또리다비) 혼자 떠나는 여행

独りぼっち(ひとりぼっち・히또리봇찌) 외톨이

不案内(ふあんない・후안나이) 서투름, 사정을 잘 모름

心細い(こころぼそい・고꼬로보소이) 허전하다, 불안하다

「고꼬로호소이」로 생각할 테지만 「고꼬로보소이」이며 「공연히 허전하다」라는 뜻이다.

一人旅は 何となく 心細い

(혼자 떠나는 여행은 어쩐지 허전하다)

旅路(たびじ・다비지) 여로, 여행길

草枕(くさまくら・구사마꾸라) 나그네, 노숙

さすらい(사스라이) 방랑, 유랑

流浪(るろう・루로오) 유랑

당연히 「류우로오」로 알 테지만, 엉뚱하게 「루로오」이다.

渡り者(わたりもの・와따리모노) 떠

돌이

流れ者(ながれもの・나가레모노) 떠
돌이, 방랑자

ボヘミアン(보헤미안) 방랑자

エトランゼ(에또란제) 나그네, 외국인

ストレンジャ(스또렌쟈) 이방인

股旅(またたび・마따다비) 도박꾼의
유랑

とぼとぼ(도보또보) 힘없이 걷는 모양,
터벅터벅

望郷(ぼうきょう・보오꾜오) 망향

郷愁(きょうしゅう・교오슈우) 향수

ノスタルジア(노스따루지아) 노스텔
지어, 고향을 그리는 마음, 향수

ホームシック(호오무싯꾸) 망향병, 「ノ
スタルジア」와 같음

目的地(もくてきち・모꾸떼끼찌) 목
적지

行く先(ゆくさき・유꾸사끼) 행선지

旅先(たびさき・다비사끼) 행선지

当て所(あてど・아떼도) 정한 곳, 즉
목적지

　당연히 「아떼도꼬로」라고 생각할
테지만 「아떼도」라고 한다.

　当て所の 無い 旅に 出る

　(정처 없는 여행을 나선다)

旅装束(たびしょうぞく・다비쇼오조
꾸) 여장(旅装), 여행하는 몸차림

用意(ようい・요오이) 준비

　무슨 뜻인지 이해하기 힘든 단어로
서 「준비」라는 뜻이며 「支度」 역시 「
준비」이다.

　用意を して 朝早く 発つ

　(준비를 하고 아침 일찍 떠난다)

リュックサック(륫꾸삿꾸) 륙색, 등산
용배낭

弁当(べんとう・벤또오) 도시락

　이 단어 역시 무슨 뜻인지 이해하
기 힘들 테지만 「도시락」을 가리킨다.

水筒(すいとう・스이또오) 수통, 물통

羅針盤(らしんばん・라신방) 나침반

出かける(でかける・데까께루) 나서
다, 출발하다

道しるべ(みちしるべ・미찌시루베)
이정표

道程(みちのり・미찌노리) 도정, 행정

道連れ(みちづれ・미찌즈레) 길동무,
동반자

　道連れが あって 淋しくは ない

　(길동무가 있어 쓸쓸하지는 않다)

同行(どうこう・도오꼬오) 동행

訛(なまり・나마리) 사투리

方言(ほうげん・호오겐) 방언, 사투리

一行(いっこう・잇꼬오) 일행, 한 줄

　「일행」이라는 뜻과 「한 줄」이라는
두 가지 뜻이 있으며 「일행」은 「잇꼬

오」라고 하고 「한 줄」은 「이찌교오」라
고 한다.

　一行は 駅前で 8時に 会った

　(일행은 역전에서 8시에 만났다)

　一行に 20字が 入る

　(한 줄에 20자가 들어간다)

交通(こうつう・고오쓰우) 교통

交通便(こうつうべん・고오쓰우벵)

　교통편

便利(べんり・벤리) 편리

不便(ふべん・후벵) 불편

見物(けんぶつ・젠부쓰) 구경

物見(ものみ・모노미) 구경, 관광

遊覧(ゆうらん・유우랑) 유람

のんびり(논비리) 한가로이, 태평스럽게

出歩く(であるく・데아루꾸)　나돌아
다니다

距離(きょり・교리) 거리

かかる(가까루) 걸리다, 소요되다

割合(わりあい・와리아이) 비교적, 생
　각보다도

　뜻이 좀체로 생각나지 않는 단어로
서 「비교적」이라는 뜻이며, 발음 또한
「와리아이」이다.

　目的地は ここから 割合 近い

　(목적지는 이곳에서 비교적 가깝다)

近い(ちかい・지까이) 가깝다

遠い(とおい・도오이) 멀다

遠過ぎる(とおすぎる・도오스기루)
　너무 멀다

乗り物(のりもの・노리모노)　탈　것,
　교통기관

車(くるま・구루마) 차의 총칭

自動車(じどうしゃ・지도오샤) 자동차

自家用車(じかようしゃ・지까요오샤)
　자가용차

ジープ(지이뿌) 지프

トラック(도랏꾸) 트럭

オートバイ(오오또바이) 오토바이

スクーター(스꾸우따) 작은 오토바이
　의 하나

自転車(じてんしゃ・지뗀샤) 자전거

ペダル(뻬다루) 페달

踏む(ふむ・후무) 밟다

馬車(ばしゃ・바샤) 마차

荷車(にぐるま・니구루마) 짐수레

馬子(まご・마고) 마부

　직역하면 「말새끼」가 되지만 「마부」
를 뜻하며 「마고」라고 읽는다.

リヤカー(리야까아) 리어카

引く(ひく・히꾸) 끌다, 밀다

幌(ほろ・호로) 마차, 인력거 등의 포장

乗り場(のりば・노리바) 차・배 따위
　를 타는 장소, 승강장, 정류장

　물론 「停留所(데이류우쬬)」라고도
하고 「停車場(데이샤쬬오)」라고도 하

지만 「乗り場」를 더 많이 쓰고 있다.

停留場(ていりゅうじょう·데이류우죠오) 정류장

停車場(ていしゃじょう·데이샤죠오) 정거장

試乗(しじょう·시죠오) 시승, 타보다

同乗(どうじょう·도오죠오) 동승

分乗(ぶんじょう·분죠오) 분승, 나누어 탐

鉄道(てつどう·데쓰도오) 철도

駅(えき·에끼) 역

駅舎(えきしゃ·에끼샤) 역사, 역건물

駅前(えきまえ·에끼마에) 역전, 역 앞

ディーゼル(디이제루) 디젤

ガソリン(가소링) 개솔린

電車(でんしゃ·덴샤) 전차

バス(바스) 버스

リムジン(리무징) 리무진버스

タクシー(다구시이) 택시

コールタクシー(고오루다꾸시이) 콜택시

基本料金(きほんりょうきん·기홍료오낑) 기본요금

ハイヤー(하이야아) 하이어, 전세차

レンタカー(렌따까아) 렌터카

借りる(かりる·가리루) 빌리다

貸切り(かしきり·가시끼리) 대절
　タクシーを貸切りして市内を見物す
る (택시를 대절해서 시내를 구경한다)

ステップ(스뗏뿌) 버스·기차 등의 승강계단

地下鉄(ちかてつ·지까떼쓰) 지하철

サブウエー(사부웨에) 서브웨이, 지하철도

ロッカー(롯까아) 로커, 개인소지품을 넣어두는 자물쇠가 달린 장롱

汽車(きしゃ·기샤) 기차

列車(れっしゃ·렛샤) 열차

客車(きゃくしゃ·갸꾸샤) 객차

貨車(かしゃ·가샤) 화차

急行(きゅうこう·규우꼬오) 급행

特急(とっきゅう·돗뀨우) 특급

新幹線(しんかんせん·싱깐셍) 신간선, 일본의 고속철도

ノンストップ(논스뗏뿌) 논스톱, 직행, 무정차

船(ふね·후네) 배

遊覧船(ゆうらんせん·유우란셍) 유람선

連絡船(れんらくせん·렌라꾸셍) 연락선

旅客船(りょかくせん·료가꾸셍) 여객선

飛行機(ひこうき·히꼬오끼) 비행기

航空機(こうくうき·고오꾸우끼) 항공기

旅客機(りょかくき・료가꾸끼) 여객기

ターミナル(다아미나루) 터미널

待合室(まちあいしつ・마찌아이시쓰) 대합실

待期(たいき・다이끼) 대기함

待つ(まつ・마쓰) 기다리다

混む(こむ・고무) 붐비다, 혼잡함
　この 路線の バスは いつも 混む
　(이 노선의 버스는 언제나 붐빈다)

空港(くうこう・구우꼬오) 공항

エアポート(에아뽀오또) 에어포트, 공항

港(みなと・미나또) 항구

渡し場(わたしば・와따시바) 나루터, 도선장

地下道(ちかどう・지까도오) 지하도

降りる(おりる・오리루) 내려가다, 내리다

上がる(あがる・아가루) 올라가다, 오르다

入り口(いりぐち・이리구찌) 입구

出口(でぐち・데구찌) 출구, 나가는 곳

改札口(かいさつぐち・가이사쓰구찌) 개찰구

入る(はいる・하이루) 들어가다

プラットホーム(뿌랏또호오무) 플렛폼
　앞에서 말했듯이 그냥 「ホーム(호오무)」로 쓰는 수가 많다.

5番線(ごばんせん・고반셍) 5번선

料金(りょうきん・료오낑) 요금

運賃(うんちん・운찡) 운임, 요금

交通代(こうつうだい・고오쓰우다이) 교통비

旅費(りょひ・료히) 여비

路銀(ろぎん・로깅) 노자, 교통비

切れる(きれる・기레루) 떨어지다, 끊어지다

只乗り(ただのり・다다노리) 무임승차
　「只(다다)」가 「공짜」이므로 결국 「무임승차」가 된다.

切符(きっぷ・깃뿌) 표, 입장권
　발음도 쉽지 않고 뜻도 까다로운 단어로서 모든 「표」를 통틀어 가리키는 말이며 「깃뿌」라고 읽는다.

チケット(지껫또) 티켓, 표

乗車券(じょうしゃけん・죠오샤껭) 승차권

カード(가아도) 카드

自動券売機(じどうけんばいき・지도오겐바이끼) 자동권매기

使い方(つかいかた・쓰까이까따) 사용법, 쓰는 방법
　自動券売機の 使い方を 知らなくて 難儀した (자동권매기 사용법을 몰라 고생했다)

往復(おうふく・오오후꾸) 왕복

行き帰り(ゆきかえり・유끼가에리)
　왕복

片道(かたみち・가따미찌) 편도

切る(きる・기루) 끊다

路線(ろせん・로셍) 노선

××行き(××ゆき・유끼) ××행

8時着(はちじちゃく・하찌지짜꾸) 8
　시 도착

13時発(じゅうさんじはつ・쥬우산지
　하쓰) 13시발

乗る(のる・노루) 타다, 오르다

乗車(じょうしゃ・죠오샤) 승차

乗りおくれる(のりおくれる・노리오
　꾸레루) 시간이 늦어 못타다, 차를
　놓치다

間際(まぎわ・마기와) 직전, 임박
　「……하려는 직전」이라는 뜻이며 「마
　기와」라고 읽는다.
　　出発 間際に やっと 乗る
　　(출발 직전에 간신히 탄다)

立つ(たつ・다쓰) 서다, 일어나다

座る(すわる・스와루) 자리에 앉다

降りる(おりる・오리루) 내리다

乗せる(のせる・노세루) 태우다, 싣다

降ろす(おろす・오로스) 내려주다
　　先ず 子供達から 降ろす
　　(먼저 아이들부터 내려준다)

席(せき・세끼) 자리, 좌석

譲る(ゆずる・유즈루) 양보하다, 마루다

座席(ざせき・자세끼) 좌석

空席(くうせき・구우세끼) 빈자리

指定席(していせき・시떼이세끼) 지
　정석

立席(りっせき・릿세끼) 입석

寝台車(しんだいしゃ・신다이샤) 침
　대차

食堂車(しょくどうしゃ・쇼꾸도오샤)
　식당차

夜間列車(やかんれっしゃ・야깡렛샤)
　야간열차

疲れる(つかれる・쓰까레루) 지치다,
　피로하다

疲労(ひろう・히로오) 피로

検票(けんぴょう・겐뾰오) 검표

案内放送(あんないほうそう・안나이
　호오소오) 안내방송

スピーカー(스삐이까) 스피커

車内(しゃない・샤나이) 차내, 차 안

車窓(しゃそう・샤소오) 차창

車外(しゃがい・샤가이) 차외, 차 밖

景色(けしき・게시끼) 경치
　앞에서도 말했듯이 「경치」를 가리
　키며 「게시끼」라고 읽는다.

寒駅(かんえき・강에끼) 한역, 시골의
　작은 역

淋しい(さびしい・사비시이) 쓸쓸하다

通過(つうか・쓰우까) 통과

駅弁(えきべん・에끼벵) 철도역에서 파는 도시락

運転(うんてん・운뗑) 운전

オーナドライバー(오오나도라이바) 오너드라이버

運転手(うんてんしゅ・운뗑슈) 운전사

우리는 「운전사」라고 하지만 그들은 「운전수」라고 부르고 있다.

運ちゃん(うんちゃん・운쨩) 운전사

「운전기사」를 친근하게 부르는 호칭으로서 「운쨩」이 된다.

駅員(えきいん・에끼잉) 역무원

車掌(しゃしょう・샤쇼오) 차장

駅長(えきちょう・에끼쬬오) 역장

旗(はた・하따) 기, 깃발

振る(ふる・후루) 흔들다, 휘두르다

線路(せんろ・센로) 선로, 레일

レール(레에루) 레일, 선로

徐行(じょこう・죠꼬오) 서행, 천천히 움직임

配車(はいしゃ・하이샤) 배차

運行表(うんこうひょう・웅꼬오효오) 운행표

列車時刻表(れっしゃじこくひょう・렛샤지꼬꾸효오) 열차시각표

ダイヤグラム(다이야구라무) 열차운행표

早目(はやめ・하야메) 정해진 시간보다 조금 빠름, 일찌감치

발음도 뜻도 생소한 단어로서 「조금 일찍」이라는 뜻이고 「하야메」라고 읽는다.

発つ(たつ・다쓰) 떠나다, 출발하다

出発(しゅっぱつ・슛빠쓰) 출발

発車(はっしゃ・핫샤) 발차

クラクション(구라꾸숀) 클랙션

汽笛(きてき・기떼끼) 기적

발음이 「기떼끼」라는 사실에 유의할 것

響く(ひびく・히비꾸) 울리다

鳴り響く(なりひびく・나리히비꾸) 울려퍼지다

通る(とおる・도오루) 지나가다, 통과하다

走る(はしる・하시루) 달리다, 빨리 움직이다

遠ざかる(とおざかる・도오자까루) 멀어지다, 사라지다

飛ぶ(とぶ・도부) (하늘) 날다, 날아가다

速度(そくど・소꾸도) 속도

スピード(스삐이도) 스피드, 속도

速力(そくりょく・소꾸료꾸) 속력

時速(じそく・지소꾸) 시속

速い(はやい・하야이) 빠르다

速さ(はやさ・하야사) 속도

遅い(おそい・오소이) 느리다, 더디다

遅過ぎる(おそすぎる・오소스기루)
너무 늦다, 너무 더디다

マイル(마이루) 마일, 약 1.6㎞

メートル(메에또루) 미터

ヤード(야아도) 야드, 약 91.4㎝

里(り・리) 이정(里程)을 나타내는 단위
일본의 「一里(이찌리)」는 우리나라
의 「10리」이다.

急ぐ(いそぐ・이소구) 서두르다, 준비
하다

急用(きゅうよう・규우요오) 급한 볼
일

用事(ようじ・요오지) 볼일, 용건
무슨 뜻인지 이해하기 힘든 단어로
서 「볼일」을 가리키며 「요오지」라고
읽는다.

おくれる(오꾸레루) 시간에 늦다
おくれて 汽車に 乗れない
(시간에 늦어 기차를 탈 수 없다)

上り(のぼり・노보리) 올라감, 상행
(上行)

下り(くだり・구다리) 내려감, 하행
(下行)
下り列車に 乗って 故郷に 帰る
(하행열차를 타고 고향으로 돌아간다)

鉄橋(てっきょう・뎃꾜오) 철교

渡る(わたる・와따루) 건너다, 건너가다

トンネル(돈네루) 터널, 굴
발음이 「돈네루」여서 뜻을 헤아리
기 힘들 테지만 「터널」을 가리키는 외
래어이다.

抜ける(ぬける・누께루) 빠지다

終点(しゅうてん・슈우뗑) 종점

終着駅(しゅうちゃくえき・슈우쨔꾸
에끼) 종착역

未だ未だ(まだまだ・마다마다) 아직,
아직도
終点は 未だ未だである
(종점은 아직도 멀다)

着く(つく・쓰꾸) 닿다, 도착하다

定時(ていじ・데이지) 정시

定刻(ていこく・데이꼬꾸) 정각

到着(とうちゃく・도오쨔꾸) 도착

故障(こしょう・고쇼오) 고장

事故(じこ・지꼬) 사고

延着(えんちゃく・엔쨔꾸) 연착

停まる(とまる・도마루) 멈추다, 정차
하다

止まる(とまる・도마루) 멈추다, 서다

停止(ていし・데이시) 정지

ストップ(스똣뿌) 스톱, 정지

停車(ていしゃ・데이샤) 정차

駐車(ちゅうしゃ・쥬우샤) 주차

ノーパーキング(노오빠아낑구) 노파

킹, 주차금지

下車(げしゃ・게샤) 하차

乗換え(のりかえ・노리까에) 갈아탐, 환승

赤帽(あかぼう・아까보오) 포터, 짐꾼
「역에서 짐을 실어나르는 인부」를 뜻하며 그들이 빨간 모자를 쓰고 있는 데에서 비롯된 말이다.

荷物(にもつ・니모쓰) 짐, 화물
발음이 「니모쓰」이며 모든 「짐」을 통틀어 가리키는 단어이다.

任す(まかす・마까스) 맡기다, 위임하다
「任せる(마까세루)」역시 같은 뜻이다.

車道(しゃどう・샤도오) 차도

人道(じんどう・진도오) 인도

歩道(ほどう・호도오) 보도

ペーブメント(뻬에부멘또) 포장도로

ロータリー(로오따리) 로터리

信号灯(しんごうとう・싱고오또오) 신호등

シグナル(시그나루) 시그널, 신호기

横断歩道(おうだんほどう・오오당호도오) 횡단보도

踏切り(ふみきり・후미끼리) 건널목
발음과 뜻이 모두 생소한 단어로서 「철도의 건널목」을 가리키며 「후미끼리」라고 읽는다.

陸橋(りっきょう・릿꾜오) 육교, 구름다리
당연히 「리꾸바시」 또는 「리꾸꾜오」로 생각하기 쉬우나 엉뚱한 「릿꾜오」이다.

マンホール(망호오루) 맨홀

電信柱(でんしんばしら・덴신바시라) 전주, 전봇대

高速道路(こうそくどうろ・고오소꾸도오로) 고속도로

ハイウェー(하이웨에) 하이웨이, 고속도로

街道(かいどう・가이도오) 가도

路肩(ろかた・로까따) 벼랑길의 가장자리, 갓길

インターチェンジ(인따아쩬지) 인터체인지

休憩所(きゅうけいしょ・규우께이쇼) 휴게소

休む(やすむ・야스무) 쉬다, 휴식하다

えんこ(엥꼬) 속어(俗語)로서 차가 고장나 움직이지 못하는 것

ガソリンスタンド(가소링스딴도) 주유소

注油(ちゅうゆ・쥬우유) 주유, 기름을 넣음

給油(きゅうゆ・규우유) 급유

油を 入れる(あぶらを いれる・아부라오 이레루) 기름을 넣다

バレル(바레루) 배럴, 액체의 분량

通行(つうこう・쓰우꼬오) 통행

運行(うんこう・웅꼬오) 운행

路面(ろめん・로멩) 노면

視野(しや・시야) 시야

視界(しかい・시까이) 시계, 시야

ふさぐ(후사구) 가리다, 막다

マイカー(마이까아) 마이커, 자기 소유
　의 자동차

免状(めんじょう・멘죠오) 면허장

免許(めんきょ・멩꾜) 면허

無事故(むじこ・무지꼬) 무사고
　자칫 「부지꼬」로 알기 쉬우나 「무
　지꼬」이다.

ベテラン(베떼랑) 베테랑, 노련한 사람
　10年間 無事故の ベテラン オーナド
　ライブである (10년간 무사고의 베
　테랑 오너드라이버이다)

ドライブ(도라이부) 드라이브

ラッシュアワー(랏슈아와아) 러쉬아워

混雑(こんざつ・곤자쓰) 혼잡

相乗り(あいのり・아이노리) 합승

車輪(しゃりん・샤링) 수레바퀴

轍(わだち・와다찌) 바퀴가 지나간 자국

空回り(からまわり・가라마와리) 공
　전(空転), 헛돌음

タイヤ(다이야) 타이어

チューブ(쥬우부) 튜브

パンク(빵꾸) 펑크, 타이어에 구멍이 남

ボンネット(본넷또) 본닛, 자동차의 엔
　진뚜껑

ハンドル(한도루) 핸들, 운전대

ブレーキ(부레에끼) 브레이크

ギヤ(기야) 기어, 제동장치

アクセル(아꾸세루) 액셀, 가속장치

オートメーション(오오또메에숀)　오
　터메이션, 자동조작장치

バッグミラー(밧구미라아) 백미러

ヘッドライト(헷도라이또) 헤드라이트

ワイパー(와이빠아) 와이퍼, 자동차의
　앞유리를 자동적으로 닦는 장치

ジャッキ(쟛끼) 잭, 간단한 기중기

バッテリ(밧떼리) 배터리, 축전지

過速(かそく・가소꾸) 과속

追越し(おいこし・오이꼬시) 추월

危険(きけん・기껭) 위험

追突(ついとつ・쓰이또쓰) 추돌
　발음이 「쓰이또쓰」임을 새겨넣을 것

衝突(しょうとつ・쇼오또쓰) 충돌

横切り(よこぎり・요꼬기리) 횡단, 가
　로지름

不法駐車(ふほうちゅうしゃ・후호오
　쥬우샤) 불법주차

無断横断(むだんおうだん・무당오오
　당) 무단횡단

法規(ほうき・호오끼) 법규

違反(いはん・이항) 위반

酒酔い運転(さけよいうんてん・사께요이운뗑) 음주운전

轢き逃げ(ひきにげ・히끼니게) 뺑소니

暴走族(ぼうそうぞく・보오소오조꾸) 폭주족

雷族(かみなりぞく・가미나리조꾸) 폭주족

取締り(とりしまり・도리시마리) 단속

都市(とし・도시) 도시

都会(とかい・도까이) 도회, 도시

メインストリート(메인스또리이또) 메인스트리트, 번화가

都心(としん・도싱) 도심지

目抜き(めぬき・메누끼) 번화가
　앞에서도 설명했듯이 「번화가」를 뜻하며 「메누끼」가 된다.

メトロポリス(메또로뽀리스) 메트로폴리스, 수도(首都)

大通り(おおどおり・오오도오리) 행길, 큰길

往来(おうらい・오오라이) 왕래, 행길
　「왕래하다」라는 뜻과 「행길」이라는 두 가지 뜻이 있다.
　車の 往来が 激しい 所である
　(차의 왕래가 심한 곳이다)
　子供が 往来で 遊ぶのは 危ない
　(어린이가 행길에서 노는 것은 위험하다)

広い(ひろい・히로이) 넓다

狭い(せまい・세마이) 좁다

最寄り(もより・모요리) 가장 가까운 곳
　무슨 뜻인지 짐작하기 힘든 단어로서 「그곳에서 가장 가까운 곳」이라는 뜻이며 발음 또한 「모요리」이다.

曲り角(まがりかど・마가리가도) 길 모퉁이, 전환점

町(まち・마찌) 번화한 거리, 동리

街角(まちかど・마찌가도) 길모퉁이, 길목

三つ又(みつまた・미쓰마따) 삼거리, 세 갈래로 갈라진 곳

四つ角(よつかど・요쓰가도) 네거리, 십자로

辻(つじ・쓰지) 네거리

町外れ(まちはずれ・마찌하즈레) 시외, 변두리

場末(ばすえ・바스에) 변두리, 「町外れ」와 같음
　발음과 뜻이 까다로운 단어로서 「변두리」를 가리키며 「바스에」라고 읽는다.

分れ道(わかれみち・와까레미찌) 갈림길

真っ直ぐ(まっすぐ・맛스구) 곧바로, 곧장

曲る(まがる・마가루) 구부러지다

カーブ(가아브) 커브, 굽은 곳

ジグザグ(지구자구) 지그재그

凸凹(でこぼこ・데꼬보꼬) 요철, 울퉁
　불퉁

広場(ひろば・히로바) 광장, 넓은 장소
　「고오죠오」라고 생각하기 쉬우나
「히로바」라고 읽는다.

坂道(さかみち・사까미찌) 언덕길, 비
　탈길

上り坂(のぼりざか・노보리자까)　오
　르막길

下り坂(くだりざか・구다리자까)　내
　리막길

峠(とうげ・도오게) 산마루, 고개

路地(ろじ・로지) 골목길

突当り(つきあたり・쓰끼아따리)　막
　다른 골목

袋小路(ふくろこうじ・후꾸로고오지)
　막다른 골목길
　직역하면 「주머니 작은 길」이지만
「막다른 골목길」을 뜻하며 「후꾸로고
오지」가 된다.

一方通行(いっぽうつうこう・잇뽀오
　쓰우꼬오) 일방통행

位置(いち・이찌) 위치

場所(ばしょ・바쇼) 장소

方向(ほうこう・호오꼬오) 방향

方角(ほうがく・호오가꾸) 방향
　「호오까꾸」가 아닌 「호오가꾸」이
고 「방향」을 뜻한다.

上(うえ・우에) 위

上下(じょうげ・죠오게) 상하, 아래위

上向き(うわむき・우와무끼) 위를 향함

下調べ(したしらべ・시따시라베)　예
　비조사

下拵え(したごしらえ・시따고시라에)
　미리 하는 준비, 사전준비

下山(げさん・게상) 하산, 산을 내림

下等(かとう・가또오)　하등,　등급이
　낮음

前(まえ・마에) 앞, 전, 먼저

前金(まえきん・마에낑) 선금

前書(まえがき・마에가끼) 머리말

前後(ぜんご・젱고) 전후, 앞뒤

前進(ぜんしん・젠싱) 전진

後(うしろ・우시로) 뒤, 뒤쪽
　「あと(아또)」 역시 같은 말이다.

後ろ立て(うしろだて・우시로다떼)
　후원자
　「パトロン(빠또롱)」과 같다.

午後(ごご・고고) 오후

後方(こうほう・고오호오) 뒤쪽, 후방

先(さき・사끼) 앞, 선두

まっ先(まっさき・맛사끼) 맨앞, 맨먼저

先立つ(さきだつ・사끼다쓰) 앞장서다

先頭(せんとう・센또오) 선두, 맨앞

先週(せんしゅう・센슈우) 지난주

祖先(そせん・소셍) 조상, 선조

後(あと・아또) 뒤, 뒤쪽

後味(あとあじ・아또아지) 뒷맛

後の祭(あとのまつり・아또노마쓰리)
　원님 행차 뒤의 나팔, 때를 놓침
　いくら 努力しても 後の祭である
　(아무리 노력해도 때는 이미 늦었다)

横(よこ・요꼬) 옆, 가로, 곁

横側(よこがわ・요꼬가와) 옆쪽

横町(よこちょう・요꼬쬬오) 옆동네

横手(よこて・요꼬떼) 옆쪽, 옆의 손

横着(おうちゃく・오오쨔꾸)　뻔뻔스
　러움

横断(おうだん・오오당) 횡단, 가로지름

縦(たて・다떼) 세로

縦書(たてがき・다떼가끼) 세로쓰기
　日本の 文章は 縦書である
　(일본의 문장은 세로쓰기이다)

操縦(そうじゅう・소오쥬우) 조종

そば(소바) 곁, 옆

傍ら(かたわら・가따와라) 곁, 옆, 가

路傍(ろぼう・로보오) 길가, 길옆

隣(となり・도나리)이웃, 옆쪽

隣村(りんそん・린송) 이웃마을

右(みぎ・미기) 오른쪽, 우측

右側(みぎがわ・미기가와) 오른쪽

右手(みぎて・미기떼) 오른손, 오른쪽
　앞에서 설명했듯이 「오른손」도 되
　고 「오른쪽」도 된다.

右腕(みぎうで・미기우데) 오른팔

左(ひだり・히다리) 왼쪽, 좌측

左側(ひだりがわ・히다리가와) 왼쪽

左手(ひだりて・히다리떼) 왼손, 왼쪽
　その 左手には 坂が あった
　(그 왼쪽에는 언덕이 있었다)

左利き(ひだりきき・히다리기끼)　왼
　손잡이

左右(さゆう・사유우) 좌우

内側(うちがわ・우찌가와) 안쪽, 내면

内気(うちき・우찌끼) 내성적
　발음도, 뜻도 매우 생소한 단어로서
　「우찌끼」이고 「내성적」이라는 뜻이다.

内部(ないぶ・나이부) 내부

内容(ないよう・나이요오) 내용

外側(そとがわ・소또가와) 바깥쪽, 외면

外出(そとで・소또데) 외출

外人(がいじん・가이징) 외국인

内外(ないがい・나이가이) 내외

表側(おもてがわ・오모떼가와)　표면,
　거죽

表門(おもてもん・오모떼몽) 대문, 정
　문(正門)

表紙(ひょうし・효오시) 표지

表面(ひょうめん・효오멩) 표면

裏側(うらがわ · 우라가와) 뒤쪽, 뒷면

裏山(うらやま · 우라야마) 뒷산

裏面(りめん · 리멩) 이면

中間(ちゅうかん · 쥬우깡) 중간

半ば(なかば · 나까바) 중간, 절반, 거의

両側(りょうがわ · 료오가와) 양쪽, 양측

両方(りょうほう · 료오호오) 양쪽

両辺(りょうへん · 료오헹) 양쪽

片側(かたがわ · 가따가와) 한쪽편, 측면

片方(かたほう · 가따호오) 한쪽

片面(かためん · 가따멩) 한쪽면

縁(ふち · 후찌) 가장자리, 가

あたり(아따리) 근처, 부근, 주변

界隈(かいわい · 가이와이) 그 일대, 부근

ほとり(호또리) 근처, 부근, 가

付近(ふきん · 후낑) 부근, 근처

近所(きんじょ · 긴죠) 근처, 부근

近く(ちかく · 지까꾸) 가까이, 근처

東(ひがし · 히가시) 동쪽

東風(ひがしかぜ · 하가시가제) 동풍

東北(とうほく · 도오호꾸) 동북

極東(きょくとう · 교꾸또오) 극동

西(にし · 니시) 서쪽

西日(にしび · 니시비) 석양, 저녁해

西欧(せいおう · 세이오오) 서구, 서유럽

南(みなみ · 미나미) 남쪽

南向き(みなみむき · 미나미무끼) 남

쪽으로 향함

南洋(なんよう · 낭요오) 남양

北(きた · 기따) 북쪽

北半球(きたはんきゅう · 기따항뀨우) 북반구

北端(ほくたん · 호꾸땅) 북단, 북쪽끝

道端(みちばた · 미찌바따) 길가, 길의 주변

近道(ちかみち · 지까미찌) 지름길

道路(どうろ · 도오로) 도로

アスファルト(아스화루또) 아스팔트

道に迷う(みちに まよう · 미찌니 마요우) 길을 잃다

道を失う(みちを うしなう · 미찌오 우시나우) 길을 잃다

交番(こうばん · 고오방) 파출소, 지서 발음과 뜻이 모두 난해한 단어로서 「파출소」를 가리키며 「고오방」이라고 읽는다.

巡査(じゅんさ · 쥰사) 순경

お巡りさん(おまわりさん · 오마와리상) 순경 아저씨

警官(けいかん · 게이깡) 경관

ポリス(뽀리스) 폴리스, 경찰

尋ねる(たずねる · 다즈네루) 묻다, 찾다

問う(とう · 도우) 묻다, 질문하다

探す(さがす · 사가스) 찾다, 탐지하다

どこがどこやら(도꼬가도꼬야라) 어

디가 어디인지

さっぱり(삿빠리) 전혀, 조금도

わからない(와까라나이) 모른다

やっと(얏또) 간신히, 가까스로

ようやく(요오야꾸) 간신히, 가까스로
　交番に 入って ようやく わかった
　(파출소에 들어가서 간신히 알았다)

見つける(みつける・미쓰께루)　찾아
　내다, 발견하다

地理(ちり・지리) 지리

地図(ちず・지즈) 지도

略図(りゃくず・랴꾸즈) 약도

目印(めじるし・메지루시) 표적, 안표

番地(ばんち・반찌) 번지

住所(じゅうしょ・쥬우쇼) 주소

複雑(ふくざつ・후꾸자쓰) 복잡

ややこしい(야야꼬시이) 까다롭다, 어
　렵다

외국여행을 떠나는 사람들이 점차 늘어나고 있거니와, 이번에는 해외여행, 특히 일본여행 때 꼭 알고 있어야 할 기본단어를 배워보기로 한다.

여행에 앞서 밟게 되는 갖가지 「수속」은 「手続き(데쓰즈끼)」라고 하는데, 우리처럼 한자만을 그대로 쓴 「手続」이라는 단어는 쓰지 않는다.

떠나고자 하는 나라의 돈을 바꾸어가게 마련이거니와, 이 때 「외국돈으로 바꾸는 것」을 「兩替(료오가에)」라고 한다. 「両(료오)」는 옛날돈의 단위인 「兩(양)」에서 비롯된 말이다.

여행에는 뭐니뭐니해도 날씨가 좋아야 제격인데, 「아주 좋은 날씨」를 「上天気(죠오뎅끼)」라고 하며, 반대로 「매우 궂은 날씨」는 「悪天候(아꾸뎅꼬오)」라고 한다.

한편 외국여행시 외국의 국명(國名)이나 지명(地名)이 필수적으로 나오거니와, 우리로서 가장 이해하기 힘든 단어가 「オランダ(오란다)」와 「トルコ(도루꼬)」일 것이다. 그런데 「オランダ」는 「네덜란드」를 가리키며 보통 한자로 「和蘭」이라고 쓰는 수가 많으며, 「トルコ」는 「터키」를 뜻하며 한자로 「土耳其」라고 쓰고 있다. 「エジプト(에지뿌또)」는 「이집트」이다.

다음으로 여행을 떠나면 여관이나 호텔에 묵게 마련인데, 숙박에 관한 단어 중 뜻이나 발음이 까다로운 것을 보면 다음과 같다.

「帳場(죠오바)」는 「카운터」, 즉 「계산대」인데 여관의 계산대임은 두말할 나위가 없다. 호텔의 「카운터」는 물론 「フロント(후론또)」이다.

여관이나 호텔에서 「1박」할 때는 「一泊(잇빠꾸)」, 「2박」은 「二泊(니하꾸)」, 그리고 「3박」은 「三泊(산바꾸)」인 만큼 발음에 착오없기 바란다. 한편 「욕실이 딸린」 경우는 「バス付き(바스쓰끼)」이고 「조반이 딸린」 경우는 「朝食付き(죠오쇼꾸쓰끼)」라고 한다.

「숙박부」는 보통 「宿泊簿(슈꾸하꾸보)」 또는 「宿泊カード(슈꾸하꾸가아도)」라고 하는데, 여관에서만은 유독 「宿帳(야또죠오)」라는 말을 쓰는 수가 있으니 참고하기 바란다.

숙박부에 기입하는 「이름」은 우리로서는 도저히 이해하기 힘든 「名前(나마에)」이고, 「女中」는 무슨 뜻인지 짐작하기 힘들 테지만, 여관이나 음식점 등에서 일하는 「하녀」를 가리키며 「죠쮸우」라고 발음한다.

出国(しゅっこく・슛꼬꾸) 출국

航空社(こうくうしゃ・고오꾸우샤)
　항공사

旅行社(りょこうしゃ・료꼬오샤)　여
　행사

国内線(こくないせん・고꾸나이셍)
　국내선

国際線(こくさいせん・고꾸사이셍)
　국제선

切符(きっぷ・깃뿌) 표, 티켓

チケット(지껫또) 티켓, 표

予め(あらかじめ・아라까지메) 미리
　발음이 힘든 단어로서 「아라까지메」
라고 한다.

予約(よやく・요야꾸) 예약

休暇シーズン(きゅうか・규우까시이
　증) 휴가시즌, 휴가철

混雑(こんざつ・곤자쓰) 혼잡

旅券(りょけん・료껭) 여권

ビザ(비자) 비자, 사증

査証(さしょう・사쇼오) 사증, 비자

手続き(てつづき・데쓰즈끼) 수속
　발음이 「데쓰즈끼」임을 새겨넣을 것

パスポート(빠스뽀오또) 패스포트, 여권

終える(おえる・오에루) 마치다, 끝내다

準備完了(じゅんびかんりょう・준비
　간료오) 준비완료

発給(はっきゅう・핫뀨우) 발급

旅客機(りょきゃくき・료갸꾸끼)　여
　객기

空港(くうこう・구우꼬오) 공항

エアポート(에아뽀오또) 에어포트, 공항

飛行場(ひこうじょう・히꼬오죠오)
　비행장

管制塔(かんせいとう・간세이또오)
　관제탑

コントロールタワー(곤또로오루다와
　아) 콘트럴타워, 관제탑

窓口(まどぐち・마도구찌) 창구, 접수
　처

受付(うけつけ・우께쓰께) 접수처
　발음이 쉽게 생각나지 않을 테지만
엉뚱하게도 「우께쓰께」이다.

カウンター(가운따아) 카운터

係り(かかり・가까리) 담당자

取消し(とりけし・도리께시) 취소
　予約した 切符を 取消す
　(예약한 표를 취소한다)

フライトナンバー(후라이또난바아)
　비행기번호

エコノミクラス(에꼬노미꾸라스) 2등석

ビジネスクラス(비지네스꾸라스)　비
　지니스클래스

両替(りょうがえ・료오가에) 환전(換銭)
　앞에서 말했듯이 「료오가에」라고
읽으며 「외국돈으로 바꾸는 것」을 뜻

한다.

韓貨(かんか · 강까) 한화

円貨(えんか · 엔까) 엔화

10対1(じゅうたいいち · 쥬우따이이찌) 10대 1

美貨(べいか · 베이까) 미화(美貨)

ドル(도루) 달러

　「ドル」라고 하면 무슨 뜻인지 생각이 안 날 테지만 미화인 「달러」를 가리킨다.

ポンド(뽄도) 파운드화

フラン(후랑) 프랑, 프랑스 · 스위스 · 벨기에의 화폐단위

替える(かえる · 가에루) 바꾸다

　韓国の 紙幣を 円貨に 替える
　(한국의 지폐를 엔화로 바꾼다)

旅行者小切手(りょこうしゃこぎって · 료꼬오샤고깃떼) 여행자수표

トラベラーズチェック(도라베라즈쳇꾸) 트러베러스체크, 여행자수표

コイン(고잉) 동전

手荷物(てにもつ · 데니모쓰) 수하물, 간단한 짐

検査(けんさ · 겐사) 검사

見送り(みおくり · 미오꾸리) 전송, 배웅

別れ(わかれ · 와까레) 이별, 헤어짐

別離(べつり · 베쓰리) 이별

名残り惜しい(なごりおしい · 나고리오시이) 헤어지기가 섭섭하다

　당연히 「나노꼬리오시이」로 생각할 테지만, 엉뚱하게 「나고리오시이」이고 헤어지는 것이 「섭섭하다」는 뜻이다.

涙ぐむ(なみだぐむ · 나미다구무) 눈물짓다

出迎え(でむかえ · 데무까에) 마중

抱擁(ほうよう · 호오요오) 포옹, 껴안음

嬉し涙(うれしなみだ · 우레시나미다) 기쁨의 눈물

ゲート(게에또) 게이트

空港バス(くうこう · 구우꼬오바스) 공항버스

タラップ(다랏뿌) 트랩

乗る(のる · 노루) 타다

搭乗(とうじょう · 도오죠오) 탑승

天気(てんき · 뎅끼) 날씨, 일기

　우리는 「날씨」를 「일기」라고 말하지만 일본어에서는 「천기(뎅기)」라고 한다. 따라서 「일기예보」 또한 「天気予報(뎅끼요호오)」가 된다.

良好(りょうこう · 료오꼬오) 양호함

上天気(じょうてんき · 죠오뎅끼) 맑게 갠 날씨, 좋은 날씨

　무슨 뜻인지 쉽게 생각나지 않을 테지만 「아주 좋은 날씨」를 가리킨다.

晴れ渡る(はれわたる · 하레와따루)

(하늘이) 활짝 개다

快晴(かいせい・가이세이) 쾌청

すがすがしい(스가스가시이) 상쾌하다, 시원하다

搭乗券(とうじょうけん・도오죠오껭) 탑승권

見せる(みせる・미세루) 보이다, 내보이다

席(せき・세끼) 자리, 좌석

座席番号(ざせきばんごう・자세끼방고오) 좌석번호

窓側(まどがわ・마도가와) 창가

窓辺(まどべ・마도베) 창가

발음이 「마도베」라는 사실에 유의할 것

窓辺の 席で 景色を 見たい

(창가의 자리에서 경치를 보고 싶다)

移りたい(うつりたい・우쓰리따이) 옮기고 싶다

荷物(にもつ・니모쓰) 짐

棚(たな・다나) 선반, 시렁

乗せる(のせる・노세루) 얹다, 싣다

座る(すわる・스와루) 앉다, 착석하다

着席(ちゃくせき・쟈꾸세끼) 착석

機長(きちょう・기쬬오) 기장

スチュワーデス(스쮸와아데스) 스튜어디스

乗務員(じょうむいん・죠오무잉) 승

무원

親切(しんせつ・신세쓰) 친절

丁寧(ていねい・데이네이) 정중함, 공손함

발음이 쉽게 떠오르지 않는 단어로서 「데이네이」가 되며 「정중하다」라는 뜻임

迎える(むかえる・무까에루) 맞이하다

ベルト(베루또) 벨트

締める(しめる・시메루) 죄다, 매다

嵌める(はめる・하메루) 끼우다, 끼다

椅子(いす・이스) 의자

シート(시이또) 시트, 좌석

倒す(たおす・다오스) 쓰러뜨리다

救命チョッキ(きゅうめい・규우메이쫏끼) 구명조끼

救命胴着(きゅうめいどうぎ・규우메이도오기) 구명조끼

締め方(しめかた・시메까따) 매는 법

ベルトの 締め方が ややこしい

(벨트를 매는 방법이 까다롭다)

習う(ならう・나라우) 익히다, 배우다

教える(おしえる・오시에루) 가르치다

毛布(もうふ・모오후) 모포, 담요

スリッパ(스릿빠) 슬리퍼

吐き袋(はきぶくろ・하끼부꾸로) 구토용의 비닐주머니

呼出しボタン(よびだし・요비다시보

111

땅) 호출보턴

トイレ(도이레) 화장실

使用中(しようちゅう・시요오쮸우) 사용중

喫煙室(きつえんしつ・기쓰엔시쓰) 흡연실

禁煙サイン(きんえん・깅엥사잉) 금연사인

飲み物(のみもの・노미모노) 마실 것, 음료

コーヒー(고오히이) 커피

ジュース(쥬우스) 쥬스

ワイン(와잉) 와인, 포도주

眠る(ねむる・네무루) 자다, 수면을 취하다

起こす(おこす・오꼬스) 깨우다

頼む(たのむ・다노무) 부탁하다

スチュワーデスに 起して くれと 頼む (스튜어디스에게 깨워달라고 부탁한다)

離陸(りりく・리리꾸) 이륙

航路(こうろ・고오로) 항로

空路(くうろ・구우로) 항공기가 지나는 길

飛行(ひこう・히꼬오) 비행

飛ぶ(とぶ・도부) 날다, 날아가다

プロペラ(뿌로뻬라) 프로펠러

エアポケット(에아뽀껫또) 에어포켓

高所恐怖症(こうしょきょうふしょう・고오쇼교오후쇼오) 고소공포증

めまい(메마이) 현기증, 어지럼증

浮腫(むくみ・무꾸미) 부기, 부종

「후쇼오」가 아닌 「무꾸미」이다.

時差(じさ・지사) 시차

適応(てきおう・데끼오오) 적응

苦しむ(くるしむ・구루시무) 고통받다, 괴로워하다

霧(きり・기리) 안개

濃霧(のうむ・노오무) 짙은 안개

暴風雨(ぼうふうう・보오후우우) 폭풍우

嵐(あらし・아라시) 폭풍우

悪天候(あくてんこう・아꾸뗀꼬오) 악천후

着陸遅延(ちゃくりくちえん・쟈꾸리꾸지엥) 착륙지연

延着(えんちゃく・엔쨔꾸) 연착

已むを得ず(やむをえず・야무오에즈) 부득이, 어쩔 수 없이

「야무오에즈」라고 읽으며 「부득이」라는 뜻이다.

已むを得ず 次の 旅客機に 乗る (부득이 다음 여객기를 탄다)

欠航(けっこう・겟꼬오) 결항

回航(かいこう・가이꼬오) 회항

寄着(きちゃく・기쨔꾸) 기착

非常着陸(ひじょうちゃくりく・히죠오자꾸리꾸) 비상착륙

不時着(ふじちゃく・후지짜꾸) 불시착

落下傘(らっかさん・랏까상) 낙하산

パラシュート(빠라슈우또) 패러슈트, 낙하산

安着(あんちゃく・안짜꾸) 안착

成田(なりた・나리따) 일본의 공항이름

新潟(にいがた・니이가따) 일본의 공항이름

ロサンゼルス(로산제루스) 로스앤젤레스

ニューヨーク(뉴우요오꾸) 뉴요크

ワシントン(와신똔) 워싱턴

ロンドン(론동) 런던

パリ(빠리) 파리

ローマ(로오마) 로마

北京(베에징) 베이징, 북경

カイロ(가이로) 카이로

ミュンヘン(뮨헨) 뮌헨

バンコック(방꼭꾸) 방콕

オッタワ(옷따와) 옷타와

サイゴン(사이공) 사이공

ホンコン(홍꽁) 홍콩(香港)

イスタンブル(이스딴부루) 이스탄블

モスコー(모스꼬오) 모스크바

国籍(こくせき・고꾸세끼) 국적

市民権(しみんけん・시밍껭) 시민권

外人(がいじん・가이징) 외국인

「外国人(가이꼬꾸징)」이라는 말을 쓰기도 하지만 흔히 「外人(가이징)」이라고 부른다.

白人(はくじん・하꾸징) 백인

黒人(こくじん・고꾸징) 흑인

東洋人(とうようじん・도오요오징) 동양인

西洋人(せいようじん・세이요오징) 서양인

韓国(かんこく・강꼬꾸) 한국

반드시 「강꼬꾸」로 발음해야지 「강고꾸」라고 하면 「감옥」이 된다.

日本(にほん・니홍) 일본

「にっぽん(닛뽕)」이라고도 발음한다.

米国(べいこく・베이꼬꾸) 미국

明日には 米国の ロサンゼルスに 着く (내일에는 미국의 로스앤젤레스에 도착한다)

アメリカ(아메리까) 미국

英国(えいこく・에이꼬꾸) 영국

イギリス(이기리스) 영국

フランス(후랑스) 프랑스

ドイツ(도이쓰) 도이치, 독일

イタリア(이따리아) 이탈리아

中国(ちゅうごく・쥬우고꾸) 중국

支那(しな・시나) 「중국」의 옛이름

カナダ(가나다) 캐나다

オランダ(오란다) 네덜란드

　「오란다」라고 하면 그 뜻이 전혀 생각나지 않을 테지만 「네덜란드」를 가리키며 한자로 「和蘭」이라고도 쓴다.

トルコ(도루꼬) 터키

　앞에서도 설명했듯이 「터키」를 그들은 「도루꼬」라고 한다. 한자로 「土耳其)라고도 쓴다.

エジプト(에지뿌또) 이집트

ギリシア(기리시아) 그리스

オーストラリア(오오스또라리아) 호주

ロシア(로시아) 러시아

スペイン(스뻬인) 스페인

　「西班牙」라고 한자로 표시하기도 한다.

タイ(다이) 타이

ベルギー(베루기이) 벨기에

メキシコ(메끼시꼬) 멕시코

ベトナム(베또나무) 베트남

アジア(아지아) 아시아

ヨーロッパ(요오롯빠) 유럽

　무슨 뜻인지 짐작하기 힘든 단어로서 「유럽」을 가리키며 「요오롯빠」라고 읽는다.

入国(にゅうこく・뉴우꼬꾸) 입국

税関(ぜいかん・제이깡) 세관

旅行鞄(りょこうかばん・료꼬오가방) 여행가방

手提げ(てさげ・데사게) 손가방

スーツケース(스우쓰게에스) 슈트케이스

トランク(도랑꾸) 트렁크

開ける(あける・아께루) 열다

ワイシャツ(와이샤쓰) 와이셔츠

靴下(くつした・구쓰시따) 양말

日用品(にちようひん・니찌요오힝) 일용품

身の廻り品(みのまわりひん・미노마와리힝) 일용품

　직역하면 「몸둘레의 물건」이 되어 결국 일상 쓰는 물건 「일용품」을 뜻한다.

おみやげ(오미야게) 선물

救急薬(きゅうきゅうやく・규우뀨우야꾸) 구급약

現金(げんきん・겡낑) 현금

訪問(ほうもん・호오몽) 방문

用件(ようけん・요오껭) 용건

用事(ようじ・요오지) 용건, 볼일

目的(もくてき・모꾸떼끼) 목적

　訪問の 目的を 問う
　(방문의 목적을 묻는다)

観光(かんこう・강꼬오) 관광

見物(けんぶつ・겐부쓰) 구경

商用(しょうよう・쇼오요오) 상용

ビジネス(비지네스) 비지니스

研修(けんしゅう・겐슈우) 연수

留学(りゅうがく・류우가꾸) 유학

取材(しゅざい・슈자이) 취재

移民(いみん・이밍) 이민

亡命(ぼうめい・보오메이) 망명

帰化(きか・기까) 귀화

職業(しょくぎょう・쇼꾸교오) 직업

学生(がくせい・가꾸세이) 학생

会社員(かいしゃいん・가이샤잉) 회
사원

商社員(しょうしゃいん・쇼오샤잉)
상사원

演芸人(えんげいじん・엥게이징) 연
예인

商人(しょうにん・쇼오닝) 상인

記者(きしゃ・기샤) 기자

母国(ぼこく・보꼬꾸) 모국

故国(ここく・고꼬꾸) 고국

僑胞(きょうほう・교오호오) 교포

同胞(どうほう・도오호오) 동포
「하라까라」라고도 읽는다.

不法滞留(ふほうたいりゅう・후호오
다이류우) 불법체류

外国語(がいこくご・가이꼬꾸고) 외
국어

日本語(にほんご・니홍고) 일본어

韓国語(かんこくご・강꼬꾸고) 한국어

英語(えいご・에이고) 영어

話せる(はなせる・하나세루) 말할 수

있다

すらすら(스라스라) 술술, 막힘없이
わたしは 日本語を すらすら 話せる
(나는 일본어를 술술 말할 수 있다)

まずい(마즈이) 서툴다, 형편이 나쁘다
「맛이 없다」라는 뜻도 되지만, 그 경
우는 대개 「不味い(마즈이)」라고 쓴다.
彼女は 日本語が まずい 方である
(그녀는 일본어가 서툰 편이다)
今日は どうも 都合が まずい
(오늘은 아무래도 형편이 나쁘다)

わからない(와까라나이) 모른다
「知らない(시라나이)」 역시 같다.

親類(しんるい・신루이) 친척

親戚(しんせき・신세끼) 친척

友達(ともだち・도모다찌) 친구
처음에는 발음이 쉽게 떠오르지 않
을 것이나 「도모다찌」이고 「친구」를
뜻한다.

宿所(しゅくしょ・슈꾸쇼) 숙소

決める(きめる・기메루) 정하다

泊まる(とまる・도마루) 묵다

滞在(たいざい・다이자이) 체재

予定(よてい・요떼이) 예정

予防接種(よぼうせっしゅ・요보오셋
슈) 예방접종

証明書(しょうめいしょ・쇼오메이쇼)
증명서

健康診断書(けんこうしんだんしょ・겡꼬오신단쇼) 건강진단서

通過(つうか・쓰우까) 통과

荷札(にふだ・니후다) 꼬리표

受取り証(うけとりしょう・우께또리쇼오) 영수증

赤帽(あかぼう・아까보오) 짐꾼, 포터

乗り場(のりば・노리바) 정류장, 승강장

運ぶ(はこぶ・하꼬부) 나르다, 운반하다
　발음이 쉽게 생각나지 않는 단어로서 「하꼬부」라고 한다.

リムジン(리무진) 리무진

乗る(のる・노루) 타다

忘れ物(わすれもの・와스레모노) 분실물

紛失(ふんしつ・훈시쓰) 분실

財布(さいふ・사이후) 지갑

落とす(おとす・오또스) 떨어뜨리다, 분실하다
　(높은 곳에서) 「떨어뜨리다」라는 뜻과 물건 따위를 「잃어버리다」라는 뜻이 있다.

すられる(스라레루) 소매치기당하다

盗難(とうなん・도오낭) 도난

盗まれる(ぬすまれる・누스마레루) 도난당하다

大使館(たいしかん・다이시깡) 대사관

届出(とどけいで・도도께이데) 계출, 신고

ホテル(호떼루) 호텔

モーテル(모오떼루) 모텔

ユースホステル(유우스호스떼루) 청소년을 위한 간편한 숙박시설

旅館(りょかん・료깡) 여관

宿屋(やどや・야도야) 여관

上常(じょうやど・죠오야도) 고급여관

旅籠屋(はたごや・하따고야) 여인숙
　발음이 「하따고야」임을 새겨넣을 것

木賃宿(きちんやど・기찡야도) 값싼 여인숙

民泊(みんぱく・민바꾸) 민박

寝泊り(ねどまり・네도마리) 숙박, 기숙

予約(よやく・요야꾸) 예약

確認(かくにん・가꾸닝) 확인

フロント(후론또) 프런트, 호텔・여관의 계산대

受付(うけつけ・우께쓰께) 카운터, 접수처

帳場(ちょうば・죠오바) 특히 여관의 카운터, 계산대

部屋(へや・헤야) 방

ルーム(루우무) 방

客室(きゃくしつ・갸꾸시쓰) 객실

洋室(ようしつ・요오시쓰) 양실

和室(わしつ・와시쓰) 화실, 일본식방

泊る(とまる・도마루) 묵다, 숙박하다

宿泊(しゅくはく・슈꾸하꾸) 숙박

投宿(とうしゅく・도오슈꾸) 투숙

逗留(とうりゅう・도오류우) 체류, 체재

一泊(いっぱく・잇빠꾸) 1박

二泊(にはく・니하꾸) 2박

三泊(さんぱく・산바꾸) 3박

滞在(たいざい・다이자이) 체재, 묵다

予定(よてい・요떼이) 예정

つもり(쓰모리) 작정, 예정
   その ホテルに 3泊する つもりです
   (그 호텔에 3박할 작정입니다)

空く(あく・아꾸) 비다

空室(くうしつ・구우시쓰) 빈 방

あいにく(아이니꾸) 하필이면

団体客(だんたいきゃく・단따이갸꾸)
   단체객

ふさがる(후사가루) 가득 차다, 막히다
   団体客の ため 客室が みな ふさがる
   (단체객 때문에 객실이 모두 꽉 찬다)

満員(まんいん・망잉) 만원

しょうがない(시요오가나이) 도리가
   없다, 방법이 없다, 어쩔 수 없다
   한자로 「仕様が ない(시요오가 나
   이)」라고도 쓰며 「어쩔 도리가 없다」
   라는 뜻이다.

そのまま(소노마마) 그대로

出る(でる・데루) 나오다

シングルルーム(싱구루루우무) 싱글룸

ツインルーム(쓰인루우무) 트윈룸

ダブルルーム(다부루루우무) 더블룸

一人部屋(ひとりべや・히또리베야) 1
   인용방

二人部屋(ふたりべや・후따리베야) 2
   인용방

疲れる(つかれる・쓰까레루) 지치다

静かな(しずかな・시즈까나) 조용한

離れ(はなれ・하나레) 별채, 떨어진 방

欲しい(ほしい・호시이) 필요하다, 하
   고 싶다

好ましい(このましい・고노마시이)
   바람직하다

料金(りょうきん・료오낑) 요금

部屋代(へやだい・헤야다이) 방값, 숙
   박비

宿泊料(しゅくはくりょう・슈꾸하꾸
   료오) 숙박비

旅館代(りょかんだい・료깡다이) 여
   관비

宿賃(やどちん・야도찡) 여관비, 숙박비

バス付き(つき・바스쓰끼) 욕실이 딸린

朝食付き(ちょうしょくつき・죠오쇼
   꾸쓰끼) 조반이 딸린

確める(たしかめる・다시까메루) 확
   인하다

チェックイン(쳇꾸인) 체크인

貴重品(きちょうひん・기쬬오힝) 귀

중품

預ける(あずける・아즈께루) 맡기다, 보관시키다

宿泊カード(しゅくはく・슈꾸하꾸가아도) 숙박카드

宿泊簿(しゅくはくぼ・슈꾸하꾸보) 숙박부

宿帳(やどちょう・야도쬬오) 숙박부

발음이 「야도쬬오」이고 여관의 「숙박부」를 가리킨다.

名前(なまえ・나마에) 이름

발음은 「나마에」이고 엉뚱하게도 「이름」, 즉 「네임」이다.

行く先(ゆくさき・유꾸사끼) 행선지

記す(しるす・시루스) 적다, 기입하다

ロビー(로비이) 호텔의 휴게실

ラウンジ(라운지) 호텔의 사교실・휴게실

面会(めんかい・멩까이) 면회

マネージャ(마네에쟈) 매니저, 지배인

ドアマン(도아망) 도어맨

ボーイ(보오이) 보이

メード(메에도) 메이드

女中(じょちゅう・죠쮸우) 여관・음식점 등의 여종업원

발음은 「죠쮸우」이고 여관이나 음식점에서 일하는 「여종업원」을 가리킨다.

おやじさん(오야지상) 여관이나 음식점 등의 「남자주인」

女主人(おんなしゅじん・온나슈징) 여주인

おかみさん(오까미상) 아주머니, 여관이나 상점의 「주인아주머니」

そこの おかみさんは 愛想が よい (그곳 주인아주머니는 상냥하다)

案内(あんない・안나이) 안내

受ける(うける・우께루) 받다

2階(にかい・니까이) 2층

8階(はっかい・핫까이) 8층

登る(のぼる・노보루) 오르다, 올라가다

上がる(あがる・아가루) 올라가다

入室(にゅうしつ・뉴우시쓰) 입실

道具(どうぐ・도오구) 도구

使い方(つかいかた・쓰까이까따) 사용법

説明(せつめい・세쓰메이) 설명

聞く(きく・기꾸) 듣다, 묻다

チップ(짓뿌) 팁, 수고료

手当て(てあて・데아떼) 팁, 수당

「팁」이라는 뜻과 월급 외에 주는 「보너스」 성격의 「수당」이라는 뜻이 있다.

まごつく(마고쓰꾸) 어리둥절하다, 당황하다

チップの ため まごつく 場合が 多い (팁 때문에 당황하는 경우가 많다)

ドア(도아) 도어

鍵(かぎ・가기) 열쇠, 키이

キー(기이) 키이, 열쇠

マスターキー(마스따기이) 마스터키이

開ける(あける・아께루) 열다

閉める(しめる・시메루) 닫다

自動装置(じどうそうち・지도오소오찌) 자동장치

置き忘れる(おきわすれる・오끼와스레루) 잊어버리고 두고 오다

お手洗い(おてあらい・오떼아라이) 화장실

トイレ(도이레) 토일렛, 화장실

便所(べんじょ・벤죠) 변소, 화장실

風呂場(ふろば・후로바) 욕실

浴室(よくしつ・요꾸시쓰) 욕실

バスルーム(바스루우무) 욕실

シャワー(샤와아) 샤워

カーテン(가아뗑) 커튼

裾(すそ・스소) 자락, 옷단

入れる(いれる・이레루) 넣다

浴槽(よくそう・요꾸소오) 욕조

廊下(ろうか・로오까) 복도

非常口(ひじょうぐち・히죠오구찌) 비상구

食堂(しょくどう・쇼꾸도오) 식당

コーヒーショップ(고오히숏뿌) 커피숍

ナイトクラブ(나이또구라부) 나이트 클럽

食事(しょくじ・쇼꾸지) 식사

洋食(ようしょく・요오쇼꾸) 양식

注文(ちゅうもん・쥬우몽) 주문

オーダー(오오다아) 오더, 주문

持って来させる(もってこさせる・못떼고사세루) 가져오게 하다

早朝(そうちょう・소오쬬오) 조조, 이른아침

起きたい(おきたい・오끼따이) 일어나고 싶다

外出(がいしゅつ・가이슈쓰) 외출

出かける(でかける・데까께루) 나서다

パンフレット(빵후렛또) 팸플릿

持参(じさん・지상) 지참

戻る(もどる・모도루) 돌아오다

メッセージ(멧세에지) 메시지

伝言(でんごん・뎅공) 전갈, 전하는 말
フロントに 行って 伝言が 無いかを 聞く (프런트로 가서 전갈이 없었는지를 묻는다)

ルームサービス(루우무사아비스) 룸서비스

呼び出す(よびだす・요비다스) 불러내다

暖房(だんぼう・단보오) 난방

エアコン(에아꽁) 에어컨

きかない(기까나이) 듣지 않는다, 작동

하지 않는다

결국 「말을 듣지 않는다」라는 뜻으로서 기능이 제대로 발휘되지 못할 때 쓰인다.

暖房が きかなくて 寒い 夜を 過した (난방이 듣지 않아 추운 밤을 보냈다)

暑い(あつい・아쓰이) 덥다

寒い(さむい・사무이) 춥다

水道(すいどう・스이도오) 수도

故障(こしょう・고쇼오) 고장

湯(ゆ・유) 뜨거운 물

出ない(でない・데나이) 안 나온다

手拭い(てぬぐい・데누구이) 수건

バスタオル(바스다오루) 바스타월

汚ない(きたない・기따나이) 더럽다, 지저분하다

取換え(とりかえ・도리까에) 교환, 새것으로 바꾸다

ルームサービスに 手拭いを 取換えさせた (룸서비스에게 수건을 교환케 했다)

スリッパ(스릿빠) 슬리퍼

不足(ふそく・후소꾸) 부족

交換手(こうかんしゅ・고오깡슈) 교환양

国際電話(こくさいでんわ・고꾸사이 뎅와) 국제전화

かけたい(가께따이) 걸고 싶다

相手払い(あいてばらい・아이떼바라이) 수신자부담

직역하면 「상대방지불」이지만 여기에서는 「수신자부담」이라는 뜻이다.

かける(가께루) 걸다, 채우다

家庭的(かていてき・가떼이떼끼) 가정적

雰囲気(ふんいき・훙이끼) 분위기

朝飯(あさめし・아사메시) 조반, 아침밥

頂く(いただく・이따다꾸) 먹다, 들다

「食べる(먹다)」의 공손한 말이다.

洗濯(せんたく・센따꾸) 세탁

クリーニング(구리이닝구) 크리닝

アイロン(아이롱) 아이론, 다리미

頼む(たのむ・다노무) 부탁하다

チェックアウト(쳇꾸아우또) 체크아웃

支払い(しはらい・시하라이) 지불

勘定書(かんじょうがき・간죠오가끼) 계산서

現金(げんきん・겡낑) 현금

カード(가아도) 카드

払う(はらう・하라우) 지불하다

이번에는 우리 현대인들의 생활과 떼어놓을 수 없는 「관광」과 「오락」, 즉 「레크리에이션」에 대한 단어를 배워보기로 하자.

「観光」은 「강꼬오」라고 발음하면 무난하며, 「ツアー」는 「단기여행」인 「투어」를 가리키는데 그들은 ㅌ발음이 불가능하기 때문에 「쓰아」라고 밖에 표현할 길이 없는 것이다.

흔히 「기분풀이」, 요즘말로 스트레스 해소를 위해 관광을 택하게 마련이거니와, 이 「기분풀이」를 그들은 「気晴らし(기바라시)」라고 말하고 있다. 글자 그대로 「기분을 맑게 하다」, 즉 「기분전환」이라는 뜻이다.

관광여행코스에는 여러 종류가 있거니와, 그 중에서 「당일치기코스」는 「日帰リコース(히가에리고오스)」, 「반나절코스」는 「半日コース(한니찌고오스)」라고 한다.

「本場」는 이미 배웠듯이 「본고장」을 가리키고 「혼바」라고 읽으며, 「見晴らし(미하라시)」는 무슨 뜻인지 쉽게 이해가 안 될 테지만, 사물의 「전망(展望)」을 가리킨다.

「素敵」 또한 이해하기 힘든 단어로서 「아주 근사하다」, 「멋지다」라는 뜻이며 「스떼끼」라고 읽는데, 영어의 「원더풀」이 이 단어의 이미지에 딱 맞는다. 「わあ、素敵だ!(와아 스떼끼다)」는 「아아, 원더풀!」이다.

「芝居」야말로 지극히 생소한 단어인데 일본의 「신파극」을 가리키며 「시바이」라고 하며, 「封切(후우기리)」는 영화의 개봉(開封), 즉 처음으로 상영하는 것을 말한다.

「役者」 또한 매우 까다로운 단어인데 「배우」를 가리키며 「야꾸샤」라고 읽는다. 「俳優(하이유우)」라는 단어가 있는데도 그들은 즐겨 이 「役者」를 쓰고 있다. 「流行りっ子(하야릿꼬)」는 「流行り」가 이미 배웠듯이 「유행」이고 직역하면 「유행아」가 되어 결국 「인기스타」를 지목하게 되었다.

연예인들에게 흔한 「스캔들」은 「スキャンダル(스깐다루)」이고 「のど自慢(노도지망)」은 직역하면 「목자랑」이 되지만 「노래자랑」을 가리키며, 「十八番(쥬우하찌방)」 또한 생소한 단어로서 그 사람의 가장 뛰어난 「장기(長技)」를 뜻한다.

이밖에도 발음이나 뜻이 까다로운 단어가 제법 있으니 하나 하나 제대로 새겨넣도록 하자.

観光(かんこう・강꼬오) 관광

ツアー(쓰아) 투어, 단기여행

レクリエーション(레꾸리에에숀) 레크
리에이션, 피로를 휴양이나 오락으로
푸는 것

レジャー(레쟈아) 레저, 여가를 이용한
휴식이나 행락

趣味(しゅみ・슈미) 취미

休息(きゅうそく・큐우소꾸) 휴식

暇つぶし(ひまつぶし・히마쓰부시)
심심풀이

　　직역하면 「여가뭉개기」가 되지만
「여가를 보내다」로서 결국 「심심풀이」
가 된다.

気晴らし(きばらし・기바라시) 기분
풀이

　　「마음을 맑게 하다」 결국 「기분풀
이」라는 뜻이다.

余暇(よか・요까) 여가

楽しむ(たのしむ・다노시무) 즐기다

　　勤務の 余暇に ボーリングを 楽しむ
　　(근무의 여가에 볼링을 즐긴다)

善用(ぜんよう・젱요오) 선용

享楽(きょうらく・교오라꾸) 향락

エンジョイ(엔죠이) 즐김, 향락

観光バス(かんこう・강꼬오바스) 관
광버스

観光列車(かんこうれっしゃ・강꼬오
렛샤) 관광열차

観光客(かんこうきゃく・강꼬오갸꾸)
관광객

観光コース(かんこう・강꼬오고오스)
관광코스

旅行社(りょこうしゃ・료꼬오샤) 여
행사

案内所(あんないしょ・안나이쇼) 안
내소

パンフレット(빵후렛또) 팜플렛

ベデカー(베데까아) 베데커, 여행안내서

案内地図(あんないちず・안나이지즈)
안내지도

団体観光(だんたいかんこう・단따이
강꼬오) 단체관광

孝行観光(こうこうかんこう・고오꼬
오강꼬오) 효도관광

一人旅(ひとりたび・히또리다비) 혼
자 떠나는 여행

予約(よやく・요야꾸) 예약

申込み(もうしこみ・모오시꼬미) 신청

種類(しゅるい・슈루이) 종류

　　발음이 「슈루이」라는 사실을 새겨
넣을 것

半日コース(はんにち・한니찌고오스)
반나절코스

日帰りコース(ひがえり・히가에리고
오스) 당일치기코스

앞에서 말했듯이 「당일로 돌아오는 코스」를 말한다.

一泊コース(いっぱく・잇빠꾸고오스) 일박코스

二泊三日コース(にはくさんにち・니하꾸산니찌고오스) 2박 3일 코스

料金(りょうきん・료오낑) 요금

費用(ひよう・히요오) 비용

高い(たかい・다까이) 비싸다, 높다

安い(やすい・야스이) 싸다

程よい(ほどよい・호도요이) 알맞다, 마치맞다

　コースは 程よい 方である
　(코스는 마치 맞는 편이다)

予算不足(よさんふそく・요상후소꾸) 예산부족

朝食付き(ちょうしょくつき・죠오쇼꾸쓰끼) 조반이 딸린

　앞의 「숙박」 항목에서 배웠듯이 「조반이 딸린」이라는 뜻이다.

昼食付き(ちゅうしょくつき・쥬우쇼꾸쓰끼) 점심이 딸린

自由時間(じゆうじかん・지유우지깡) 자유시간

楽しめる(たのしめる・다노시메루) 즐길 수 있다

散歩(さんぽ・산뽀) 산책

ショッピング(숏삥구) 쇼핑

できる(데끼루) 할 수 있다, 가능하다

できない(데끼나이) 못한다, 불가능하다

荷物(にもつ・니모쓰) 짐

スーツケース(스우쓰게에스) 슈트케이스, 여행가방

色眼鏡(いろめがね・이로메가네) 색안경

サングラス(상구라스) 선글라스, 색안경

用意(ようい・요오이) 준비

　앞에서 배웠듯이 「준비」라는 뜻이며 「支度(시따꾸)」라고도 한다.

　出発前に 抜け目なく 用意を する
　(출발 전에 빈틈없이 준비를 한다)

集まる(あつまる・아쓰마루) 모이다

出かける(でかける・데까께루) 떠나다, 출발하다

発つ(たつ・다쓰) 떠나다, 출발하다

出発(しゅっぱつ・슛빠쓰) 출발

着く(つく・쓰꾸) 닿다, 도착하다

到着(とうちゃく・도오쨔꾸) 도착

ホテル(호떼루) 호텔

旅館(りょかん・료깡) 여관

泊る(とまる・도마루) 묵다, 투숙하다

滞在(たいざい・다이자이) 체재, 묵음

ガイド(가이도) 가이드, 안내원

通訳(つうやく・쓰우야꾸) 통역

案内員(あんないいん・안나이잉) 안내원

引率(いんそつ・인소쓰) 인솔
　　발음이 「인리쓰」가 아닌 「인소쓰」
가 된다.
率いる(ひきいる・히끼이루)　거느리
　　다, 인솔하다
日本語(にほんご・니홍고) 일본어
英語(えいご・에이고) 영어
フランス語(후란스고) 프랑스어
支那語(しなご・시나고) 중국어
ドイツ語(도이쓰고) 도이치어
話せない(はなせない・하나세나이)
　　말하지 못하다
未熟(みじゅく・미쥬꾸) 미숙
発音(はつおん・하쓰옹) 발음
むつかしい(무쓰까시이) 어렵다, 힘들다
帰る(かえる・가에루) 돌아오다
帰り(かえり・가에리) 돌아감, 귀로
　　(帰路)
戻る(もどる・모도루) 되돌아오다
　　午前中には 戻る ことが できる
　　(오전중에는 되돌아올 수 있다)
迎え(むかえ・무까에) 마중
一回り(ひとまわり・히또마와리)　일
　　주, 한 바퀴 돌다
一周(いっしゅう・잇슈우) 일주
名所(めいしょ・메이쇼) 명소
名勝地(めいしょうち・메이쇼오찌)
　　명승지

名高い(なだかい・나다까이) 유명하다
　　そこは 海苔で 名高い 所である
　　(그곳은 김으로 유명한 곳이다)
名代(なだい・나다이) 유명
　　「메이다이」가 아닌 「나다이」이며
「유명하다」라는 뜻이다.
名物(めいぶつ・메이부쓰) 명물
土産品(どさんひん・도상힝) 토산품
本場(ほんば・혼바) 본고장
　　「혼바」라고 읽으며 「본고장」이라
는 뜻이다.
珍しい(めずらしい・메즈라시이)　진
　　귀하다, 보기드물다
見物人(けんぶつにん・겐부쓰닝)　구
　　경꾼
いっぱい(잇빠이) 가득 참
見る(みる・미루) 보다
眺める(ながめる・나가메루) 바라보다
　　발음이 쉽게 생각나지 않는 단어로
서 「나가메루」라고 읽는다.
見渡す(みわたす・미와따스)　둘러보
　　다, 멀리 바라보다
　　山に 登って 市街を 見渡す
　　(산에 올라 시가를 둘러본다)
見物(けんぶつ・겐부쓰) 구경
物見(ものみ・모노미) 구경
景色(けしき・게시끼) 경치
光景(こうけい・고오께이) 광경

風景(ふうけい・후우께이) 풍경

風情(ふぜい・후제이) 풍치, 운치

당연히 「후우죠오」라고 생각할 테지만 엉뚱하게 「후제이」가 된다.

佳景(かけい・가께이) 가경, 기막힌 풍경

絶景(ぜっけい・젯께이) 절경, 기막힌 풍경

眺め(ながめ・나가메) 조망(眺望), 바라보는 경치

見晴らし(みはらし・미하라시) 전망(展望)

眺望(ちょうぼう・죠오보오) 조망

展望(てんぼう・덴보오) 전망

美観(びかん・비깡) 미관

すばらしい(스바라시이) 기막히다, 멋지다

その 海景色は 実に すばらしい

(그 바다경치는 참으로 기막히다)

素敵(すてき・스떼끼) 아주 멋있음, 기막힘

발음은 「스떼끼」이고 「아주 근사하다」라는 뜻이다.

恍惚(こうこつ・고오꼬쓰) 황홀

うっとり(웃또리) 매우 황홀한 모양

恋人の 顔を うっとりと 眺める

(애인의 얼굴을 넋을 잃고 바라본다)

嘆声(たんせい・단세이) 탄성

見惚れる(みとれる・미또레루) 황홀해져서 바라보다

「미호레루」로 알기 십상이지만 「미또레루」라고 읽는다.

満喫(まんきつ・망끼쓰) 만끽

印象的(いんしょうてき・인쇼오떼끼) 인상적

遺跡(いせき・이세끼) 유적

遺物(いぶつ・이부쓰) 유물

鑑賞(かんしょう・간쇼오) 감상

タワー(다와아) 타워, 탑(搭)

展望台(てんぼうだい・덴보오다이) 전망대

古都(こと・고또) 고도, 옛도읍지

寺(てら・데라) 절, 사찰

寺院(じいん・지잉) 사원, 절

大仏(だいぶつ・다이부쓰) 대불, 큰 불상

城(しろ・시로) 성

한 자일 때는 「시로」이고 「城」이 뒤에 붙을 때는 「죠오」라고 발음한다.

宮城(きゅうじょう・규우죠오) 궁성

大阪城(おおさかじょう・오오사까죠오) 오오사까성

名古屋城(なごやじょう・나고야죠오) 나고야성

火山(かざん・가장) 화산

「ざん」은 「장」이 아닌 Z발음의 「장」

이다.

温泉(おんせん・온셍) 온천

漬かる(つかる・쓰까루) 잠기다

「浸る(히따루)」라고도 한다.

ゆったりと した 気分で 温泉に 漬か
る (느긋한 기분으로 온천에 잠긴다)

温泉浴(おんせんよく・온셍요꾸) 온
천욕

滝(たき・다끼) 폭포

富士山(ふじさん・후지상) 후지산

ケーブルカー(게에부루까아) 케이블카

吊橋(つりばし・쓰리바시) 매단 다리

恐る恐る(おそるおそる・오소루오소
루) 겁을 잔뜩 먹으면서, 쭈빗쭈빗

渡る(わたる・와따루) 건너다, 건너가다

紅葉(もみじ・모미지) 단풍

「고오요오」라고 하는 수도 있지만,
통상 「모미지」로 발음한다.

鮮やか(あざやか・아자야까) 산뜻함,
또렷함

海(うみ・우미) 바다

バカンス(바깐스) 바캉스

避暑(ひしょ・히쇼) 피서

人波(ひとなみ・히또나미) 인파

「닌빠」 또는 「진빠」라고 생각할 테
지만 「히또나미」가 된다.

水着(みずぎ・미즈기) 수영복

직역하면 「물옷」이 되어 결국 「수

영복」이라는 뜻이 된다.

ビキニ姿(すがた・비끼니스가따) 비
키니차림

海水浴(かいすいよく・가이스이요꾸)
해수욕

水泳ぎ(みずおよぎ・미즈오요기) 수
영, 헤엄

日光浴(にっこうよく・닛꼬오요꾸)
일광욕

紫外線(しがいせん・시가이셍) 자외선

遮断(しゃだん・샤당) 차단

遮る(さえぎる・사에기루) 가리다, 차
단하다

博物館(はくぶつかん・하꾸부쓰깡)
박물관

美術館(びじゅつかん・비쥬쓰깡) 미
술관

国宝級(こくほうきゅう・고꾸호오뀨
우) 국보급

植物園(しょくぶつえん・쇼꾸부쓰엥)
식물원

動物園(どうぶつえん・도오부쓰엥)
동물원

水族館(すいぞくかん・스이조꾸깡)
수족관

免税店(めんぜいてん・멘제이뗑) 면
세점

特産品(とくさんひん・도꾸상힝) 특

산품

**観光商品(かんこうしょうひん・강꼬
오쇼오힝)** 관광상품

販売(はんばい・한바이) 판매

遠足(えんそく・엔소꾸) 소풍, 원족

　무슨 뜻의 단어인지 짐작하기 힘들
테지만 「소풍」을 가리킨다.

ハイキング(하이낑구) 하이킹

ハイカー(하이까아) 하이킹을 하는 사람

ピクニック(삐꾸닛꾸) 피크닉

民泊(みんぱく・민바꾸) 민박

もてなす(모떼나스) 융숭히 대접하다

コンド(곤도) 콘도

キャンプ(걍뿌) 캠프

テント(덴또) 텐트, 천막

天幕(てんまく・덴마꾸) 천막

張る(はる・하루) 치다, 펴다

　湖の ほとりに テントを 張る
　(호숫가에 텐트를 친다)

登山(とざん・도장) 등산

登る(のぼる・노보루) 오르다, 올라가다

下る(くだる・구다루) 내려가다

ピッケル(삗께루) 피켈, 등산용 지팡이

頂上(ちょうじょう・죠오죠오) 정상

挑戦(ちょうせん・죠오셍) 도전

征服(せいふく・세이후꾸) 정복

満足感(まんぞくかん・만조꾸깡) 만
족감

港(みなと・미나또) 항구

港湾(こうわん・고오왕) 항만

波止場(はとば・하또바) 부두, 선창

　「하시죠오」도, 「하또죠오」도 아닌 「하
또바」라고 읽는다.

渡し場(わたしば・와따시바) 나루터,
도선장

桟橋(さんばし・산바시) 선창, 부두

渡し舟(わたしぶね・와따시부네) 나
룻배

ボート(보오또) 보트

遊覧船(ゆうらんせん・유우란셍) 유
람선

汽船(きせん・기셍) 기선

ゴンドラ(곤도라) 곤돌라, 이탈리아의
명물인 작은 배

丸木舟(まるきぶね・마루끼부네) 통
나무배

ジャンク(장꾸) 정크, 중국의 범선(帆船)

一隻(いっせき・잇세끼) 한 척

浮ぶ(うかぶ・우까부) 뜨다, 떠오르다

ドック(돗꾸) 도크, 선거(船渠)

錨(いかり・이까리) 닻, 앵커

アンカー(앙까아) 앵커, 닻

マスト(마스또) 마스트, 돛대

甲板(かんぱん・간빵) 갑판, 데키

　「간방」이라고 생각할 테지만 「간빵」
이라고 읽는다.

デッキ(뎃끼) 데키, 갑판
船室(せんしつ・센시쓰) 선실
ケビン(게빙) 케빈, 선실
乗船(じょうせん・죠오셍) 승선
一等室(いっとうしつ・잇또오시쓰) 1
　등실
船賃(ふなちん・후나찡) 배삯, 선임
船長(せんちょう・센쬬오) 선장
船頭(せんどう・센도오) 뱃사공
　「센또오」가 아닌 「센도오」라는 사
실에 유의할 것
船員(せんいん・셍잉) 선원, 뱃사람
船乗り(ふなのり・후나노리) 선원, 뱃
　사람
マドロス(마도로스) 마도로스
入港(にゅうこう・뉴우꼬오) 입항
寄港(きこう・기꼬오) 기항
停泊(ていはく・데이하꾸) 정박
就港(しゅうこう・슈우꼬오) 취항
出港(しゅっこう・슛꼬오) 출항
出帆(しゅっぱん・슛빵) 출범
どら(도라) 뱃고동
鳴る(なる・나루) 울리다
船路(ふなじ・후나지) 뱃길
波(なみ・나미) 물결, 파도
波涛(はとう・하또오) 파도
揺れる(ゆれる・유레루) 흔들리다
船酔い(ふなよい・후나요이) 뱃멀미

吐き袋(はきぶくろ・하끼부꾸로) 구
　토주머니
陸(りく・리꾸) 뭍, 육지
陸地(りくち・리꾸찌) 육지
島(しま・시마) 섬
上陸(じょうりく・죠오리꾸) 상륙
写真(しゃしん・샤싱) 사진
カメラ(가메라) 카메라
撮す(うつす・우쓰스) 찍다, 촬영하다
記念撮影(きねんさつえい・기넹사쓰
　에이) 기념촬영
プラッシュ(뿌랏슈) 플래시, 사진의 섬광
エングル(엥구루) 앵글, 각도
取る(とる・도루) 취하다
ピント(삔또) 핀트, 렌즈의 초점
合わせる(あわせる・아와세루) 맞추다
シャッター(샷따아) 셔터
押す(おす・오스) 누르다, 밀다
フィルム(휘루무) 필름
変える(かえる・가에루) 바꾸다
撮影禁止区域(さつえいきんしくい
　き・사쓰에이긴시구이끼) 촬영금지
구역
娯楽(ごらく・고라꾸) 오락
芸能(げいのう・게이노오) 예능
演芸界(えんげいかい・엥게이까이)
　연예계
マスコミ(마스꼬미) 매스컴

「マスコミュニケーション」의 준말로서 그들은 「마스꼬미」라고 한다.

　マスコミの 使命は だんだん 重くなる (매스컴의 사명은 점점 무거워진다)

新聞(しんぶん・신붕) 신문

放送(ほうそう・호오소오) 방송

テレビ(데레비) 텔레비전, TV

ラジオ(라지오) 라디오

緑画(ろくが・로꾸가) 녹화

緑音(ろくおん・로꾸옹) 녹음

映画(えいが・에이가) 영화

シネマ(시네마) 시네마, 영화

ムービ(무우비) 무비, 영화

ビデオ(비데오) 비디오

ビデオアート(비데오아아또) 비디오아트

劇(げき・게끼) 극, 연극

演劇(えんげき・엥게끼) 연극

芝居(しばい・시바이) 신파극

　발음도 뜻도 모두 생소한 단어로서 「시바이」라고 하며 일본의 「신파극」을 뜻한다.

映画館(えいがかん・에이가깡) 영화관

　우리는 영화를 상영하는 곳이건 연극을 하는 곳이건 「극장」이라고 하지만 그들은 영화를 상영하는 곳은 「映画館(에이가깡)」이라고 구별하고 있다.

劇場(げきじょう・게끼죠오) 극장

邦画(ほうが・호오가) 방화, 국산영화

外画(がいが・가이가) 외화

ハリウッド(하리웃도) 헐리우드

興行(こうぎょう・고오교오) 흥행

プロモーター(뿌로모오따) 프로모터, 흥행사

ロングラン(롱구란) 롱런, 영화・연극 등의 장기간 흥행

　その 映画は 半年間の ロングランに 成功した (그 영화는 반년간의 롱런에 성공했다)

上映(じょうえい・죠오에이) 상영

封切り(ふうきり・후우끼리) 개봉

　앞에서 말했듯이 「새로 개봉한다」는 뜻이며 「후우끼리」이다.

上演(じょうえん・죠오엥) 상연

番組(ばんぐみ・방구미) 연예・방송 등의 프로그램

　이 단어 또한 뜻을 헤아리기가 힘든데, 「프로그램」을 가리키며 「방구미」라고 읽는다.

プログラム(뿌로구라무) 프로그램

予告編(よこくへん・요꼬꾸헹) 예고편

銀幕(ぎんまく・긴마꾸) 은막, 스크린

スクリーン(스꾸린) 스크린, 은막

大型画面(おおがたがめん・오오가따가멩) 대형화면

迫進感(はくしんかん・하꾸싱깡) 박진감

溢れる(あふれる・아후레루) 넘치다

場面(ばめん・바멩) 장면, 신

당연히 「죠오멩」으로 생각할 테지만 엉뚱하게도 「바멩」이다.

シーン(신) 신, 장면

ファーストシーン(화아스또신) 퍼스트신

ラストシーン(라스또신) 라스트신

ラストシーンが 感動的な 映画である (라스트신이 감동적인 영화이다)

オーバラップ(오오바랏뿌) 오버랩, 한 화면 위에 다른 화면이 겹쳐지면서 먼저 화면이 차츰 사라지는 촬영법

ヌーベルバーグ(누우베루바구) 누벨버그, 전위영화의 하나의 새로운 시도

旗手(きしゅ・기슈) 기수

入場料(にゅうじょうりょう・뉴우죠오료오) 입장료

切符(きっぷ・깃뿌) 표, 티켓

切符代(きっぷだい・깃뿌다이) 표값

前売り(まえうり・마에우리) 예매

入場券(にゅうじょうけん・뉴우죠오껭) 입장권

招待券(しょうたいけん・쇼오따이껭) 초대권

売切れ(うりきれ・우리끼레) 매절

満員(まんいん・망잉) 만원

木戸(きど・기도) 매표구, 홍행장의 출입구

발음과 뜻이 모두 생소한 단어로서 「기도」라고 하며 「홍행장 출입구」를 가리킨다.

座席(ざせき・자세끼) 좌석

指定席(していせき・시떼이세끼) 지정석

ナンバー(난바아) 넘버, 번호

立席(りっせき・릿세끼) 입석

観劇(かんげき・강게끼) 관극

鑑賞(かんしょう・간쇼오) 감상

楽屋(がくや・가꾸야) 무대 뒤, 분장실

발음이 「가꾸야」임을 새겨넣을 것

扮装(ふんそう・훈소오) 분장

舞台(ぶたい・부따이) 무대

ステージ(스떼에지) 스테이지, 무대

演壇(えんだん・엔당) 연단

シナリオ(시나리오) 시나리오

脚本(きゃくほん・가꾸홍) 각본

台本(だいほん・다이홍) 대본, 콘티

コンティ(곤띠) 콘티뉴어티의 준말로서 「대본」을 가리킨다.

監督(かんとく・간또꾸) 감독

「간또꾸」라고 해야지 「간도꾸」라고 하면 뜻이 전혀 통하지 않는다.

プロデューサー(뿌로쥬우사) 프로듀서

マネージャ(마네에쟈) 매니저

プロダクション(뿌로다꾸숀) 프로덕션, 영화제작사

制作費(せいさくひ・세이사꾸히) 제작비

野心作(やしんさく・야싱사꾸) 야심작

俳優(はいゆう・하이유우) 배우

役者(やくしゃ・야꾸샤) 배우

　한자풀이만으로는 뜻을 헤아리기 힘든 단어로서 「배우」를 가리킨다.

花形(はながた・하나가따) 인기배우, 스타

　원래의 뜻은 「꽃모양」이지만 「인기 스타」를 지칭하는 말이다.

スター(스따아) 스타

流行りっ子(はやりっこ・하야릿꼬) 인기스타

　彼女は CF界の 流行りっ子である
　(그녀는 CF계의 인기스타이다)

タレント(다렌또) 탤런트

スタッフ(스땃후) 스텝, 제작담당자

撮影(さつえい・사쓰에이) 촬영

照明(しょうめい・쇼오메이) 조명

技師(ぎし・기시) 기사

配役(はいやく・하이야꾸) 배역

キャスト(갸스또) 캐스트, 배역

キャスティング(갸스띵구) 캐스팅, 배역을 맡다

オールスターキャスト(오오루스따아 가스또) 올스타캐스트, 인기배우 총출연

名コンビ(めい・메이꼰비) 명콤비

出演料(しゅつえんりょう・슈쓰엔료오) 출연료

ギャランティ(갸란띠) 개런티, 출연료

男優(だんゆう・당유우) 남우, 남자배우

女優(じょゆう・죠유우) 여배우

主人公(しゅじんこう・슈징꼬오) 주인공

女主人公(おんなしゅじんこう・온나 슈징꼬오) 여주인공

ヒロイン(히로잉) 히로인, 여주인공

主演(しゅえん・슈엥) 주연

主役(しゅやく・슈야꾸) 주역

助演(じょえん・죠엥) 조연

助役(じょやく・죠야꾸) 조역

　助役の 演技が 逸品である
　(조역의 연기가 일품이다)

脇役(わきやく・와끼야꾸) 조역

　발음은 「와끼야꾸」이고 「조역」 「조연」을 가리킨다.

バイプレーヤー(바이뿌레에야) 바이 플레이어, 조역

端役(はやく・하야꾸) 단역

　「당야꾸」로 알기 쉬우나 「하야꾸」이다.

端役でも 熱心に 演技する
(단역이라도 열심히 연기한다)
代役(だいやく・다이야꾸) 대역
スタントマン(스딴또망) 스탠트맨
エキストラ(에끼스또라) 엑스트라
二枚目(にまいめ・니마이메) 미남배우
    물론 「두장째」라는 뜻도 되지만,
「미남」 또는 「미남배우」라는 전혀
다른 뜻도 된다.
クランクイン(구랑꾸인) 크랭크인, 영
    화의 촬영개시
演技(えんぎ・엥기) 연기
アクション(아꾸숑) 액션, 연기
熱演(ねつえん・네쓰엥) 열연
秀でる(ひいでる・히이데루) 뛰어나다
ドラマー(도라마아) 드라마
メロドラマー(메로도라마아) 멜로드
    라마
アクション物(もの・아꾸숑모노) 액
    션물
スリラー物(もの・스리라아모노) 스
    릴러물
マカロニウェスタン(마까로니웨스딴)
    서부극
悲劇物(ひげきもの・히게끼모노) 비
    극물
コメディー(고메디이) 코미디
ギャグマン(갸구망) 개그맨

追憶の 名画(ついおくの めいが・쓰
    이오꾸노 메이가) 추억의 명화
ニューフェース(뉴우훼에스) 뉴페이
    스, 새얼굴
脚光(きゃっこう・갓꼬오) 각광
スポットライト(스뽓또라이또) 스포
    트라이트, 각광
浴びる(あびる・아비루) 받다, 입다
一躍(いちやく・이찌야꾸) 일약
スターダム(스따아다무) 스타덤, 스타
    의 대열
のし上がる(のしあがる・노시아가루)
    점점 올라가다, 뛰어오르다
    映画 1篇で 人気スターに のし上が
る (영화 한 편으로 인기스타로 뛰어
오른다)
人気(にんき・닝끼) 인기
上昇(じょうしょう・죠오쇼오) 상승
絶頂(ぜっちょう・젯쬬오) 절정
シンデレラ(신데레라) 신데렐라
ダークホース(다아꾸호오스) 유망주
ファン(환) 팬, 열성가
ファンレター(환레따아) 팬레터
サイン(사잉) 사인, 서명
せがむ(세가무) 조르다, 졸라대다
パトロン(빠또롱) 패트런, 후원자
スキャンダル(스깐다루) 스캔들
ゴシップ(고싯뿌) 고십, 뜬소문, 시사

만평

　무슨 뜻인지 짐작이 안 가는 단어
로서 「고십」을 가리키며 「고싯뿌」라
고 읽는다.

悩む(なやむ・나야무) 고민하다, 괴로
　워하다

スランプ(스란뿌) 슬럼프

陥る(おちいる・오찌이루) 빠지다, 빠
　져들다

　名タレントだが スランプに 陥ってい
　る (명탤런트지만 슬럼프에 빠져 있다)

カムバック(가무밧꾸) 컴백, 재기(再起)

淫乱ビデオ(いんらん・인랑비데오)
　음란비디오

脱線(だっせん・닷셍) 탈선

助長(じょちょう・죠쬬오) 조장

社会問題(しゃかいもんだい・샤까이
　몬다이) 사회문제

歌(うた・우따) 노래

音楽(おんがく・옹가꾸) 음악

ソング(송구) 송, 노래

歌手(かしゅ・가슈) 가수

シンガー(싱가아) 싱거, 가수, 음악가

トップシンガー(돗뿌싱가아) 톱싱거

ソロー(소로오) 솔로

デュエット(쥬엣또) 듀엣, 2중창, 2중주

歌う(うたう・우따우) 노래하다

楽士(がくし・가꾸시) 악사

楽器(がっき・갓끼) 악기

ギター(기따아) 기타아

アコディオン(아꼬디옹) 아코디온

ウクレレ(우꾸레레) 우클렐레, 기타아
　비슷한 네 줄의 현악기

弾く(ひく・히꾸) 퉁기다, 연주하다

トランペット(도란뻿또) 트럼펫

クラリネット(구라리넷또) 클라리넷

サキソホーン(사끼소홍) 섹스폰

ハーモニカ(하아모니까) 하모니카

笛(ふえ・후에) 피리

尺八(しゃくはち・샤꾸하찌) 퉁소

口笛(くちぶえ・구찌부에) 휘파람
　「구찌후에」가 아닌 「구찌부에」이다.

吹く(ふく・후꾸) 불다

三味線(しゃみせん・샤미셍) 일본 고
　유의 세 개의 줄이 있는 현악기

タンバリン(단바링) 탬버린

太鼓(たいこ・다이꼬) 북

ドラム(도라무) 드럼, 북

打楽器(だがっき・다갓끼) 타악기, 두
　드려 소리를 내는 악기

叩く(たたく・다따꾸) 두드리다

メロディー(메로디) 멜로디

旋律(せんりつ・센리쓰) 선율, 멜로디

拍子(ひょうし・효오시) 박자, 리듬

リズム(리즈무) 리듬, 박자

　무슨 뜻인지 쉽게 이해가 안 될 테

지만 「리듬」을 가리킨다.

合わせる(あわせる・아와세루) 맞추다

歌謡(かよう・가요오) 가요

シャンソン(샹송) 샹송, 프랑스의 대중
　가요

ジャズ(쟈즈) 재즈

パップソング(빼뿌송구) 팝송

キャロル(갸로루) 캐럴

ロックンロール(롯꾼로오루) 로큰롤

ロカビリ(로까비리) 로커빌리, 로큰롤
　과 힐빌리를 섞은 열광적인 노래

セレナーデ(세레나아데) 세레나데, 소
　야곡

カンツォーネ(간쏘네) 칸소네, 민요풍
　의 가요

アバネラ(아바네라) 아바네라, 쿠바의
　민속무곡

メドレー(메도레에) 메들리, 혼합곡

コンサート(곤사아또) 콘서트, 연주회

リサイタル(리사이따루) 리사이틀, 독
　주회, 독창회

レパートリー(레빠아또리이) 레퍼터
　리, 연주곡목, 공연제목

歌唱力(かしょうりょく・가쇼오료꾸)
　가창력

レコード(레꼬오도) 레코드

ヒットソング(힛또송구) 히트송

販売量(はんばいりょう・한바이료오)
　판매량

好調(こうちょう・고오쬬오) 호조

ベストテン(베스또뗀) 베스트텐

進入(しんにゅう・신뉴우) 진입

ダンスグループ(단스구루우뿌) 댄스
　그룹

玉突き(たまつき・다마쓰끼) 당구
　무슨 뜻인지 짐작하기 힘들거니와
「당구」를 가리키며 「다마쓰끼」라고
읽는다.

ビリヤード(비리야아도) 빌리어드, 당구

玉突き場(たまつきば・다마쓰끼바)
　당구장

ボーリング(보오링구) 볼링

ゴルフ(고루후) 골프

ゴルファー(고루화아) 골퍼, 골프를 하
　는 사람

リンクス(링꾸쓰) 링크스, 골프장

キャデー(갸데에) 캐디

打つ(うつ・우쓰) 치다

スイング(스잉구) 스윙, 흔들다

長打(ちょうだ・쬬오다) 장타

カラオケ(가라오께) 노래방

のど自慢(のどじまん・노도지망) 노
　래자랑
　직역하면 「목자랑」으로서 결국 「노
래자랑」을 뜻한다.

十八番(じゅうはちばん・쥬우하찌방)

장기(長技), 가장 잘 하는 것
彼の 十八番は トランプである
(그의 장기는 트럼프이다)

歌いまくる(うたいまくる・우따이마
꾸루) 신나게 노래해대다

ストレス(스또레스) 스트레스

解消(かいしょう・가이쇼오) 해소

カジノ(가지노) 카지노

賭博(とばく・도바꾸) 도박, 노름

パチンコ(빠찡꼬) 파칭코, 슬롯머신

PCゲーム(게에무) 컴퓨터게임

トランプ(도란뿌) 트럼프

かるた(가루따) 일본식화투

花札(はなふだ・하나후다) 화투

マージャン(마아장) 마장, 마작(麻雀)

ダンス(단스) 댄스

ダンスホール(단스호오루) 댄스홀

ナイトクラブ(나이또구라부) 나이트
클럽

ストリップ(스또릿뿌) 스트립

踊り場(おどりば・오도리바) 무도장,
댄스홀

舞踏会(ぶとうかい・부또오까이) 무
도회

フォークダンス(훠크단스) 포크댄스,
민속무용

ダンサー(단사아) 댄서

パートナー(빠아또나) 파트너

踊る(おどる・오도루) 춤추다

踊りまくる(おどりまくる・오도리마
꾸루) 춤을 마구 추워대다

ブルース(부루우스) 불루스, 4분의 4박
자의 춤

タンゴ(당고) 탱고

トロット(도롯또) 트롯

ワルツ(와르쓰) 왈츠

円舞曲(えんぶきょく・엔부교꾸) 원
무곡

マンボ(만보) 맘보

ジレバ(지레바) 지르박

ツイスト(쓰이스또) 트위스트

ディスコー(지스꼬오) 디스코

ルンバ(룬바) 룸바, 쿠바의 무용곡

13 : 우편 · 전화 · 은행

이번에는 「우편」 및 「전화」, 그리고 은행업무와 관계되는 단어를 알아보기로 하자. 이 항목 또한 우리로서는 도저히 이해하기 힘든 단어와 변칙적인 발음이 붙는 단어가 제법 있는 만큼 제대로 익히고 넘어가자.

「切手」라고 하면 무슨 뜻인지, 또한 어떻게 발음해야 좋을지 난감하게 마련인데, 일상용어인 「우표」라는 뜻이고 「깃떼」라고 읽는다.

「書留」 역시 발음은 「가끼도메」이고 「등기우편」을 가리키는 단어이며, 「宛名」는 편지나 소포 등을 받는 「수취인의 이름」을 가리키며 「아떼나」라고 읽는다.

우리가 흔히 사용하는 「휴대전화」, 즉 「핸드폰」은 물론 「ハンドホーン(한도뽄)」이라고도 하지만, 그보다는 「携帯電話」를 생략한 「携帯(게이따이)」로 통하고 있으니 착오 없기 바란다. 아예 「ケータイ」로 표기하기도 한다.

「留守」는 뜻과 발음이 모두 지극히 생소한 단어로서 「부재중」 또는 「집을 비우고 없음」이라는 뜻이며 발음은 엉뚱하게 「루스」이다. 참으로 까다롭다 아니할 수 없다.

「締切り」는 「마감」을 뜻하고 「시메끼리」라고 발음한다. 「은행의 마감은 4시까지이다」 할 때 「銀行の 締切は 4時までである」 이렇게 표현하는 것이다.

「小切手」는 자칫 우표종류를 떠올릴 테지만, 그것과는 전혀 다른 뜻인 「수표」이며, 발음은 「고깃떼」이고, 「手形」는 「어음」을 뜻하며 「데가따」라고 읽는다.

물론 이밖에도 생소하고 까다로운 단어가 많으니 차근차근 익혀나가자.

郵便(ゆうびん・유우빙) 우편

郵便局(ゆうびんきょく・유우빙교꾸)
　우체국

手紙(てがみ・데가미) 편지

　자칫「휴지」따위를 떠올릴지도 모
르지만「편지」를 가리키며「데가미」
라고 한다.

レター(레따아) 레터, 편지

ラブレター(라부레따아) 러브레터

ファンレター(환레따아) 팬레터

すたれる(스따레루) 쓰이지 않게 되다,
　쇠퇴하다

　手紙の やり取りも だんだん すたれ
て 行く (편지의 교환도 점점 쇠퇴해져
간다)

久しぶり(ひさしぶり・히사시부리)
　오래간만에

たより(다요리) 소식, 전갈

　久しぶりに 故郷に たよりを 送る
　(오래간만에 고향에 소식을 보낸다)

御無沙汰(ごぶさた・고부사따) 오랫동
안 격조함,「無沙汰」의 공손한 말씨

不孝(ふこう・후꼬오) 불효

なつかしい(나쓰까시이) 그립다, 그리운

幼な友達(おさなともだち・오사나도
모다찌) 어릴 적 옛 친구

杜絶(とぜつ・도제쓰) 두절

音沙汰(おとさた・오또사따) 소식, 연락

　彼女からは 一切 音沙汰が 無い
　(그녀로부터는 일절 소식이 없다)

便箋(びんせん・빈셍) 편지지

丁寧に(ていねいに・데이네이니) 정
　성스럽게

書く(かく・가꾸) 쓰다

封筒(ふうとう・후우또오) 봉투

入れる(いれる・이레루) 넣다, 집어넣다

切手(きって・깃떼) 우표

　앞에서 말했듯이「깃떼」라고 읽으
며「우표」를 가리킨다.

切手代(きってだい・깃떼다이) 우표값

糊(のり・노리) 풀

唾(つば・쓰바) 침, 타액

帖る(はる・하루) 붙이다

　切手に 唾を つけて 封筒に 帖る
　(우표에 침을 묻혀 봉투에 붙인다)

封書(ふうしょ・후우쇼) 봉서

葉書(はがき・하가끼) 엽서

　「하가끼」라고 발음하며「엽서」를 가
리킨다.

絵葉書(えはがき・에하가끼) 그림엽서

恩師(おんし・온시) 은사

年賀状(ねんがじょう・넹가죠오) 연
　하장

クリスマスカード(그리스마스가아도)
　크리스마스카드

招待券(しょうたいけん・쇼오따이껭)

초대권

商品券(しょうひんけん・쇼오힝껭)
상품권

郵便番号(ゆうびんばんごう・유우빙
방고오) 우편번호

記入(きにゅう・기뉴우) 기입

出す(だす・다스) 내다, 보내다

送る(おくる・오꾸루) 보내다

郵便函(ゆうびんばこ・유우빙바꼬)
우체통

ポスト(뽀스또) 포스트, 우편함

投函(とうかん・도오깡) 투함

着く(つく・쓰꾸) 닿다, 도착하다

届く(とどく・도도꾸) 닿다, 도착하다
어떻게 발음해야 옳을지 난감한 단
어로서 「도도꾸」인데, 두 번째의 「ど」
가 D발음이어야 한다.

到着(とうちゃく・도오쨔꾸) 도착

住所不明(じゅうしょふめい・쥬우쇼
후메이) 주소불명

戻る(もどる・모도루) 되돌아오다

郵便配達屋(ゆうびんはいたつや・유
우빙하이따쓰야) 우체부

門札(もんさつ・몬사쓰) 문패

番地(ばんち・반찌) 번지

宅配(たくはい・다꾸하이) 택배

メッセンジャー(멧센쟈아) 메신저, 배
달인

返信(はんしん・한싱) 답장, 답신

料金別納(りょうきんべつのう・료오
낑베쓰노오) 요금별납

スタンプ(스딴뿌) 스탬프, 소인(**消印**)

押す(おす・오스) 누르다, 밀다
　封筒に スタンプを 押す
　(봉투에 스탬프를 누른다(찍는다))
　人を 押して 乗るのは よくない
　(사람을 밀고 타는 것은 좋지 않다)

書留(かきとめ・가끼도메) 등기우편
「쇼류우」가 아닌 「가끼도메」이며
「등기우편」을 가리킨다.

紛失(ふんしつ・훈시쓰) 분실

速達(そくたつ・소꾸따쓰) 속달

収入印紙(しゅうにゅういんし・슈우
뉴우인시) 수입인지

印紙代(いんしだい・인시다이) 인지대

小包(こづつみ・고즈쓰미) 소포
「쇼오호오」로 생각될지 모르지만 「고
즈쓰미」이며 글자 그대로 「소포」이다.

包む(つつむ・쓰쓰무) 싸다, 포장하다

中身(なかみ・나까미) 내용물, 알맹이
발음은 「나까미」이고 「내용물」이
라는 뜻이다.

重さ(おもさ・오모사) 무게

秤る(はかる・하까루) 달다, 재다

内容物(ないようぶつ・나이요오부쓰)
내용물

138

こわれさすい(고와레야스이)　망가지
　기 쉽다

危険物(きけんぶつ・기껜부쓰) 위험물

取扱い(とりあつかい・도리아쓰까이)
　취급

注意(ちゅうい・쥬우이) 주의

3種郵便物(さんしゅゆうびんぶつ・
　산슈유우빙부쓰) 3종우편물

外国郵便(がいこくゆうびん・가이꼬
　꾸유우빙) 외국우편

航空便(こうくうびん・고오꾸우빙)
　항공편

エアメール(에아메에루) 에어메일, 항
　공우편

船便(ふなびん・후나빙) 선편, 배편

遅過ぎる(おそすぎる・오소스기루)
　너무 늦다

　手紙を 船便に 送っては 遅過ぎる
　(편지를 선편으로 보내서는 너무
　늦는다)

宛先(あてさき・아떼사끼)　수신인의
　주소

宛名(あてな・아떼나) 수신인의 이름
　편지나 서류 등을 받는 수신인(수
　취인)의 이름을 가리키며 「아떼나」라
　고 한다.

受取人(うけとりにん・우께또리닝)
　수취인

受信人(じゅしんにん・쥬신닝) 수신인

差出人(さしだしにん・사시다시닝)
　보내는 사람

　발음이 쉽지 않을 테지만 「사시다
시닝」이며 「受取人」의 반대어인 「발신
인」 또는 「보내는 사람」을 뜻한다.

発信人(はっしんにん・핫신닝) 발신인

コレクション(고레꾸숑) 콜렉션, 수집

切手収集(きってしゅうしゅう・깃떼
　슈우슈우) 우표수집

電報(でんぽう・덴뽀오) 전보

打つ(うつ・우쓰) 치다, 때리다, 두드
　리다

頼信紙(らいしんし・라이신시)　전보
　용지

電文(でんぶん・덴붕) 전문
　「덴뭉」도 아니고 「덴몽」도 아닌 「덴
붕」이라고 읽는다.

電報代(でんぽうだい・덴뽀오다이)
　전보료

一字当り(いちじあたり・이찌지아따
　리) 한 자에 대해서 , 하 자당

普通(ふつう・후쓰우) 보통

緊急(きんきゅう・깅뀨우) 긴급

急電(きゅうでん・규우뎅) 긴급전보

祝電(しゅくでん・슈꾸뎅) 축전
　友達の 結婚式に 祝電を 打つ
　(친구의 결혼식에 축전을 친다)

電話局(でんわきょく・뎅와교꾸) 전화국

電話(でんわ・뎅와) 전화

テレフォン(데레훵) 텔레폰, 전화

情報通信(じょうほうつうしん・죠오호오쓰우싱) 정보통신

移動通信(いどうつうしん・이도오쓰우싱) 이동통신

発達(はったつ・핫따쓰) 발달

刮目(かつもく・가쓰모꾸) 괄목, 눈을 크게 뜨다

革命(かくめい・가꾸메이) 혁명

移動通信の 発達は 生活に 革命を 起こした (이동통신의 발달은 생활에 혁명을 일으켰다)

生活革新(せいかつかくしん・세이까쓰가꾸싱) 생활혁신

ハンドホン(한도뽄) 핸드폰, 휴대전화

携帯(けいたい・게이따이) 휴대전화

「携帯電話」를 생략한 단어로서 「핸드폰」을 가리킨다. 「ケータイ」로도 쓴다.

ピーピー(삐이삐) 호출기, 삐삐

所嫌わず(ところきらわず・도꼬로기라와즈) 장소를 가리지 않고

직역하면 「아무 곳이건 마다 않고」인데 「장소에는 아랑곳없이」라는 뜻으로 쓰여진다.

鳴る(なる・나루) 울리다, 소리가 나다

迷惑(めいわく・메이와꾸) 폐, 귀찮다

발음이나 뜻이 쉽지 않은 단어로서 「폐를 끼친다」할 때의 「폐」라는 뜻과 「성가시다」라는 뜻이 있으며 「메이와꾸」라고 한다.

所嫌わず 鳴る 携帯の 音は 迷惑である (장소를 가리지 않고 울리는 휴대폰 소리는 폐가 된다)

エチケット(에찌껫또) 에티켓

不足(ふそく・후소꾸) 부족

電話帳(でんわちょう・뎅와쬬오) 전화번호부

電話料(でんわりょう・뎅와료오) 전화료

基本料(きほんりょう・기홍료오) 기본료

通話料(つうわりょう・쓰우와료오) 통화료

公衆電話(こうしゅうでんわ・고오슈우뎅와) 공중전화

電話カード(でんわ・뎅와가아도) 전화카드

コイン(고잉) 코인, 동전

銅貨(どうか・도오까) 동화, 동전

小銭(こぜに・고제니) 잔돈

受話器(じゅわき・쥬와끼) 수화기

コード(고오도) 코드, 고무로 절연한 전선(電線)

ダイヤル(다이야루) 다이얼

押す(おす・오스) 누르다

かける(가께루) 걸다, 잠그다

かけ直す(かけなおす・가께나오스)
잘못 걸려 다시 걸다

声が 聞えないので かけ直した
(목소리가 들리지 않아 다시 걸었다)

電話番号(でんわばんごう・뎅와방고
오) 전화번호

局番(きょくばん・교꾸방) 국번

地域番号(ちいきばんごう・지이끼방
고오) 지역번호

変更(へんこう・헹꼬오) 변경

間違う(まちがう・마찌가우) 잘못되
다, 틀리다

발음과 뜻이 모두 난해한 단어로서
무엇이 「잘못되다」「틀리다」라는 뜻
이며 「마찌가우」라고 읽는다.

問い合わせ(といあわせ・도이아와세)
문의

ベル(베루) 벨

発信音(はっしんおん・핫싱옹) 발신음

響く(ひびく・히비꾸) 울려퍼지다

もしもし(모시모시) 여보세요

受ける(うける・우께루) 받다, 이어받다

声(こえ・고에) 목소리, 소리

はっきり(핫끼리) 뚜렷이, 분명하게

聞える(きこえる・기꼬에루) 들리다

聞えない(きこえない・기꼬에나이)
안 들리다

切る(きる・기루) 끊다, 자르다

交換手(こうかんしゅ・고오깡슈) 교
환양

呼出す(よびだす・요비다스) 불러내
다, 호출하다

つなぐ(쓰나구) 연결하다, 매다

交換手に もう 一度 つないで 貰う
(교환양에게 다시 한 번 연결시켜 받
는다)

国際電話(こくさいでんわ・고꾸사이
뎅와) 국제전화

受信者負担(じゅしんしゃふたん・쥬
신샤후땅) 수신자부담

相手払い(あいてばらい・아이떼바라
이) 수신자지불

コレクトコール(고레꾸또고오루) 콜
렉트콜

通話(つうわ・쓰우와) 통화

お話し中(おはなしちゅう・오하나시
쮸우) 통화중

직역하면 「말씀하시는 중」이 되어
결국 상대방이 「통화중」이라는 뜻이
된다.

不在中(ふざいちゅう・후자이쮸우)
부재중

留守(るす・루스) 부재중, 집을 비움

앞에서 말했듯이 발음은 난데없는
「루스」이고 「집을 비우고 부재중」이
라는 뜻이다.

せっかく 電話を かけたが 父母は
留守である (모처럼 전화를 걸었지만
부모는 부재중이다)

自動緑音装置(じどうろくおんそうち・
　지도오로꾸옹소오찌) 자동녹음장치
稼動(かどう・가도오) 가동
伝言(でんごん・뎅공) 전하는 말
メッセージ(멧세에지) 메시지
残す(のこす・노꼬스) 남기다
文字メッセージ(もじ・모지멧세에지)
　문자메시지
雑音(ざつおん・자쓰옹) 잡음
混線(こんせん・곤셍) 혼선
とぎれる(도기레루) 중간에 끊어지다,
　중단되다
　混線で 通話が とぎれる
　(혼선으로 통화가 중단된다)
切れる(きれる・기레루) 끊어지다, 끊
　기다
故障届(こしょうとどけ・고쇼오도도
　께) 고장신고
修理(しゅうり・슈우리) 수리
新規(しんき・싱끼) 신규
架設(かせつ・가세쓰) 가설
金融(きんゆう・깅유우) 금융

通貨(つうか・쓰우까) 통화
貨幣(かへい・가헤이) 화폐
円貨(えんか・엥까) 엔화
ドル貨(か・도루까) 달러화
ポンド貨(か・뽄도까) 파운드화
マルク貨(か・마루꾸까) 마르크화
銀行(ぎんこう・깅꼬오) 은행
保険社(ほけんしゃ・호껭샤) 보험사
証券社(しょうけんしゃ・쇼오껭샤)
　증권사
本店(ほんてん・혼뗑) 본점
支店(してん・시뗑) 지점
銀行長(ぎんこうちょう・깅꼬오쬬오)
　은행장
支店長(してんちょう・시뗑쬬오) 지
　점장
代理(だいり・다이리) 대리
行員(こういん・고오잉) 행원
顧客(こきゃく・고꺄꾸) 고객
開店(かいてん・가이뗑) 개점
受付(うけつけ・우께쓰께) 접수처
窓口(まどぐち・마도구찌) 창구
客場(きゃくば・갸꾸바) 증권사의 객장
締切り(しめきり・시메끼리) 마감
　締切り 時間に やっと 着く
　(마감시간에 간신히 닿는다)
閉店(へいてん・헤이뗑) 폐점
預金(よきん・요낑) 예금

オンラインシステム(온라인시스떼무)
온라인시스템

電算網(でんさんもう · 덴산모오) 전
산망

完備(かんび · 간비) 완비

便利(べんり · 벤리) 편리

定期預金(ていきよきん · 데이끼요낑)
정기예금

定期積金(ていきつみきん · 데이끼쓰
미낑) 정기적금

自動車保険(じどうしゃほけん · 지도
오샤호껭) 자동차보험

災害保険(さいがいほけん · 사이가이
호껭) 재해보험

生命保険(せいめいほけん · 세이메이
호껭) 생명보험

癌保険(がんほけん · 강호껭) 암보험

口座(こうざ · 고오자) 구좌
　발음이「고오자」라는 사실에 유의할 것

非課税商品(ひかぜいしょうひん · 히
가제이쇼오힝) 비과세상품

節税型(せつぜいがた · 세쓰제이가따)
절세형

加入(かにゅう · 가뉴우) 가입

保険料(ほけんりょう · 호껭료오) 보
험료

納入(のうにゅう · 노오뉴우) 납입

貯蓄(ちょちく · 쵸찌꾸) 저축

貯める(ためる · 다메루) 저축하다, 돈
을 모으다
　어떻게 발음해야 할지 망설여지는
단어로서「다메루」라고 한다.

貯金(ちょきん · 쵸낑) 저금

金庫(きんこ · 깅꼬) 금고

入金(にゅうきん · 뉴우낑) 입금

出金(しゅっきん · 슛낑) 출금

引出す(ひきだす · 히끼다스) 인출하다
　銀行に 行って 預金を 引出す
　(은행에 가서 예금을 인출한다)

送金(そうきん · 소오낑) 송금

手数料(てすうりょう · 데스우료오)
수수료

通帳(つうちょう · 쓰우쵸오) 통장

カード(가아도) 카드

保管(ほかん · 호깡) 보관

伝票(でんぴょう · 덴뾰오) 전표

額面(がくめん · 가꾸멘) 액면

金額(きんがく · 깅가꾸) 금액

記入(きにゅう · 기뉴우) 기입

署名(しょめい · 쇼메이) 서명

サイン(사잉) 사인, 서명

はんこ(항꼬) 도장

押す(おす · 오스) 찍다, 누르다

残高(ざんだか · 잔다까) 잔고, 잔액
　어떻게 발음할 것인지 난감한 단어
로서「잔다까」인데「ざん」은 Z발음의

「잔」이다.

残す(のこす・노꼬스) 남기다

出納(すいとう・스이또오) 출납

　당연히 「슈쓰노오」라고 생각할 테
지만 엉뚱하게도 「스이또오」가 된다.

支給(しきゅう・시뀨우) 지급

自動出納機(じどうすいとうき・지도
　오스이또오끼) 자동출납기

現金(げんきん・겡낑) 현금

小切手(こぎって・고깃떼) 수표

　앞에서 설명했듯이 우표와는 상관
없는 「수표」를 가리킨다.

手形(てがた・데가따) 어음

　「데가따」라고 읽으며 「어음」을 뜻
한다.

裏書き(うらがき・우라가끼) 이서

　수표나 증권 등의 배서(背書)이다. 「리
쇼」라고는 안 한다는 사실을 명심할 것

不渡り(ふわたり・후와따리) 부도

　近来 不渡りの 手形が 多い
　(근래 부도어음이 많다)

為替(かわせ・가와세) 환(換)

紙幣(しへい・시헤이) 지폐

高額券(こうがくけん・고오가꾸껭)
　고액권

札束(さつたば・사쓰다바) 지폐뭉치

端金(はしたがね・하시따가네) 푼 돈

　발음이 쉽게 생각나지 않는 단어로

서 「하시따가네」라고 읽는다.

にせ札(さつ・니세사쓰) 위조지폐

　「にせ」가 「가짜」이므로 「가짜지폐」,
즉 「위조지폐」가 된다.

複写(ふくしゃ・후꾸샤) 복사

プリント(뿌린또) 프린트

融資(ゆうし・유우시) 융자

貸出し(かしだし・가시다시) 대출

保証人(ほしょうにん・호쇼오닝)　보
　증인

　保証人を 立てて 貸出しを 受ける
　(보증인을 세워 대출을 받는다)

信用不良(しんようふりょう・싱요오
　후료오) 신용불량

牽制(けんせい・겐세이) 견제

利子(りし・리시) 이자

利息(りそく・리소꾸) 이자

金利(きんり・긴리) 금리

引上げ(ひきあげ・히끼아게) 인상

引下げ(ひきさげ・히끼사게) 인하

返済(へんさい・헨사이) 변제

完納(かんのう・간노오) 완납

換率(かんりつ・간리쓰) 환률

ドル相場(そうば・도루소오바)　달러
　시세

上場(じょうじょう・죠오죠오) 상장

株(かぶ・가부) 주식

株式(かぶしき・가부시끼) 주식

証券(しょうけん・쇼오껭) 증권

ダウジョンズ(다우죤즈) 다우죤즈

ナスダック(나스닷꾸) 나스닥

株価指数(かぶかしすう・가부까시스우) 주가지수

上昇(じょうしょう・죠오쇼오) 상승

暴騰(ぼうとう・보오또오) 폭등

下落(げらく・게라꾸) 하락

　「가라꾸」로 생각할 테지만 「게라꾸」라고 읽는다.

暴落(ぼうらく・보오라꾸) 폭락

破産(はさん・하상) 파산

宣告(せんこく・셍꼬꾸) 선고

外人投資者(がいじんとうししゃ・가이징도오시샤) 외국인투자자

株主総会(かぶぬしそうかい・가부누시소오까이) 주주총회

あり軍団(ありぐんだん・아리군당) 개미군단

債券(さいけん・사이껭) 채권

国債(こくさい・고꾸사이) 국채

発行(はっこう・핫꼬오) 발행

質屋(しちや・시찌야) 전당포

　「시쓰야」 또는 「시쓰오꾸」로 생각할 테지만 엉뚱하게도 「시찌야」이다.

　宝石を 預けて 質屋で 金を 借りる

　(보석을 맡기고 전당포에서 돈을 빌린다)

質入れ(しちいれ・시찌이레) 전당잡힘

私金融(しきんゆう・시낑유우) 사금융

高利貸し(こうりがし・고오리가시) 고리대금업자

財テク(ざい・자이떼꾸) 재테크

　彼女は 財テクの 達人である

　(그녀는 재테크의 달인이다)

不動産投機(ふどうさんとうき・후도오장도오끼) 부동산투기

仲介業(ちゅうかいぎょう・쥬우까이교오) 중개업

145

비즈니스

비즈니스에 관한 단어 중에도 역시 그 발음이나 뜻이 우리의 상식을 초월하는 것들이 제법 많으니까 제대로 익히고 넘어가자.

「재벌그룹」이니 「독신녀그룹」이니 할 때의 「그룹」은 「グループ」라고 한다. 일본어로는 ㅂ발음이 불가능하기 때문에 「구루우뿌」라고 밖에 말할 수가 없는 것이다.

관공서나 회사 또는 아파트의 「수위」는 「小使ぃ(고즈까이)」라고 한다. 무슨 뜻인지 이해가 안 될 테지만, 직역하면 「잔심부름을 하는 사람」이 되어 결국 「수위」 「경비원」이라는 뜻으로 변한 것이다. 참고로 말하면 「守衛(슈에이)」라는 말은 좀처럼 쓰지 않는다.

「일을 한다」「일이 끝나다」할 때의 「일」은 「仕事(시고또)」라고 하는데 「시고도」라고 말하면 알아듣지 못하는 만큼 발음에 유의하기 바란다.

다음으로 간부의 조건인 「統率力」은 「도오소쓰료꾸」이고 「決斷力」은 「겟땅료꾸」가 아닌 「게쓰당료꾸」이다. 또한 직장이나 학교 또는 군대 같은 곳의 「동료」는 물론 「同僚(도오료오)」라고도 하지만, 그보다는 우리로서는 생소한 「仲間(나까마)」라고 한다.

요즈음 흔한 「맞벌이」는 「共稼ぎ(도모가세기)」라고 한다. 「맞벌이부부」는 「共稼ぎ 夫婦(도모가세기 후우후)」이다. 「직장」「근무처」는 「勤め先(쓰또메사끼)」라고도 하고 「勤め口(쓰또메구찌)」라고도 하며, 「작업」은 「作業」로서 「사꾸교오」로 생각하기 쉬우나 「사교오」이다.

그 사람의 능력을 평가할 때 「그는 대단한 수완가이다」라고 하거니와 「やﾘ手(야리떼)」와 「手利き(데끼끼)」가 모두 이 「수완가」에 해당된다. 또한 그 사람의 지위나 직분을 나타내는 소위 「타이틀」은 난데없는 「肩書(가따가끼)」인데, 이는 명함 위 한쪽(어깨)에 그 직책 따위를 표시하는 데에서 비롯된 단어이다.

한편 「夏枯れ」라는 말이 있는데 직역하면 「여름에 시들다」가 되어 뜻을 짐작하기 힘들지만 「여름철 불경기」라는 뜻이고 「나쓰가레」라고 읽는다.

내용도 잘 모르고 덮어놓고 찍는 「결재도장」을 「盲判(메꾸라방)」이라고 하며, 「관청」「관공서」는 「役所(야꾸쇼)」, 그리고 「관리」나 「공무원」은 「役人(야꾸닝)」이라고 한다. 그리고 공무원들이 주로 직무를 이용해서 받는 소위 「뇌물」은 「賄賂」라고 쓰고 발음은 엉뚱하게 「와이로」이다.

다음은 비즈니스와 관련이 있는 단어들이다.

企業(きぎょう・기교오) 기업

グループ(구루우뿌) 그룹

系列社(けいれつしゃ・게이레쓰샤) 계열사

子会社(こがいしゃ・고가이샤) 자회사

経営(けいえい・게이에이) 경영

管理(かんり・간리) 관리

マネジメント(마네지멘또) 매니지먼트, 경영관리

資金(しきん・시낑) 자금

資本(しほん・시홍) 자본

投資(とうし・도오시) 투자

出資(しゅっし・슛시) 출자

創業(そうぎょう・소오교오) 창업

創立(そうりつ・소오리쓰) 창립

設立(せつりつ・세쓰리쓰) 설립

創社(そうしゃ・소오샤) 창사

会社(かいしゃ・가이샤) 회사

株式会社(かぶしきがいしゃ・가부시끼가이샤) 주식회사

コンパニー(곤빠니이) 컴퍼니, 회사

オフィス(오휘스) 오피스

事務所(じむしょ・지무쇼) 사무실

本社(ほんしゃ・혼샤) 본사

支社(ししゃ・시샤) 지사

代理店(だいりてん・다이리뗑) 대리점

エージェンシー(에에젠시) 에이전시, 대리점

社屋(しゃおく・샤오꾸) 사옥

ビル(비루) 빌딩

社内(しゃない・샤나이) 사내

構内(こうない・고오나이) 구내

受付(うけつけ・우께쓰께) 접수처

小使い(こづかい・고즈까이) 수위, 경비원

　앞에서 말했듯이 회사나 학교 등의 「수위」를 가리킨다.

社長室(しゃちょうしつ・샤쬬오시쓰) 사장실

秘書室(ひしょしつ・히쇼시쓰) 비서실

社訓(しゃくん・샤꿍) 사훈

社是(しゃし・샤시) 사시

社則(しゃそく・샤소꾸) 사칙

ビジネス(비지네스) 비즈니스, 사무

仕事(しごと・시고또) 일, 업무

　「시고또」라고 발음하며 모든 「일」을 통틀어 가리키는 단어이다.

業務(ぎょうむ・교오무) 업무

業種(ぎょうしゅ・교오슈) 업종

製造業(せいぞうぎょう・세이조오교오) 제조업

流通業(りゅうつうぎょう・류우쓰우교오) 유통업

事業家(じぎょうか・지교오까) 사업가

実業家(じつぎょうか・지쓰교오까) 실업가

専門経営人(せんもんけいえいじん・센몽게이에이징) 전문경영인

財閥(ざいばつ・자이바쯔) 재벌

階級(かいきゅう・가이뀨우) 계급

序列(じょれつ・죠레쯔) 서열

トップマネジメント(돗뿌마네지멘또) 톱매니지먼트, 기업의 최고간부

会長(かいちょう・가이쬬오) 회장

オーナー(오오나) 오너, 총수

総帥(そうすい・소오스이) 총수

ブレーン(부렌) 브레인, 두뇌

シンクタンク(싱꾸땅꾸) 딩그탱크, 두 뇌집단

社長(しゃちょう・샤쬬오) 사장

重役(じゅうやく・쥬우야꾸) 중역, 이사

専務(せんむ・센무) 전무

部長(ぶちょう・부쬬오) 부장

次長(じちょう・지쬬오) 차장

課長(かちょう・가쬬오) 과장

チーム長(ちょう・찌이무쬬오) 팀장

係長(かかりちょう・가까리쬬오) 계장
「게이쬬오」가 아닌 「가까리쬬오」 가 된다.

代理(だいり・다이리) 대리

主任(しゅにん・슈닝) 주임

任期(にんき・닝끼) 임기

満了(まんりょう・만료오) 만료

平社員(ひらしゃいん・히라샤잉) 평

사원
「헤이샤잉」이라고 생각할 테지만 「히라샤잉」이다.

女社員(おんなしゃいん・온나샤잉) 여사원

新入社員(しんにゅうしゃいん・신뉴 우샤잉) 신입사원

インターン社員(しゃいん・인딴샤잉) 인턴사원

模範社員(もはんしゃいん・모항샤잉) 모범사원

表彰(ひょうしょう・효오쇼오) 표창

幹部(かんぶ・간부) 간부

リーダー(리이다아) 리더

上司(じょうし・죠오시) 상사

上役(うわやく・우와야꾸) 상사, 상관
「우에야꾸」가 아닌 「우와야꾸」이다.

率先(そっせん・솟셍) 솔선

垂範(すいはん・스이항) 수범

ドクマー(도구마아) 도그머, 독단

ワンマン(완망) 원맨, 독재자
ワンマンの経営の時代は終わった (원맨경영의 시대는 지났다)

時代感覚(じだいかんかく・지다이강 까꾸) 시대감각

劣る(おとる・오또루) 뒤지다, 뒤떨어 지다

リーダーシップ(리이다સ삡) 리더십

幹部の 条件(かんぶの じょうけん・간부노 죠오껭) 간부의 조건

統率力(とうそつりょく・도오소쓰료꾸) 통솔력

指導力(しどうりょく・시도오료꾸) 지도력

判断力(はんだんりょく・한단료꾸) 판단력

決断力(けつだんりょく・게쓰단료꾸) 결단력

必須(ひっす・힛스) 필수

優れる(すぐれる・스구레루) 뛰어나다

兼備(けんび・껜비) 겸비

能力評価(のうりょくひょうか・노오료꾸효오까) 능력평가

有能(ゆうのう・유우노오) 유능

無能(むのう・무노오) 무능

部下(ぶか・부까) 부하

下役(したやく・시따야꾸) 하급관리

古参(こさん・고상) 고참

新参(しんざん・신장) 신참, 새로 들어옴

新米(しんまい・신마이) 신참, 풋내기 직원

「새쌀」이라는 뜻도 있지만 그보다는 「신참」이라는 뜻으로 더 쓰이고 있다.

先輩(せんぱい・센빠이) 선배

後輩(こうはい・고오하이) 후배

「선배」는 「센빠이」이고 「후배」는 「고오하이」임을 새겨넣을 것

同僚(どうりょう・도오료오) 동료

仲間(なかま・나까마) 동료, 한 패

앞에서 설명했듯이 직장이나 학교 또는 군대 등에서 같이 생활하는 「동료」를 가리키며 「나까마」라고 한다.

退勤後 会社の 仲間と 酒を 飲む

(퇴근 후 회사의 동료와 술을 마신다)

朋輩(ほうばい・호오바이) 동료

命令(めいれい・메이레이) 명령

指示(しじ・시지) 지시

指図(さしず・사시즈) 지시

「指示」와 마찬가지로 「지시」라는 뜻이며 「사시즈」라고 읽는다. 「指示」보다는 이 「指図」를 더 많이 쓰고 있다.

一糸不乱(いっしふらん・잇시후랑) 일사불란

従う(したがう・시따가우) 따르다, 복종하다

服従(ふくじゅう・후꾸쥬우) 복종

盲従(もうじゅう・모오쥬우) 맹종

団結(だんけつ・당께쓰) 단결

チームワーク(찌이무와꾸) 팀워크

親睦(しんぼく・신보꾸) 친목

固める(かためる・가따메루) 굳히다

サークル(사아꾸루) 서클, 동호회

月給取り(げっきゅうとり・겟뀨우도

리) 월급쟁이

　직역하면 「월급을 받아가는 사람」
으로서 결국 「월급쟁이」를 뜻한다.

サラリーマン(사라리이망) 샐러리맨

オフィスガール(오휘스가아루)　오피
　스걸

秘書(ひしょ・히쇼) 비서

経理(けいり・게이리) 경리

従業員(じゅうぎょういん・쥬우교오
　잉) 종업원

共稼ぎ(ともかせぎ・도모가세기)　맞
　벌이

　共稼ぎ カップルが 相当 多い

　(맞벌이 커플이 제법 많다)

月給(げっきゅう・겟뀨우) 월급

サラリー(사라리이) 샐러리, 월급

報酬(ほうしゅう・호오슈우) 보수

賃金(ちんきん・징낑) 임금, 삯

　발음이 「징낑」이라는 사실을 명심
할 것

ボーナス(보오나스) 보너스, 상여금

手当て(てあて・데아떼) 수당, 처치

　「수당」이라는 뜻과 상처 같은 것이
났을 때 「처치」한다는 뜻이 있다.

年俸(ねんぽう・넨뽀오) 연봉

評価給(ひょうかきゅう・효오까뀨우)
　평가급

成果給(せいかきゅう・세이까뀨우)
성과급

日当(にっとう・닛또오) 일당

無給(むきゅう・무뀨우) 무급

勤め先(つとめさき・쓰또메사끼)　근
　무처, 직장

勤め口(つとめぐち・쓰또메구찌)　직
　장, 근무처

　「勤め先」와 마찬가지로 「근무처」
「직장」이라는 뜻이다.

職場(しょくば・쇼꾸바) 직장

通う(かよう・가요우) 다니다, 왕래하다

　地下鉄に 乗って 会社に 通う

　(지하철을 타고 회사에 다닌다)

勤める(つとめる・쓰또메루) 근무하다,
　노력하다

勤労(きんろう・긴로오) 근로

勤務(きんむ・긴무) 근무

勤続(きんぞく・긴조꾸) 근속

労働(ろうどう・로오도오) 노동

　우리는 「労動」이라고 쓰지만 그들
은 「労働」라고 쓴다.

働く(はたらく・하따라꾸) 일하다, 노
동하다, 작용하다

　一日に 8時間 働く

　(하루에 8시간 일한다)

　車を 止める 力に 働く

　(차를 세우는 힘에 작용한다)

出勤(しゅっきん・슛낑) 출근

欠勤(けっきん・겟낑) 결근

遅刻(ちこく・지꼬꾸) 지각

早引き(はやびき・하야비끼) 조퇴

退勤(たいきん・다이낑) 퇴근

通勤(つうきん・쓰우낑) 통근

部署(ぶしょ・부쇼) 부서

持ち場(もちば・모찌바) 담당부서

　직역하면 「가지고 있는 장소」가 되
지만 그 사람의 「담당부서」를 뜻한다.

任命(にんめい・닌메이) 임명

任せる(まかせる・마까세루) 맡기다

任務(にんむ・닌무) 임무

役目(やくめ・야꾸메) 임무

　한자의 뜻만으로는 무엇을 의미하
는지 힘든 단어로서 「임무」라는 뜻이
고 「야꾸메」라고 읽는다.

受持ち(うけもち・우께모찌) 담당

受持つ(うけもつ・우께모쓰) 담당하다

担当(たんとう・단또오) 담당

分担(ぶんたん・분땅) 분담

赴任(ふにん・후닝) 부임

適任(てきにん・데끼닝) 적임

昼休み(ひるやすみ・히루야스미) 점
　심시간

昼食(ちゅうしょく・쥬우쇼꾸) 점심,
　점심밥

弁当(べんとう・벤또오) 도시락

外食(がいしょく・가이쇼꾸) 외식

夏休み(なつやすみ・나쓰야스미) 여
　름휴가

有給休暇(ゆうきゅうきゅうか・유우
　뀨우규우까) 유급휴가

出産休暇(しゅっさんきゅうか・슛상
　규우까) 출산휴가

病暇(びょうか・뵤오까) 병가

デスク(데스꾸) 데스크, 책상

キャビネット(갸비넷또) 캐비닛

衝立(ついたて・쓰이다떼) 칸막이

　어떻게 발음해야 할지 전혀 생각이
나지 않는 단어로서 「쓰이다떼」라고
한다.

コンピューター(곤쀼따아) 콤퓨터

入力(にゅうりょく・뉴우료꾸) 입력

ヘッカー(헷까아) 헤커

ヘッキング(헷낑구) 헤킹

ファクシミリー(화꾸시미리) 팩시밀
　리, 모사전송(模写電送)

　見積り書をファクシミリーで送って
来る (견적서를 팩시밀리로 보내온다)

カタログ(가따로구) 캐털로그, 상품목
　록

パンフレット(빵후렛또) 팜플렛

ポスター(뽀스따) 포스터

製品(せいひん・세이힝) 제품

サンプル(산뿌루) 샘플, 견본

スクラップ(스꾸랏뿌) 스크렙

ファイル(화이루) 파일, 서류철

チャート(자아또) 차트, 일람표

備える(そなえる・소나에루) 대비하
다, 미리 준비하다

　발음이 쉽게 생각나지 않을 테지만
「소나에루」가 된다.

プロゼクト(뿌로제꾸또) 프로젝트, 계
획, 연구과제

社運をかける(しゃうんをかける・샤
웅오 가께루) 사운을 걸다

アイデア(아이데아) 아이디어

着想(ちゃくそう・쟈꾸소오) 착상

着眼(ちゃくがん・쟈꾸강) 착안

立案(りつあん・리쓰앙) 입안

　「다떼앙」으로 알기 쉬우나 「리쓰앙」
이 된다.

提案(ていあん・데이앙) 제안

受け入れ(うけいれ・우께이레) 받아
들임

プラン(뿌랑) 플랜, 계획

企画(きかく・기까꾸) 기획

目標設定(もくひょうせってい・모꾸
효오셋떼이) 목표설정

点検(てんけん・뎅껭) 점검

推進(すいしん・스이싱) 추진

アドバイス(아도바이스) 어드바이스,
자문

コンサルタント(곤사루단또) 컨설턴

트, 상담

弘報(こうほう・고오호오) 홍보

宣伝(せんでん・센뎅) 선전

広告(こうこく・고오꼬꾸) 광고

マーケッティング(마껫띵구) 마키팅,
시장조사

戦略(せんりゃく・센랴꾸) 전략

セールス(세에루스) 세일즈

キャンペーン(갼뻬) 캠페인

キャッチフレーズ(갓찌후레에즈) 캐
치프레이즈

輿論(よろん・요롱) 여론

消費心理(しょうひしんり・쇼오히신
리) 소비심리

把握(はあく・하아꾸) 파악

商品開発(しょうひんかいはつ・쇼오
힝가이하쓰) 상품개발

営業(えいぎょう・에이교오) 영업

組織網(そしきもう・소시끼모오) 조
직망

販売網(はんばいもう・한바이모오)
판매망

プール稼動(かどう・뿌우루가도오)
풀가동

事務所(じむしょ・지무쇼) 사무실

生産職(せいさんしょく・세이상쇼꾸)
생산직

工場(こうじょう・고오죠오) 공장

現場(げんば・겐바) 현장
　「겐죠오」라고 생각할 테지만 「겐바」
가 된다.

作業場(さぎょうば・사교오바) 작업장
　이 또한 당연히 「사꾸교오바」라고
생각할 테지만 엉뚱하게 「사교오바」
이다.

工場長(こうじょうちょう・고오죠오
쬬오) 공장장

組長(くみちょう・구미쬬오) 팀장

チーム長(ちょう・찌이무쬬오) 팀장

技師(ぎし・기시) 기사

エンジニア(엔지니아) 엔지니어, 기술자

熟練工(じゅくれんこう・쥬꾸렝꼬오)
　숙련공

職工(しょっこう・숏꼬오) 직공
　「쇼꾸꼬오」라고 생각할 테지만 「숏
꼬오」라고 읽는다.

女工(じょこう・죠꼬오) 여공

外人勤労者(がいじんきんろうしゃ・
　가이징긴로오샤) 외국인근로자

ユニホーム(유니호오무) 유니폼, 제복

残業(ざんぎょう・장교오) 잔업

居残り(いのこり・이노꼬리) 잔업
　직역하면 「그 자리에 남아 있음」이
되어 뜻을 짐작하기 힘들지만 「그대로
남아서 일을 하다」로서 「잔업」이 된다.

夜勤(やきん・야낑) 야근

宿直(しゅくちょく・슈꾸쬬꾸) 숙직

当番(とうばん・도오방) 당번

寄宿舎(きしゅくしゃ・기슈꾸샤)　기
숙사

福祉施設(ふくししせつ・후꾸시시세
쓰) 복지시설

拡充(かくじゅう・가꾸쥬우) 확충

送別会(そうべつかい・소오베쓰까이)
　송별회

歓迎会(かんげいかい・강게이까이)
　환영회

忘年会(ぼうねんかい・보오넹까이)
　망년회

酒盛り(さかもり・사까모리) 주연, 술
잔치

馴染む(なじむ・나지무) 친숙해지다
　「나조무」가 아닌 「나지무」이고 「친
해지다」 「정들다」라는 뜻이다.

処世(しょせい・쇼세이) 처세

世渡り(よわたり・요와따리) 처세
　직역하면 「세상을 건느다」가 되어
결국 「세상살이」 「처세」가 된다.
　わたしは 世渡りが 下手である
　(나는 처세가 서투르다)

出世(しゅっせ・슛세) 출세

野望(やぼう・야보오) 야망

功名心(こうみょうしん・고오묘오싱)
　공명심

「고오메이싱」이라 생각할 테지만 「고오묘오싱」이다.

エリートコース(에리이또고오스) 엘
　리트코스

順坦(じゅんたん・쥰땅) 순탄

話術(わじゅつ・와쥬쓰) 회술

スピーチ(스삐이찌) 스피치

付合い(つきあい・쓰끼아이) 교제, 사교
　발음도, 뜻도 생소한 단어로서 「쓰
　끼아이」이고 「교제」라는 뜻이다.

巧み(たくみ・다꾸미) 솜씨가 좋음

口下手(くちべた・구찌베따) 말주변
　이 없음
　「구찌헤따」가 아닌 「구찌베따」이
　고 「입이 서툴다」가 되지만 「말주변이
　없다」라는 뜻이다.

やり手(やりて・야리떼) 수완가

手利き(てきき・데끼끼) 수완가
　두 단어 모두 발음이나 뜻이 생소
　하거니와 「수완가」를 뜻한다.

ベテラン(베떼랑) 베테랑

エキスパート(에끼스빠아또) 엑스퍼
　트, 전문가

エース(에에스) 에이스, 제1인자

キャリア(갸리아) 케리어, 경력

ノーハウ(노오하우) 노하우, 오랜 경험
　에 의한 기술비법
　20年間の努力で得たノーハウである

(20년간의 노력으로 얻은 노하우이다)

経歴者(けいれきしゃ・게이레끼샤)
　경력자

スカウト(스까우또) 스카우트

争奪戦(そうだつせん・소오다쓰셍)
　쟁탈전

名刺(めいし・메이시) 명함

肩書(かたがき・가따가끼) 직함, 지위,
　신분
　「직함」이나 「신분」 따위를 나타내
　는 「타이틀」을 가리킨다.

タイトル(다이또루) 타이틀, 직함

取引き(とりひき・도리히끼) 거래
　取引きは何と言っても信用が生命
　である (거래는 무어라고 해도 신용이
　생명이다)

取引き先(とりひきさき・도리히끼사
　끼) 거래처

得意先(とくいさき・도꾸이사끼) 단
　골거래처

協力業体(きょうりょくぎょうたい・
　교오료꾸교오따이) 협력업체

商談(しょうだん・쇼오당) 상담

下調べ(したしらべ・시따시라베) 예
　비조사

現場踏査(げんばとうさ・겐바도오사)
　현장답사

見積り(みつもり・미쓰모리) 견적

原価計算(げんかけいさん・겡까게이상) 원가계산

契約(けいやく・게이야꾸) 계약

締結(ていけつ・데이께쓰) 체결

信用(しんよう・싱요오) 신용

信頼(しんらい・신라이) 신뢰

決算(けっさん・겟상) 결산

代金(だいきん・다이낑) 대금

請求(せいきゅう・세이뀨우) 청구

支払い(しはらい・시하라이) 지불

外回り(そとまわり・소또마와리) 외근

出張(しゅっちょう・슛쬬오) 출장

集金(しゅうきん・슈우낑) 수금(収金)

　「収金」보다는 「集金」이라는 말을
더 많이 사용하고 있다.

入金(にゅうきん・뉴우낑) 입금

送金(そうきん・소오낑) 송금

人事(じんじ・진지) 인사

異動(いどう・이도오) 이동

配置(はいち・하이찌) 배치

進級(しんきゅう・싱뀨우) 진급

昇進(しょうしん・쇼오싱) 승진

栄転(えいてん・에이뗑) 영전

留任(りゅうにん・뉴우닝) 유임

転勤(てんきん・뎅낑) 전근

転任(てんにん・뗀닝) 전임

転出(てんしゅつ・뎅슈쓰) 전출

派遣(はけん・하껭) 파견

左遷(させん・사셍) 좌천

更迭(こうてつ・고오떼쓰) 경질, 교체

辞職(じしょく・지쇼꾸) 사직

辞表(じひょう・지효오) 사표

　無能な 幹部は 辞表を 書け

　(무능한 간부는 사표를 써라)

辞退(じたい・지따이) 사퇴, 물러남

停年(ていねん・데이넹) 정년

退職(たいしょく・다이쇼꾸) 퇴직

減俸(かんぽう・간뽀오) 감봉

免職(めんしょく・멘쇼꾸) 면직

圧力(あつりょく・아쓰료꾸) 압력

加重(かじゅう・가쥬우) 가중

首になる(くびになる・구비니나루)
면직당하다, 해고당하다

　직역하면 「모가지가 되다」로서 결
국 「모가지를 당하다」 「면직되다」라
는 뜻이다.

解雇(かいこ・가이꼬) 해고

退出(たいしゅつ・다이슈쓰) 퇴출

失業(しつぎょう・시쓰교오) 실업

あぶれる(아부레루) 실직자가 되다

　今日も 又 仕事に あぶれる

　(오늘도 또 일자리를 얻지 못한다)

鞍替え(くらがえ・구라가에) 하던 일
이나 직업을 바꾸는 것

ルンペン(룬뻰) 룸펜, 실업자

浪人(ろうにん・로오닝) 실직자, 실업

자, 재수생

放浪(ほうろう・호오로오) 방랑

復職(ふくしょく・후꾸쇼꾸) 복직

社員募集(しゃいんぼしゅう・샤잉보슈우) 사원모집

入社試験(にゅうしゃしけん・뉴우샤시껭) 입사시험

応試(おうし・오오시) 응시

履歴書(りれきしょ・리레끼쇼) 이력서

筆記(ひっき・힛끼) 필기

面接(めんせつ・멘세쓰) 면접

面接が 当落を 支配する
(면접이 당락을 지배한다)

合格(ごうかく・고오까꾸) 합격

不合格(ふごうかく・후고오까꾸) 불합격

採用(さいよう・사이요오) 채용

雇用(こよう・고요오) 고용

雇う(やとう・야또우) 고용하다

雇主(やといぬし・야또이누시) 고용주

見習い(みならい・미나라이) 견습

実習(じっしゅう・짓슈우) 실습

研修(けんしゅう・겐슈우) 연수

オリエンテーション(오리엔떼에숀) 오리엔테이션, 신입생, 신입사원 교육

地獄訓練(じごくくんれん・지고꾸군렝) 지옥훈련

使命感(しめいかん・시메이깡) 사명감

愛社心(あいしゃしん・아이샤싱) 애사심

吹き入れる(ふきいれる・후끼이레루) 불어넣다

鼓取(こしゅ・고슈) 고취

機械(きかい・기까이) 기계

設備(せつび・세쓰비) 설비

部品(ぶひん・후힝) 부품

組立て(くみたて・구미다떼) 조립

標本(ひょうほん・효오홍) 표본

仕上げ(しあげ・시아게) 마무리, 완성
뜻이 짐작되지 않을 테지만 「마무리」, 「끝손질」을 가리키며 「시아게」이다.

完成(かんせい・간세이) 완성

納品(のうひん・노오힝) 납품

盛需期(せいじゅき・세이쥬끼) 성수기

需要(じゅよう・쥬요오) 수요

内需(ないじゅ・나이쥬) 내수

外需(がいじゅ・가이쥬) 외수

増える(ふえる・후에루) 늘다, 증가하다

増加(ぞうか・조오까) 증가

注文(ちゅうもん・쥬우몽) 주문

殺到(さっとう・삿또오) 쇄도, 밀려들음
「사쓰또오」가 아닌 「삿또오」임을 인식할 것

生産(せいさん・세이상) 생산

供給(きょうきゅう・교오뀨우) 공급

過剰(かじょう・가죠오) 과잉

非需期(ひじゅき・히쥬끼) 비수기

夏枯れ(なつがれ・나쓰가레) 여름철
　불경기
　　앞에서 말했듯이「여름철에 일어나
는 불경기」를 뜻한다.

出庫(しゅっこ・슛꼬) 출고

不振(ふしん・후싱) 부진

景気(けいき・게이끼) 경기

好況(こうきょう・고오꾜오) 호황

不況(ふきょう・후꾜오) 불황

不景気(ふけいき・후께이끼) 불경기
　不景気で 製品の 出庫が 少ない
　(불경기로 제품의 출고가 적다)

恐慌(きょうこう・교오꼬오) 공황

インフレーション(인후레에숀)　인플
　레이션, 통화팽창

デフレーション(데후레에숀)　디플레
　이션, 통화수축

レフレーション(레후레에숀)　리플레
　이션, 물가 안정을 위해 통화를 조절
　하는 것

返品(へんぴん・헨삥) 반품

在庫(ざいこ・자이꼬) 재고

ストック(스똑꾸) 재고품, 저장품

倉庫(そうこ・소오꼬) 창고

累積(るいせき・루이세끼) 누적
　발음이「루이세끼」라는 사실을 잊
지 말 것

原価(げんか・겡까) 원가

コスト(고스또) 코스트, 원가, 생산비

単価(たんか・당까) 단가

上昇(じょうしょう・죠오쇼오) 상승

利潤(りじゅん・리즁) 이윤

マージン(마진) 마진, 이득

減少(げんしょう・겐쇼오) 감소

特断(とくだん・도꾸당) 특단

取り計らい(とりはからい・도리하까
　라이) 조처

コストダウン(고스또다운) 코스트다운

価格破壊(かかくはかい・가까꾸하까
　이) 가격파괴

流通構造改善(りゅうつうこうぞうか
　いぜん・류우쓰우고오조오가이젱)
　유통구조개선

費用節減(ひようせつげん・히요오세
　쓰겡) 비용절감

投売り(なげうり・나게우리) 투매, 덤
　핑판매
　在庫品を 投売りで 処分する
　(재고품을 투매로 처분한다)

ダンピング(단삥구) 덤핑, 투매

技術提携(ぎじゅつていきゅう・기쥬
　쓰데이뀨우) 기술제휴

イノベーション(이노베에숀)　이노베
　이숀) 기술혁신

労働組合(ろうどうくみあい・로오도

오구미아이) 노동조합

サボタージュ(사보따아쥬) 사보타지, 파업

サボる(사보루) 게으름파우다, 파업하다

「サボタージュ」에서 비롯된 일종의 속어로서 「일을 않고 게으름피운다」라는 뜻이다.

怠ける(なまける・나마께루) 게으름 파우다

怠る(おこたる・오꼬따루) 게으름파우다

「怠ける」「怠る」 모두 같은 뜻으로서 「게으름파우다」라는 뜻이다.

ストライキ(스또라이끼) 동맹파업

デモンストレーション(데몬스또레에숀) 데모, 동맹파업

労使協商(ろうしきょうしょう・로오시쿄오쇼오) 노사협상

妥結(だけつ・다께쓰) 타결

決裂(けつれつ・게쓰레쓰) 결렬

メーデー(메에데에) 메이데이, 노동절

下請け(したうけ・시따우께) 하청

入札(にゅうさつ・뉴우사쓰) 입찰

競争(きょうそう・교오소오) 경쟁

落札(らくさつ・라꾸사쓰) 낙찰

談合(だんごう・당고오) 담합

役所(やくしょ・야꾸쇼) 관청, 관공서

役人(やくにん・야꾸닝) 관리, 공무원

「役所」는 「관청」이고 「役人」은 「관리」를 가리킨다.

官僚主義(かんりょうしゅぎ・간료오슈기) 관료주의

独善(どくぜん・도꾸젱) 독선

業者(ぎょうしゃ・교오샤) 업자

結託(けったく・겟따꾸) 결탁

賄賂(わいろ・와이로) 뇌물

발음이 쉽지 않은 단어로서 「와이로」라고 읽으며 「뇌물」을 뜻한다.

リベート(리베에또) 리베이트, 수수료

プレミアム(뿌레미아무) 프레미엄, 수수료

コミッション(고밋숑) 커미션, 구전, 수수료

授受(じゅじゅ・쥬쥬) 수수, 주고받음

慣行(かんこう・강꼬오) 관행, 관례

賄賂のやり取りが慣行になっている (뇌물의 거래가 관행이 되어 있다)

会計(かいけい・가이께이) 회계

バランスシート(바란스시이또) 밸런스시트, 대차대조표(貸借対照表)

財務構造(ざいむこうぞう・자이무고오조오) 재무구조

赤字(あかじ・아까지) 적자, 결손

자칫 「세끼지」라고 생각할지도 모르지만 「아까지」라고 읽는다.

黒字(くろじ・구로지) 흑자, 이익

今年 1年は 黒字経営である (금년 1년은 흑자경영이다)

欠損(けっそん・겟송) 결손

負債(ふさい・후사이) 부채

清算(せいさん・세이상) 청산

予算(よさん・요상) 예산

経費(けいひ・게이히) 경비

明細(めいさい・메이사이) 명세

報告(ほうこく・호오꼬꾸) 보고

帳簿(ちょうぼ・죠오보) 장부

記緑(きろく・기로꾸) 기록

記帳(きちょう・기쬬오) 기장

粉飾(ふんしょく・훈쇼꾸) 분식

決済(けっさい・겟사이) 결재

署名(しょめい・쇼메이) 서명

サイン(사잉) 사인, 서명

捺印(なついん・나쓰잉) 날인
　발음이 엉뚱하게 「나쓰잉」이다.

盲判(めくらばん・메꾸라방)　내용도
　잘 모르고 찍는 결재도장
　盲判を 押す 幹部が 未だ ある
　(무턱대고 결재도장을 찍는 간부가
　아직도 있다)

WTO(다부류띠오) 세계무역기구

輸入(ゆにゅう・유뉴우) 수입

輸出(ゆしゅつ・유슈쓰) 수출

好調(こうちょう・고오쬬오) 호조

信用状(しんようじょう・싱요오죠오)
　신용장

オーダー(오오다아) 오더, 주문

貿易収支(ぼうえきしゅうし・보오에
　끼슈우시) 무역수지

悪化(あっか・앗까) 악화

赤信号(あかしんごう・아까싱고오)
　적신호

換率変動(かんりつへんどう・간리쓰
　헨도오) 환율변동

泣き笑い(なきわらい・나끼와라이)
　울고 웃음
　ドル貨の 引上げに 泣き笑いする 人
達が 多い (달러화의 인상으로 울고 웃
는 사람들이 많다)

株(かぶ・가부) 주식, 증권

証券(しょうけん・쇼오껭) 증권

証券取引所(しょうけんとりひきじょ・
　쇼오껭도리히끼죠) 증권거래소

株主(かぶぬし・가부누시) 주주

上場(じょうじょう・죠오죠오) 상장

株価指数(かぶかしすう・가부까시스
　우) 주가지수

暴落(ぼうらく・보오라꾸) 폭락

原油価(げんゆか・겡유까) 원유가

オイルショック(오이루숏꾸) 오일쇼크

原資材難(げんしざいなん・겐시자이
　낭) 원자재난

構造調整(こうぞうちょうせい・고오
　조오죠오세이) 구조조정

救済金融(きゅうさいきんゆう・규우

사이깅유우) 구제금융

IMF(아이에무에후) 국제구제금융

組織改編(そしきかいへん・소시끼가이헹) 조직개편

外資誘致(がいしゆうち・가이시유우찌) 외자유치

外貨獲得(がいかかくとく・가이까가꾸또꾸) 외화획득

手形(てがた・데가따) 어음
　앞에서 이미 설명했듯이 「어음」을 가리키며 「데가따」라고 한다.

延手形(のべてがた・노베데가따) 연수표

振る(ふる・후루) 끊다, 흔들다
　3個月 滿期의 延手形을 振る
　(3개월 만기의 연수표를 끊는다)

保証(ほしょう・호쇼오) 보증

不渡り(ふわたり・후와따리) 부도

倒産(とうさん・도오상) 도산

信用不良(しんようふりょう・싱요오후료오) 신용불량

税務署(ぜいむしょ・제이무쇼) 세무서

税金(ぜいきん・제이낑) 세금

届出(とどけいで・도도께이데) 신고
　「도도께데」도 아니고 「게이슈쓰」도 아닌 「도도께이데」가 된다.

税制(ぜいせい・제이세이) 세제

税率(ぜいりつ・제이리쓰) 세율

免税(めんぜい・멘제이) 면세

誠実納付(せいじつのうふ・세이지쓰노오후) 성실납부

滞納(たいのう・다이노오) 체납

追徴(ついちょう・쓰이쬬오) 추징

差押え(さしおさえ・사시오사에) 차압
　발음이 「사시오사에」임을 새겨넣을 것

斜陽産業(しゃようさんぎょう・샤요오상교오) 사양산업

新種産業(しんしゅさんぎょう・신슈상교오) 신종산업

ベンチャー産業(さんぎょう・벤쨔상교오) 벤처산업

IT産業(さんぎょう・아이띠상교오) 정보·통신산업

3D業種(さんディぎょうしゅ・산디교오슈) 3D업종

忌避(きひ・기히) 기피

独占販売(どくせんはんばい・도꾸셍한바이) 독점판매

専売特許(せんばいとっきょ・센바이돗꾜) 전매특허

パラント(빠란또) 특허, 특허권

トレードマーク(도레에도마아꾸) 등록상표

カルテル(가루떼루) 카르텔, 기업연합

トラスト(도라스또) 트러스트, 독점적 기업합동

シンジケート(신지게에또) 신디게이트, 공동판매를 하는 기업연합

15 인체(人体)

「인체」에 관련된 단어 또한 그 발음이나 뜻이 까다로운 것들이 제법 많다. 하기는 인체의 표기는 거의 한자(漢字)로 이루어져 있기 때문에 뜻은 그런 대로 이해하기 쉬운 것들이 많지만, 발음이 따라주지 않는 단어도 적지가 않다.

먼저 우리의 몸을 구성하는 「세포」는 「細胞」라고 쓰고 「사이보오」라고 발음한다. 「사이호오」로 알기쉽지만 「호오」는 잘못이다.

다음으로 「혈구」는 「血球」라고 쓰고 「겟뀨우」라고 읽는데 문제는 「白血球」와 「赤血球」의 발음이다. 「白血球」는 「하꾸겟뀨우」가 아닌 「핫껫뀨우」이고, 「赤血球」 또한 엉뚱하게 「세끼겟뀨우」도, 「아까겟뀨우」도 아닌 「셋겟뀨우」인 것이다. 참으로 까다롭다고 아니할 수 없다.

「頭脳」는 한자의 뜻 그대로 「두뇌」를 가리키며 「즈노오」라고 하며, 뚱뚱한 사람을 놀리는 투의 「뚱뚱보」는 「でぶ(데부)」라고 하는데, 친근감을 나타내며 호칭할 때에는 「でぶちゃん(데부쨩)」이라고도 한다.

무언가 탐탁지가 않아 울상을 지을 때의 「울상」은 「泣き面(나끼쓰라)」이고 「잔뜩 찌푸린 얼굴」은 「しかめ面(시까메쓰라)」이다. 반면에 「웃는 얼굴」 「미소진 얼굴」은 「笑顔」라고 쓰고 「에가오」라고 하며, 또한 웃을 때 살짝 들어가는 여인의 「보조개」는 「笑くぼ(에꾸보)」가 된다.

우리는 「눈동자」를 「瞳子(동자)」라고 두 자(字)로 표현하지만, 그들은 「瞳(히또미)」 한 자(字)로 나타내고 있다.

한편 졸립거나 피로할 때 하는 「하품」은 「欠伸(아꾸비)」이고 「재채기」는 「くしゃみ(구사미)」, 그리고 「딸꾹질」은 「しゃっくり(샷꾸리)」라고 재미있게 표현하고 있다.

「어금니」는 「奥歯(오꾸바)」이고 「덧니」는 엉뚱하게도 「八重歯(아에바)」 그리고 「틀니」는 「入れ歯(이레바)」라고 한다.

「키다리」는 「のっぽ(놋뽀)」이고 반대로 「난쟁이」는 우리로서는 도저히 이해가 안 되는 「一寸法師」라고 하는데, 한자의 뜻도 그렇거니와 발음 또한 「잇슨보오시」이다.

다음으로 「손바닥」은 「手の裏(데노우라)」, 「손등」은 「手の甲(데노고오)」이 고, 「발바닥」은 「足の裏(아시노우라)」「발등」은 「足の甲(아시노고오)」로서 우리를 헷갈리게 만든다.

「오른손잡이」는 「右利き(미기기끼)」이고 반대로 「왼손잡이」는 「左利き(히 다리기끼)」이며, 「절름발이」는 「跛(빗꼬)」라고도 하고 「ちんば(쩐바)」라고도 한다.

이밖에도 발음이나 뜻이 엉뚱한 단어는 얼마든지 있다.

体(からだ・가라다) 몸
ボディー(보디이) 버디, 몸
人体(じんたい・진따이) 인체
身体(しんたい・신따이) 신체, 몸
肉体(にくたい・니꾸따이) 육체
体格(たいかく・다이까꾸) 체격
体力(たいりょく・다이료꾸) 체력
体質(たいしつ・다이시쓰) 체질
体温(たいおん・다이옹) 체온
五官(ごかん・고깡) 5관, 눈・코・
　입・귀・피부의 다섯 가지 감각기관
臓器(ぞうき・조오끼) 장기
内臓(ないぞう・나이조오) 내장
生理(せいり・세이리) 생리
発育(はついく・하쓰이꾸) 발육
細胞(さいぼう・사이보오) 세포
　모두에서 말했듯이 「사이호오」가
아닌 「사이보오」이다.

神経(しんけい・싱께이) 신경
自律神経(じりつしんけい・지리쓰싱
　께이) 자율신경
筋肉(きんにく・긴니꾸) 근육
脂肪(しぼう・시보오) 지방
ホルモン(호루몽) 호르몬
分泌(ぶんぴつ・분삐쓰) 분비
淋巴腺(りんぱせん・린빠셍) 임파선
胴(どう・도오) 몸통
胴体(どうたい・도오따이) 동체, 몸통
骨(ほね・호네) 뼈
骨格(こっかく・곳까꾸) 골격, 뼈대
骨組み(ほねぐみ・호네구미) 뼈대
脊椎(せきつい・세끼쓰이) 척추
肋膜(ろくまく・로꾸마꾸) 늑막, 갈비뼈
関節(かんせつ・간세쓰) 관절
血(ち・지) 피, 혈액
血液(けつえき・게쓰에끼) 혈액

162

血球(けっきゅう・겟뀨우) 혈구

白血球(はっけっきゅう・핫겟뀨우)
　백혈구

赤血球(せっけっきゅう・셋겟뀨우)
　적혈구

　앞에서도 말했듯이 「白血球」는 「핫
겟뀨우」이고 「赤血球」는 「셋겟뀨우」
라고 읽는다.

血管(けっかん・겟깡) 혈관, 핏줄

血筋(ちすじ・지스지) 핏줄, 혈관

脈搏(みゃくはく・먀꾸하꾸) 맥박

静脈(じょうみゃく・죠오먀꾸) 정맥

動脈(どうみゃく・도오먀꾸) 동맥

遺伝(いでん・이뎅) 유전

遺伝子(いでんし・이뎅시) 유전자

鑑識(かんしき・간시끼) 감식

　親子確認の ため 遺伝子鑑識を する
　(친자확인을 위해 유전자 감식을 한다)

突然変異(とつぜんへんい・도쓰젱헹
　이) 돌연변이

進化論(しんかろん・싱까롱) 진화론

優生学(ゆうせいがく・유우세이가꾸)
　우생학

頭(あたま・아따마) 머리, 두부(頭部)

頭脳(ずのう・즈노오) 두뇌, 뇌

　「頭」는 주로 「도오」로 발음하지만
「즈」가 되는 경우가 더러 있다.

頭痛(ずつう・즈쓰우) 두통

脳(のう・노오) 뇌, 뇌수

大脳(だいのう・다이노오) 대뇌

脳炎(のうえん・노오엥) 뇌염

知能(ちのう・지노오) 지능

知能指数(ちのうしすう・지노오시스
　우) 지능지수

IQ(あいきゅう・아이뀨우) IQ, 지능지수

感性指数(かんせいしすう・간세이시
　스우) 감성지수

脳味噌(のうみそ・노오미소) 뇌수, 뇌

脳天(のうてん・노오뗑) 정수리

脳膜(のうまく・노오마꾸) 뇌막

低能児(ていのうじ・데이노오지) 저
　능아

上体(じょうたい・죠오따이) 상체, 윗몸

上半身(じょうはんしん・죠오한싱)
　상반신

半身(はんしん・한싱) 반신

裸(はだか・하다까) 알몸, 발가숭이

裸一貫(はだかいっかん・하다까잇깡)
　자기 몸 하나 밖에 아무것도 없음.
적수공권

　裸一貫から グループの 会長に なる
　(맨주먹으로 그룹의 회장이 된다)

半裸(はんら・한라) 반라, 반나체

裸体(らたい・라따이) 나체, 알몸뚱이

ヌード(ぬうど・누우도) 누드, 나체, 알몸

肥える(こえる・고에루) 살이 찌다, 비

옥해지다
太る(ふとる・후또루) 살찌다
肥満(ひまん・히망) 비만
でぶ(데부) 뚱뚱보

　앞에서 말했듯이 「뚱뚱한 사람」을
약간 조롱하는 말이다.
体重(たいじゅう・다이쥬우) 체중, 몸
　무게
増える(ふえる・후에루) 늘어나다, 증
　가하다
減る(へる・헤루) 줄다, 감소하다
体重計(たいじゅうけい・다이쥬우께
　이) 체중계
計る(はかる・하까루) (무게를) 달다
やせる(야세루) 여위다, 살이 빠지다
やせっぽち(야셋뽀찌) 말라깽이
やつれる(야쯔레루) 몸이 여위다
衰弱(すいじゃく・스이쟈꾸) 쇠약
皮膚(ひふ・히후) 피부, 살갗
肌(はだ・하다) 피부, 살갗, 살결
　일본사람들은 「皮膚」라는 단어보다
는 이 「肌」를 더 많이 쓴다.
肌着(はだぎ・하다기) 속옷, 내의
肌触り(はだざわり・하다자와리)　살
　에 닿는 감촉
素肌(すはだ・스하다) 맨몸, 알몸
すべすべ(스베스베) 매끈매끈
鳥肌(とりはだ・도리하다) 소름, 깔깔

한 살갗

　「소름」이 끼칠 때의 「소름」이라는
뜻과 「까칠까칠한 살갗」이라는 두 뜻
이 있다.

　恐ろしさの あまり 鳥肌が 立つ
　(무서운 나머지 소름이 끼친다)
　彼女は 美しいが 鳥肌である
　(그녀는 아름답지만 살갗이 까칠까
칠하다)
髪(かみ・가미) 머리카락
髪の毛(かみのけ・가미노게) 머리카락
毛髪(もうはつ・모오하쯔) 모발
髷(まげ・마게) 상투, 틀어올린 머리
黒髪(くろかみ・구로가미) 검은 머리
白髪(はくはつ・하꾸하쯔) 백발
前髪(まえがみ・마에가미) 앞머리
金髪(きんぱつ・긴빠쓰) 금발
短髪(たんぱつ・단빠쓰) 단발

　「金髪」「短髪」 모두 「하쓰」가 아닌
「빠쓰」가 된다.
半白(はんぱく・한빠꾸) 반백, 흑백이
　반씩 섞인 머리
縮れ毛(ちぢれげ・지지레게) 곱슬머리
禿げる(はげる・하게루) 머리털이 빠
　지다
禿頭(はげあたま・하게아따마) 대머리
ふけ(후게) 비듬
シャンプ(샨뿌) 샴프

洗う(あらう・아라우) 씻다, 빨다

洗髪(せんぱつ・센빠쓰) 세발, 머리를 감다

面(つら・めん・쓰라・멩) 얼굴, 낯짝

面の皮(つらのかわ・쓰라노가와) 낯가죽

面汚し(つらよごし・쓰라요고시) 체면손상

泣き面(なきつら・나끼쓰라) 울상, 우는 얼굴

　子供は 泣き面で 立って いた
(어린아이는 울상을 짓고 서 있었다)

しかめ面(しかめつら・시까메쓰라) 잔뜩 찌푸린 얼굴

渋面(じゅうめん・쥬우멩) 찌푸린 얼굴
「しかめ面」와 같은 뜻이다.

仮面(かめん・가멩) 가면

面会(めんかい・멩까이) 면회

面子(メンツ・멘쓰) 체면, 면목

顔(かお・가오) 얼굴

素顔(すがお・스가오) 맨얼굴

横顔(よこがお・요꼬가오) 옆얼굴

プロフィール(뿌로휘이루) 프로필, 옆얼굴

笑顔(えがお・에가오) 웃는 얼굴, 미소지은 얼굴

　앞에서 말했듯이 「와라이가오」가 아닌 「에가오」이다.

泣き顔(なきがお・나끼가오) 울상

童顔(どうがん・도오강) 동안

美貌(びぼう・비보오) 미모

別嬪(べっぴん・벳삥) 미인, 미녀

　무슨 뜻인지 이해하기 힘든 단어로서 「미녀」를 가리키며 「벳삥」이라고 한다.

不器量(ぶきりょう・부끼료오) 용모가 추함

　「器量」는 「기량」이라는 뜻과 「여자의 용모」를 가리키는 두 가지 뜻이 있는데, 「아니」라는 「不」자가 들어가 「못생긴 용모」가 된 것이다.

にきび(니끼비) 여드름

　彼女は にきびで 悩んで いる
(그녀는 여드름으로 고민하고 있다)

そばかす(소바까스) 주근깨

しみ(시미) 얼굴에 나는 기미

黒子(ほくろ・호꾸로) 검정사마귀

　발음이 엉뚱하게도 「호꾸로」이다.

　白い 顔に 黒子が 魅力的な 乙女である (흰 얼굴에 검은 사마귀가 매력적인 처녀이다)

疣(いぼ・이보) 사마귀

痣(あざ・아자) 점, 반점

あばた(아바따) 곰보

しかめる(시까메루) 찌푸리다

ひそめる(히소메루) 찌푸리다

頷く(うなずく・우나즈꾸) 고개를 끄
 덕이다
べそを かく(베소오가꾸) 울상을 짓다
笑う(わらう・와라우) 웃다
微笑む(ほおえむ・호오에무) 미소짓다
微笑(びしょう・비쇼오) 미소
笑いこける(わらいこける・와라이고
 께루) 배꼽이 빠지게 웃다
にこにこ(니꼬니꼬) 생긋생긋, 싱글싱글
からから(가라까라) 껄껄
高笑い(たかわらい・다까와라이) 홍
 소(哄笑), 껄껄 웃음
苦笑い(にがわらい・니가와라이) 쓴
 웃음
にやにや(니야니야) 싱글싱글, 히쭉히쭉
嘲笑い(せせらわらい・세세라와라이)
 조소, 비웃음
にたにた(니따니따) 히죽히죽
げらげら(게라게라) 낄낄거리며 웃다
 彼は 急に げらげら 笑い出した
 (그는 갑자기 낄낄거리며 웃기 시작
 했다)
泣く(なく・나꾸) 울다
慟哭(どうこく・도오꼬꾸) 통곡
すすり泣き(すすりなき・스스리나끼)
 흐느낌
嗚咽(おえつ・오에쓰) 오열, 흐느껴울다
 발음이 쉽게 떠오르지 않는 단어로

서 「오에쓰」라고 읽는다.
髭(ひげ・히게) 수염
髭面(ひげづら・히게즈라) 수염이 많
 은 얼굴
剃刀(かみそり・가미소리) 면도칼
 발음이 난데없는 「가미소리」라는
사실에 유의할 것
剃る(そる・소루) 수염을 깎다
濃い(こい・고이) 진하다, 짙다
薄い(うすい・우스이) 엷다, 진하지 않다
億劫(おっくう・옷꾸우) 귀찮다, 성가
 시다
面倒(めんどう・멘도오) 귀찮다, 성가
 시다
 「億劫」나 「面倒」나 뜻은 다같이 「귀
찮다」 「성가시다」이다.
 毎朝 髭を 剃るのも 面倒である
 (매일아침 수염을 깎는 것도 성가시다)
首(くび・구비) 목, 모가지
項(うなじ・우나지) 목덜미
首筋(くびすじ・구비스지) 목덜미
首輪(くびわ・구비와) 목걸이
首ったけ(くびったけ・구빗따께) 홀
 딱 반함
 발음이 「구빗따께」이며 「홀딱 반하
다」라는 뜻이다.
 彼女に 首ったけ 惚れて いる
 (그녀에게 홀딱 반해 있다)

首都(しゅと・슈또) 수도

首席(しゅせき・슈세끼) 수석

額(ひたい・히따이) 이마

しわ(시와) 주름, 구김살

しわ寄る(しわよる・시와요루) 주름
　지다

眉(まゆ・마유) 눈썹

眉毛(まゆげ・마유게) 눈썹

こめかみ(고메까미) 관자놀이

頬(ほお・호오) 뺨, 볼

頬っぺた(ほっぺた・홋뻬따) 볼태기, 뺨

頬桁(ほおげた・호오게따) 광대뼈

頬ずり(ほおずり・호오즈리) 자기뺨
　을 상대의 뺨에 비벼대는 것

頬杖(ほおづえ・호오즈에) 팔꿈치를
　세우고 손으로 턱을 괴는 것

笑くぼ(えくぼ・에꾸보) 보조개, 볼우물
　서두에서 설명했듯이 「보조개」를
뜻하며 「에꾸보」라고 읽는다.

目(め・메) 눈, 눈알

眼(め・메) 눈, 눈알

目玉(めだま・메다마) 눈알, 안구(眼球)

眼球(がんきゅう・강뀨우) 안구, 눈알

瞳(ひとみ・히또미) 눈동자
　이미 설명했듯이 「히또미」라고 읽
으며 「눈동자」를 뜻한다.

「母の瞳」と云う感動的な映画が
あった (「어머니의 눈동자」라는 감동

적인 영화가 있었다)

瞳孔(どうこう・도오꼬오) 동공, 눈동자

目頭(めがしら・메가시라) 눈시울

目尻(めじり・메지리) 눈고리, 눈초리

目医者(めいしゃ・메이샤) 안과의사

眼差し(まなざし・마나자시) 눈길, 눈빛
　「眼」는 발음이 「메」이지만 「마나」
로 발음하는 수가 있다.

血眼(ちまなこ・지마나꼬) 혈안(血眼)
　이 단어 또한 「眼」를 「마나꼬」라고
변칙적으로 발음하고 있다.

流し目(ながしめ・나가시메) 추파, 윙크

ウインク(윙꾸) 윙크, 추파

目糞(めくそ・메꾸소) 눈곱

目脂(めやに・메야니) 눈곱

目配せ(めくばせ・메꾸바세) 눈짓

目端(めはし・메하시) 눈치, 재치
　実に目端がよくきく子供である
　(참으로 눈치가 아주 빠른 아이이다)

肉眼(にくがん・니꾸강) 육안

碧眼(へきがん・헤끼강) 벽안, 푸른 눈

老眼(ろうがん・로오강) 노안

独眼(どくがん・도꾸강) 애꾸눈

瞼(まぶた・마부따) 눈꺼풀

二重瞼(にじゅうまぶた・니쥬우마부
　따) 쌍꺼풀

眦(まなじり・마나지리) 눈초리

睫毛(まつげ・마쓰게) 속눈썹

涙(なみだ・나미다) 눈물

涙ぐむ(なみだぐむ・나미다구무) 눈물짓다

涙ぐましい(なみだぐましい・나미다구마시이) 눈물겹다, 눈물겨운

涙腺(るいせん・루이셍) 누선, 눈물샘

血涙(けつるい・게쓰루이) 혈루, 피눈물

見る(みる・미루) 보다, 관찰하다

見つめる(みつめる・미쓰메루) 응시하다, 바라보다

見える(みえる・미에루) 보이다

見上げる(みあげる・미아게루) 올려다보다

　空を 見上げて 星を 見る

　(하늘을 올려다보고 별을 본다)

仰ぐ(あおぐ・아오구) 위를 보다, 우러러보다

見下ろす(みおろす・미오로스) 내려다보다

見守る(みまもる・미마모루) 지켜보다

見張る(みはる・미하루) 눈을 크게 뜨다

見廻す(みまわす・미마와스) 둘러보다

ぱっちり(빳찌리) 눈이 시원스러운 모양, 눈을 크게 뜬 모양

細める(ほそめる・호소메루) 눈을 가늘게 뜨다

開ける(あける・아께루) (눈을)뜨다

閉じる(とじる・도지루) (눈을)감다

瞬く(またたく・마따다꾸) 깜빡이다

瞑る(つむる・쓰무루) (눈을)감다

つぶる(쓰부루) 눈을 감다

睨む(にらむ・니라무) 노려보다

すがめる(스가메루) 한쪽눈을 가늘게 뜨다

視神経(ししんけい・시싱께이) 시신경

網膜(もうまく・모오마꾸) 망막

視線(しせん・시셍) 시선

視力(しりょく・시료꾸) 시력

近視(きんし・긴시) 근시

遠視(えんし・엔시) 원시

亂視(らんし・란시) 난시

斜視(やぶにらみ・야부니라미) 사시, 사팔뜨기

　발음이「샤시」가 아닌「야부니라미」라는 사실을 새겨넣을 것

白内障(はくないしょう・하꾸나이쇼오) 백내장

眼鏡(めがね・메가네) 안경

　「강꾜오」나「메가가미」로 발음한다고 생각할 테지만 엉뚱하게「메가네」이다.

レンズ(렌즈) 렌즈

コンタクトレンズ(곤따꾸또렌즈) 콘택트렌즈

失明(しつめい・시쓰메이) 실명

盲(めくら・메꾸라) 장님, 맹인

何と言っても 一番 不幸なのは 盲で あろう (뭐라해도 가장 불행한 것은 장님일 것이다)

盲人(もうじん・모오징) 맹인

盲目(もうもく・모오모꾸) 맹목

めっかち(멧까찌) 애꾸눈

鳥目(とりめ・도리메) 야맹증

　직역하면 「새눈」이 되어 결국 「야맹증」을 뜻한다.

義眼(ぎがん・기강) 의안, 해박은 눈

開眼(かいがん・가이강) 개안

鼻(はな・하나) 코

鼻筋(はなすじ・하나스지) 콧날

鼻毛(はなげ・하나게) 콧털

鼻水(はなみず・하나미즈) 콧물

鼻汁(はなじる・하나지루) 콧물

洟(はな・하나) 콧물, 코

鼻血(はなぢ・하나지) 코피

垂れる(たれる・다레루) 매달리다, 흘리다

鼻孔(びこう・비꼬오) 비공, 콧구멍

鷲鼻(わしばな・와시바나) 매부리코

鼻糞(はなくそ・하나꾸소) 코딱지

ほじくる(호지꾸루) 후비다

鼻が 詰まる(はなが つまる・하나가 쓰마루) 코가 막히다

口(くち・구찌) 입

唇(くちびる・구찌비루) 입술

読唇術(どくしんじゅつ・도꾸신쥬쓰) 독순술

三つ口(みつくち・미쓰구찌) 언청이

　직역하면 「세 개의 입」이지만 「언청이」를 가리킨다.

口答え(くちごたえ・구찌고따에) 말대꾸

口笛(くちぶえ・구찌부에) 휘파람

口髭(くちひげ・구찌히게) 입수염

口述(こうじゅつ・고오쥬쓰) 구술

人口(じんこう・징꼬오) 인구

話す(はなす・하나스) 이야기하다

言う(いう・유우) 말하다

言葉(ことば・고또바) 말, 언어

　발음이 쉽게 생각나지 않는 단어로서 「고또바」이며 「말」을 가리킨다.

言語(げんご・겡고) 언어

独言(ひとりごと・히또리고또) 혼잣말

独白(どくはく・도꾸하꾸) 독백

喋る(しゃべる・샤베루) 지껄이다

　발음이 좀체로 생각나지 않는 단어로서 「샤베루」이고 「지껄이다」라는 뜻이다.

ぺらぺら(뻬라뻬라) 입심좋게 지껄여대는 모양, 재잘재잘

　男の くせに ぺらぺら 喋る

　(남자 주제에 재잘재잘 지껄인다)

ぺちゃくちゃ(뻬쨔꾸쨔) 시끄럽게 지

껄여대는 모양

呟く(つぶやく・쓰부야꾸) 중얼거리다

囁く(ささやく・사사야꾸) 속삭이다

　발음이 쉽게 생각나지 않는 단어로서 「사사야꾸」라고 읽는다.

叫ぶ(さけぶ・사께부) 외치다, 소리치다

怒鳴る(どなる・도나루) 고함치다, 소리치다

吃る(どもる・도모루) 말을 더듬다

無口(むくち・무구찌) 과묵함, 말이 없음

　직역하면 「입이 없다」가 되지만 「입이 무겁다」라는 뜻이다.

　女に しては 無口な 方である

　(여자로서는 말이 없는 편이다)

食べる(たべる・다베루) 먹다

噛む(かむ・가무) 씹다, 깨물다

飲む(のむ・노무) 마시다

くわえる(구와에루) 입에 물다

　犬が 棒を くわえて 走って 来る

　(개가 막대기를 물고 달려온다)

なめる(나메루) 핥다

つぼめる(쓰보메루) 입을 오무리다

つぐむ(쓰구무) 입을 다물고 말을 안 함

唖(おし・오시) 벙어리

　어떻게 발음해야 할지 난감한 단어로서 「오시」라고 하며 「벙어리」를 뜻한다.

吐く(はく・하꾸) 토하다, 배앝다

吐息(といき・도이끼) 한숨

溜息(ためいき・다메이끼) 한숨

咳(せき・세끼) 기침

痰(たん・당) 가래

唾(つば・쓰바) 침

唾液(だえき・다에끼) 타액, 침

生唾(なまつば・나마쓰바) 군침

涎(よだれ・요다레) 흘리는 침

　발음이 「요다레」이고 주로 아기나 노인이 흘리는 「침」이다.

欠伸(あくび・아꾸비) 하품

　앞에서 말했듯이 「하품」을 뜻하며 발음은 엉뚱하게 「아꾸비」이다.

生欠伸(なまあくび・나마아꾸비) 선하품

くしゃみ(구샤미) 재채기

しゃっくり(샷꾸리) 딸꾹질

げっぷ(겟뿌) 트림

歯(は・하) 이빨, 치아

歯茎(はぐき・하구끼) 잇몸

前歯(まえば・마에바) 앞니

奥歯(おくば・오꾸바) 어금니

八重歯(やえば・야에바) 덧니

　앞에서 설명했듯이 「덧니」를 뜻하며 발음은 「야에바」이다.

虫歯(むしば・무시바) 충치, 벌레먹은 이

入れ歯(いれば・이레바) 틀니

入れ歯を したが あまりにも 不便で
ある (틀니를 했는데 너무나 불편하다)

歯軋り(はぎしり・하기시리) 잠을 자
면서 이를 갈다

歯磨き(はみがき・하미가끼) 이를 닦
는 것

歯医者(はいしゃ・하이샤) 치과의사

声(こえ・고에) 목소리

泣き声(なきごえ・나끼고에) 우는 소
리, 울음소리

肉声(にくせい・니꾸세이) 육성

ハスキー(하스끼이) 허스키, 목쉰 소리

声帯(せいたい・세이따이) 성대

声紋(せいもん・세이몽) 성문

声楽(せいがく・세이가꾸) 성악

嘆声(たんせい・단세이) 탄성, 감탄의
소리

聞く(きく・기꾸) 듣다, 묻다

音(おと・오또) 소리

音楽(おんがく・옹가꾸) 음악

発音(はつおん・하쓰옹) 발음

耳(みみ・미미) 귀

耳ぶた(みみぶた・미미부따) 귓밥, 귓볼

耳垢(みみあか・미미아까) 귀지

耳飾り(みみかざり・미미가자리) 귀
고리

耳打ち(みみうち・미미우찌) 귀엣말,
귓속말

耳なれる(みみなれる・미미나레루)
귀에 익음

初耳(はつみみ・하쓰미미) 금시초문

직역하면 「처음 듣다」로서 결국 「금
시초문」이 되며 「하쓰미미」라고 읽는다.
それは 実に 初耳の 事件である
(그것은 참으로 금시초문의 사건이다)

空耳(そらみみ・소라미미) 헛들음, 잘
못 들음

中耳(ちゅうじ・쥬우지) 중이, 고막과
내이(内耳)의 중간부분

耳下腺(じかせん・지까셍) 이하선, 귀
밑샘

聴覚(ちょうかく・죠오까꾸) 청각

聴く(きく・기꾸) 소리나 이야기를 듣다

難聴(なんちょう・난죠오) 난청

補聴器(ほちょうき・호죠오끼) 보청기

聾(つんぼ・쓴보) 귀머거리

이 단어 또한 발음이 쉽지 않은데 「쓴
보」라고 하며 「귀머거리」를 뜻한다.

舌(した・시따) 혀, 혓바닥

舌打ち(したうち・시따우찌) 혀를 차다

舌鼓(したつづみ・시따쓰즈미) 입맛
을 다심

二枚舌(にまいじた・니마이지따) 일
구이언(一口二言), 한 입으로 두 가
지 말을 함

직역하면 「두 장의 혀」가 되지만,

결국 「일구이언」으로 쓰여지며 「니마이지따」라고 한다.

舌を ぺろりと 出す(したを ぺろりと だす・시따오 뻬로리또 다스) 혀를 날름 내민다

喉(のど・노도) 인후, 목구멍

喉自慢(のどじまん・노도지망) 노래 자랑

喉仏(のどぼとけ・노도보도께) 목젖

咽喉(いんこう・잉꼬오) 인후, 목구멍

気管支(きかんし・기깐시) 기관지

扁桃腺(へんとうせん・헨또오셍) 편도선

顎(あご・아고) 턱

上顎(じょうがく・죠오가꾸) 상악, 위턱

下顎(かがく・가가꾸) 하악, 아래턱

肩(かた・가따) 어깨

肩書(かたがき・가따가끼) 그 사람의 직함·지위·신분 따위

路肩(ろかた・로까따) 갓길

両肩(りょうけん・료오껭) 두 어깨

担う(になう・니나우) 짊어지다

担ぐ(かつぐ・가쓰구) 짊어지다

胸(むね・무네) 가슴

胸部(きょうぶ・교오부) 흉부

胸像(きょうぞう・교오조오) 흉상

鳩胸(はとむね・하또무네) 새가슴

胸倉(むなぐら・무나구라) 멱살

糞度胸(くそどきょう・구소도꾜오) 똥배짱

みぞおち(미조오찌) 명치

心臓(しんぞう・신조오) 심장

ハート(하아또) 하트, 심장

肺(はい・하이) 폐, 허파

肺臓(はいぞう・하이조오) 폐장

肺活量(はいかつりょう・하이까쓰료오) 폐활량

息(いき・이끼) 숨, 호흡

呼吸(こきゅう・고뀨우) 호흡, 숨

乳(ちち・지찌) 젖, 유방

乳房(ちぶさ・지부사) 유방
　발음이 「지찌후사」가 아닌 「지부사」임을 새겨둘 것

おっぱい(옷빠이) 젖먹이 용어로서 「젖」 또는 「젖통」을 가리킴

豊満(ほうまん・호오망) 풍만

母乳(ぼにゅう・보뉴우) 모유

牛乳(ぎゅうにゅう・규우뉴우) 우유

背(せ・세) 등, 키

背中(せなか・세나까) 등

背筋(せすじ・세스지) 등골, 등줄기

背伸び(せのび・세노비) 발돋음

猫背(ねこぜ・네꼬제) 새우등, 굽은 등

背景(はいけい・하이께이) 배경

身(み)の丈(たけ・미노다께) 키, 신장

背丈(せたけ・세다께) 키, 신장

丈比べ(たけくらべ・다께꾸라베) 키 재기

どんぐりの 丈比べである

(도토리 키재기이다)

身長(しんちょう・신쬬오) 신장, 키

のっぽ(노뽀) 키다리

一寸法師(いっすんぼうし・잇슨보오시) 난쟁이

앞에서도 말했듯이 「키가 큰 사람」 은 「노뽀」이고, 반대로 「난쟁이」는 「잇 슨보오시」라고 한다.

せむし(세무시) 꼽추, 곱사등이

佝僂(くる・구루) 구루, 꼽추

脇(わき・와끼) 겨드랑이

脇下(わきした・와끼시따) 겨드랑밑

両脇(りょうわき・료오와끼) 양쪽겨 드랑이

腋臭(わきが・와끼가) 암내, 액취

抱える(かかえる・가까에루) 껴안다

懐(ふところ・후도꼬로) 품

母の 懐が 恋しい

(어머니의 품이 그립다)

臍(へそ・헤소) 배꼽

臍の緒(へそのお・헤소노오) 탯줄

ほぞ(호조) 배꼽

ほぞを 噛む(ほぞを かむ・호조오 가 무) 후회하다

今に なって ほぞを 噛んでも おそ

い (이제와서 후회해도 늦었다)

腹(はら・하라) 배

腹部(ふくぶ・후꾸부) 복부

脇腹(わきばら・와끼바라) 옆구리

下腹(したはら・시따하라) 아랫배

丹田(たんでん・단뎅) 단전, 아랫배

太鼓腹(たいこばら・다이꼬바라) 불 룩한 배, 튀어나온 배

腹膜(ふくまく・후꾸마꾸) 복막

腹痛(ふくつう・후꾸쓰우) 복통

食道(しょくどう・쇼꾸도오) 식도

腸(ちょう・쬬오) 장

胃(い・이) 위, 내장

大腸(だいちょう・다이쬬오) 대장

小腸(しょうちょう・쇼오쬬오) 소장

十二指腸(じゅうにしちょう・쥬우니 시쬬오) 십이지장

回虫(かいちゅう・가이쮸우) 회충

虫下し(むしくだし・무시구다시) 회 충약

回虫が 多くて 虫下しを 飲む

(회충이 많아 회충약을 먹는다)

盲腸(もうちょう・모오쬬오) 맹장

消化(しょうか・쇼오까) 소화

反芻(はんすう・한스우) 반추, 되새김질

吸収(きゅうしゅう・규우슈우) 흡수

排泄(はいせつ・하이세쓰) 배설

用便(ようべん・요오벵) 용변, 대소변

을 보다

尿(にょう・뇨오) 오줌, 소변

小便(しょうべん・쇼오벵) 소변, 오줌

大便(だいべん・다이벵) 대변, 똥

糞(くそ・구소) 똥, 찌꺼기

下手糞(へたくそ・헤따꾸소) 서툴기
　짝이 없음

　일 따위를 서툴게 할 때 쓰는 일종의
욕으로서 「헤따꾸소」가 된다.

糞を 垂れる(くそを たれる・구소오
　다레루) 똥을 싸다

糞垂れ(くそたれ・구소따레) 똥을 쌀 놈
　この 二枚舌の 糞垂れめ
　(이 일구이언하는 똥싸개놈아)

泌尿器(ひにょうき・히뇨오끼) 비뇨기

生殖器(せいしょくき・세이쇼꾸끼)
　생식기

陰茎(いんけい・잉께이) 음경, 남근
　(男根)

金玉(きんたま・긴따마) 불알

　금이나 옥처럼 귀하다는 데에서 비
롯된 말로서 「불알」을 가리킨다.

睾丸(こうがん・고오강) 고환, 불알

包茎(ほうけい・호오께이) 포경

子宮(しきゅう・시뀨우) 자궁

卵巣(らんそう・란소오) 난소

膣(ちつ・지쓰) 질, 여자의 생식기

精子(せいし・세이시) 정자

卵子(らんし・란시) 난자

腕(うで・우데) 팔, 솜씨

腕時計(うでどけい・우데도께이) 팔
　목시계

腕比べ(うでくらべ・우데꾸라베) 팔
　씨름

腕組み(うでぐみ・우데구미) 팔짱

腕前(うでまえ・우데마에) 솜씨, 실력

　자칫 「팔 앞」을 떠올릴 테지만 전혀
다른 「솜씨」라는 뜻이다. 「팔 앞」은 「腕
の 前(우데노 마에)」이다.

腕力(わんりょく・완료꾸) 완력

腕白(わんぱく・완빠꾸) 개구쟁이

　이 또한 뜻을 헤아리기 힘든 단어
로서 「개구쟁이」를 가리킨다.

肘(ひじ・히지) 팔꿈치

肘枕(ひじまくら・히지마꾸라) 팔베개

肘鉄砲(ひじてっぽう・히지뎃뽀오)
　팔꿈치로 상대방을 치는 것

文身(ぶんしん・분싱) 문신

腰(こし・고시) 허리

腰骨(こしぼね・고시보네) 허리뼈

腰椎(ようつい・요오쓰이) 요추

座骨(ざこつ・자꼬쓰) 좌골

腰痛(ようつう・요오쓰우) 요통

しびれる(시비레루) 저리다, 마비되다

神経痛(しんけいつう・싱께이쓰우)
　신경통

腰抜け(こしぬけ・고시누께) 겁쟁이, 얼간이

직역하면 「허리가 빠지다」인데 뜻은 엉뚱하게도 「겁쟁이」이다.

手(て・데) 손

手の裏(てのうら・데노우라) 손바닥

手の甲(てのこう・데노고오) 손등

모두에서 말했듯이 「손바닥」과 「손등」을 가리킨다.

手首(てくび・데꾸비) 손목

「데꾸비」라고 해야지 「데구비」로 발음하면 뜻이 통하지 않는다.

両手(りょうて・료오떼) 두 손, 양손

諸手(もろて・모로떼) 두 손

片手(かたて・가다떼) 한쪽 손, 한 손

素手(すで・스데) 맨손

平手(ひらて・히라떼) 손바닥

平手打ち(ひらてうち・히라떼우찌) 손바닥으로 뺨을 치기

手相(てそう・데소오) 수상, 손금

手筋(てすじ・데스지) 손금

手触り(てざわり・데자와리) 손으로 만지는 감촉

手真似(てまね・데마네) 손으로 흉내를 냄

手招き(てまねき・데마네끼) 손짓으로 부름

右利き(みぎきき・미기기끼) 오른손잡이

左利き(ひだりきき・히다리기끼) 왼손잡이

「右利き」는 「오른쪽이 잘 듣는다」이고 「左利き」는 「왼쪽이 잘 듣는다」로서 결국 「오른손잡이」와 「왼손잡이」로 변한 것이다.

彼は 生まれつき 左利きである

(그는 나면서부터 왼손잡이이다)

サウスポー(사우스뽀오) 사우스포, (투수나 복서) 왼손잡이

手段(しゅだん・슈당) 수단

握手(あくしゅ・아꾸슈) 악수

持つ(もつ・모쓰) 들다, 가지다

持ち上げる(もちあげる・모찌아게루) 들어올리다

持ち物(もちもの・모찌모노) 소지품, 소유물

掴む(つかむ・쓰까무) 움켜쥐다

抓む(つまむ・쓰마무) 손가락으로 잡다

悪臭に 鼻を 抓む

(악취에 코를 손가락으로 잡는다)

握る(にぎる・니기루) 쥐다, 잡다

触る(さわる・사와루) 만지다

触れる(ふれる・후레루) 닿다, 접촉하다

拾う(ひろう・히로우) 떨어진 것을 줍다

捨てる(すてる・스떼루) 버리다

伸ばす(のばす・노바스) 길게 하다, 펴다

曲げる(まげる・마게루) 구부리다, 굽히다

打つ(うつ・우쓰) 치다, 때리다

殴る(なぐる・나구루) 때리다, 치다

振る(ふる・후루) 흔들다

投げる(なげる・나게루) 던지다

撫でる(なでる・나데루) 어루만지다

掻く(かく・가꾸) 긁다

擦る(こする・고스루) 문지르다

つねる(쓰네루) 꼬집다

鋏む(はさむ・하사무) 끼우다

引っ張る(ひっぱる・힛빠루) 잡아당기다

指す(さす・사스) 가리키다

数える(かぞえる・가조에루) 헤아리다

掌(てのひら・데노히라) 손바닥

指紋(しもん・시몽) 지문

車掌(しゃしょう・샤쇼오) 차장

拳(こぶし・고부시) 주먹

拳骨(げんこつ・겐꼬쓰) 주먹

拳闘(けんとう・겐또오) 권투

指(ゆび・유비) 손가락과 발가락

手指(てゆび・데유비) 손가락

足指(あしゆび・아시유비) 발가락

親指(おやゆび・오야유비) 엄지(손・발)가락

人差し指(ひとさしゆび)・히또사시유비) 첫째손가락

中指(なかゆび・나까유비) 가운데손(발)가락

薬指(くすりゆび・구스리유비) 넷째손가락

小指(こゆび・고유비) 새끼손(발)가락

指環(ゆびわ・유비와) 반지

指折り(ゆびおり・유비오리) 손꼽아

永住権を 指折り 待つ
(영주권을 손꼽아 기다린다)

指差す(ゆびさす・유비사스) 손가락질하며 가리킴

爪(つめ・쓰메) 손톱과 발톱

伸びる(のびる・노비루) 늘어나다, 자라다

爪の 垢(つめの あか・쓰메노 아까) 손톱과 발톱의 때

爪切り(つめきり・쓰메끼리) 손톱깎기

爪痕(つめあと・쓰메아또) 손톱자국

メラニン(메라닝) 멜라닌, 색소(色素)의 하나

尻(しり・시리) 엉덩이, 궁둥이

尻拭い(しりぬぐい・시리누구이) 남의 뒷치닥거리

尻込み(しりごみ・시리고미) 뒷걸음질
직역하면 「엉덩이를 오므리다」가 되지만 결국 「뒷걸음질」을 뜻한다.

敵を 前に 尻込みするのは 卑怯である (적을 앞에 두고 뒷걸음질치는 것

은 비겁하다)

尻目(しりめ・시리메) 곁눈질

臑(すね・스네) 정강이

臑かじり(すねかじり・스네가지리)
　부모에게 생활보조를 받는 것, 또 그
　런 사람

脛(はぎ・하기) 정강이

股(また・마따) 가랑이

跨る(またがる・마따가루)　가랑이를
　벌리고 타다

膝(ひざ・히자) 무릎

膝栗毛(ひざくりげ・히자구리게)　도
　보로 여행함

足(あし・아시) 발, 다리

足の裏(あしのうら・아시노우라)　발
　바닥

足の甲(あしのこう・아시노고오) 발등
　앞에서 설명했듯이 「足の裏」는 「발
바닥」이고 「足の甲」는 「발등」이다.

素足(すあし・스아시) 맨발
　「소아시」로 생각할 테지만 「스아시」
이다.

裸足(はだし・하다시) 맨발
　「하다아시」가 아닌 「하다시」임을
새겨넣을 것

跣(はだし・하다시) 맨발

足跡(あしあと・아시아또) 발자국

1足(いっそく・잇소꾸) 한 켤레

不足(ふそく・후소꾸) 부족

満足(まんぞく・만조꾸) 만족
　「만소꾸」가 아닌 「만조꾸」이다.

脚(あし・아시) 다리

脚線美(きゃくせんび・갸꾸센비)　각
　선미

脚光(きゃっこう・갓꼬오) 각광

脚絆(きゃくはん・갸꾸항) 각반

跛(びっこ・빗꼬) 절름발이

ちんば(찐바) 절름발이
　앞에서 말했듯이 「跛」와 「ちんば」
모두 「절름발이」를 가리킨다.

歩く(あるく・아루꾸) 걷다

走る(はしる・하시루) 달리다

駆ける(かける・가께루) 달리다

跳ねる(はねる・하네루) 뛰다, 뛰어오
　르다
　兎のように ぴょんぴょん 跳ねる
　(토끼처럼 뿅뿅 뛰어오르다)

転ぶ(ころぶ・고로부) 넘어지다, 구르다

滑る(すべる・스베루) 미끄럼 타다, 미
　끄러지다

倒れる(たおれる・다오레루)　쓰러지
　다, 넘어지다

踏む(ふむ・후무) 밟다

踏みつける(ふみつける・후미쓰께루)
　짓밟다

踏みにじる(ふみにじる・후미니지루)

짓밟다

蹴る(ける・게루) 걷어차다

蹴飛ばす(けとばす・게또바스) 내차다

飛び越える(とびこえる・도비꼬에루)
　뛰어넘다

逃げる(にげる・니게루) 도망치다

佇む(たたずむ・다따즈무) 멈춰서다

屈む(かがむ・가가무) 쪼그리다, 구부
　러지다

うずくまる(우즈꾸마루) 쪼그리고 앉다

よろめく(요로메꾸) 비틀거리다

よろける(요로께루) 비틀거리다

よろよろ(요로요로) 비틀비틀

ひざまずく(히자마즈꾸) 무릎꿇다
　仏像の 前に ひざまずいて 祈る
　(불상 앞에 무릎 꿇고 빈다)

にじり寄る(にじりよる・니지리요루)
　무릎걸음으로 다가가다

足搔く(あがく・아가꾸) 발버둥치다

踠く(もがく・모가꾸) 허우적거리다
　虫が くもの巣に 引っ掛って 踠いて
いる (벌레가 거미줄에 걸려 허우적거
리고 있다)

アキレス腱(けん・아끼레스겡)　아킬
　레스건

踵(かかと・가까또) 발뒤꿈치

きびす(기비스) 발뒤꿈치

きびすを 返す(きびすを かえす・기

비스오 가에스) 발길을 돌리다

性欲(せいよく・세이요꾸) 성욕

肉欲(にくよく・니꾸요꾸) 육욕

性交(せいこう・세이꼬오) 성교

セックス(셋꾸스) 섹스

体位(たいい・다이이) 체위

オルガスム(오루가즈무) 올가즘

不感症(ふかんしょう・후깐쇼오)　불
　감증

オナニー(오나니) 오나니, 자위(自慰)

自慰(じい・지이) 자위

マスターベーション(마스따베에숑)
　자위, 오나니

月経(げっけい・겟께이) 월경

メンス(멘스) 멘스, 월경

生殖(せいしょく・세이쇼꾸) 생식

妊娠(にんしん・닌싱) 임신

胎児(たいじ・다이지) 태아

胎教(たいきょう・다이꾜오) 태교

避妊(ひにん・히닝) 피임

コンドーム(곤도오무) 콘돔

バスコントロール(바스곤또로오루)
　수태조절

堕胎(だたい・다따이) 낙태

鎮痛(ちんつう・진쓰우) 진통

流産(りゅうざん・류우장) 유산

分娩(ぶんべん・분벵) 분만

出産(しゅっさん・슛상) 출산

16 건강·질병·치료

건강과 질병 및 치료에 관한 단어 또한 그 발음이나 뜻이 까다로운 것들이 너무나도 많다.

먼저 「몸이 튼튼하다」할 때 「丈夫(죠오부)」라고 하는데 「丈夫」는 앞에서 이미 말했듯이 「몸이 튼튼하다」라는 뜻과 「물건 따위가 튼튼하다」라는 두 가지 뜻이 있다.

「병」은 「病(야마이)」라고도 하지만 그보다는 「病気(뵤오끼)」라는 말을 더 많이 사용하며, 병을 「앓는다」할 때의 「앓다」는 「病む(야무)」라고도 하고 「患う(와즈라우)」라고도 한다. 또한 「병에 걸리다」할 때의 「걸리다」는 「かかる(가까루)」이고, 병을 「옮기다」는 「移す(우쓰스)」, 병이 「옮다」는 「移る(우쓰루)」이다.

병을 치료하는 「의사」는 「医者(이샤)」라고도 하고 「医師(이시)」라고도 하는데 대개 「医者」라고 하는 수가 많다. 한편 병을 「고친다」할 때는 「治す(나오스)」라고 하고, 병이 「낫다」, 「회복되다」할 때는 「治る(나오루)」가 된다.

환자를 「간호」하는 것은 「看病」라고도 하지만, 그보다는 오히려 우리로서는 낯설은 「介抱(가이호오)」라는 단어를 더 많이 사용하며, 「중병에 걸리다」할 때의 「중병」 또한 「重病(쥬우뵤오)」라고도 하지만, 우리는 사용하지 않는 「大病(다이뵤오)」를 더 많이 쓰고 있다.

한편 「감기에 걸리다」할 때의 「감기」는 「感冒(간보오)」라는 말도 있지만 「風邪(가제)」라는 생소한 단어를 더 많이 쓰고 있다.

재미있는 것은 「변비」를 그들은 「糞詰(훈즈마리)」, 즉 「똥이 꽉 차다」라는 직설적인 표현으로 나타내고 있으며, 「중풍」은 「中風」인데 문제는 그 발음이다. 당연히 「쥬우후우」라고 생각할 테지만 엉뚱하게도 「쥬우부우」인 것이다.

또한 넘어지거나 얻어맞거나 해서 생기는 「상처」, 「부상」은 「負傷(후쇼오)」라는 단어도 쓰지만, 이 또한 우리로서는 너무나 생소한 「怪我(게가)」라는 말을 주로 쓰고 있다.

끝으로 어떤 「효과」나 「효험」을 보았다 할 때의 「효험」은 「效果(고오까)」라고도 하지만, 그보다는 「效き目(기끼메)」라는 말을 더 많이 사용하고 있다. 참으로 까다롭다고 할 것이다.

健康(けんこう・겡꼬오) 건강

守る(まもる・마모루) 지키다

運動(うんどう・운도오) 운동

スポーツ(스뽀쓰) 스포츠

体力(たいりょく・다이료꾸) 체력

鍛練(たんれん・단렝) 단련

強化(きょうか・교오까) 강화

ヘルスクラブ(헤루스구라부) 헬스클럽

通う(かよう・가요우) 다니다

衛生(えいせい・에이세이) 위생

点検(てんけん・뎅껭) 점검

保健(ほけん・호껭) 보건

福祉社会(ふくししゃかい・후꾸시샤까이) 복지사회

建設(けんせつ・겐세쓰) 건설

医学(いがく・이가꾸) 의학

医術(いじゅつ・이쥬쓰) 의술

目ざましい(めざましい・메자마시이) 눈부시다

発達(はったつ・핫따쓰) 발달

疾病(しっぺい・싯뻬이) 질병

　「시쓰뵤오」가 아닌 「싯뻬이」라는 사실에 유의할 것

疫病(えきびょう・에끼뵤오) 돌림병, 악성전염병

防ぐ(ふせぐ・후세구) 막다, 방지하다

防止(ぼうし・보오시) 방지

予防(よぼう・요보오) 예방

防疫(ぼうえき・보오에끼) 방역

退治(たいじ・다이지) 퇴치

人類(じんるい・진루이) 인류

共同の望み(きょうどうの のぞみ・교오도오노 노조미) 공동의 소망

新薬開発(しんやくかいはつ・싱야꾸 가이하쓰) 신약개발

ワクチン(와꾸찡) 왁찐, 백신

　전에는 「와꾸찡」이라고 했지만 요즈음은 「백신」으로 통하고 있다.

培養(ばいよう・바이요오) 배양

寿命(じゅみょう・쥬묘오) 수명

延長(えんちょう・엔쬬오) 연장

長生き(ながいき・나가이끼) 오래 살다, 장수

　医術の 発達で 長生きする 人が 多い (의술의 발달로 장수하는 사람이 많다)

人間複製(にんげんふくせい・닝겡후 꾸세이) 인간복제

試験管ベビー(しけんかん・시껭깡베 비이) 시험관아기

体(からだ・가라다) 몸, 신체

先天的(せんてんてき・센뗀떼끼) 선천적

生まれつき(うまれつき・우마레쓰끼) 선천적

丈夫(じょうぶ・죠오부) 튼튼하다

　わたしは 体が 割合 丈夫である

(나는 몸이 비교적 튼튼하다)

強い(つよい・쓰요이) 강하다

弱い(よわい・요와이) 약하다

弱体(じゃくたい・쟈꾸따이) 약체, 약한 몸

遺伝(いでん・이뎅) 유전

身体検査(しんたいけんさ・신따이껜사) 신체검사

定期検診(ていきけんしん・데이끼껜싱) 정기검진

受ける(うける・우께루) 받다

早期発見(そうきはっけん・소오끼핫껭) 조기발견

予防注射(よぼうちゅうしゃ・요보오쥬우샤) 예방주사

接種(せっしゅ・셋슈) 접종

免疫(めんえき・멩에끼) 면역

病(やまい・야마이) 병

　발음이「야마이」임을 새겨넣을 것

病気(びょうき・뵤오끼) 병, 질병

　모든「병」을 통틀어 가리키는 단어로서「뵤오끼」라고 읽는다.

病む(やむ・야무) 앓다

病み上がり(やみあがり・야미아가리)
　병이 나아 얼마 안 되는 상태

患う(わずらう・와즈라우) 앓다

　彼は 長い 間 胸を 患って いる

　(그는 오랫동안 가슴을 앓고 있다)

長患い(ながわずらい・나가와즈라이)
　숙환(宿患), 오랜 병

病身(びょうしん・뵤오싱) 병든 몸,
　허약한 몸

衰弱(すいじゃく・스이쟈꾸) 쇠약

細菌(さいきん・사이낑) 세균

黴菌(ばいきん・바이낑) 세균

病菌(びょうきん・뵤오낑) 병균

ビールス(비이루스) 바이러스

バクテリア(바꾸떼리아) 박테리아

媒介(ばいかい・바이까이) 매개

サルモネラ菌(きん・사루모네라낑)
　살모네라균

ビブリオ菌(きん・비부리오낑)　비브리오균

かかる(가까루) 걸리다

　夏には 脳炎に かかる 子供が 多い

　(여름에는 뇌염에 걸리는 아이가 많다)

発病(はつびょう・하쓰뵤오) 발병

　「핫뵤오」가 아닌「하쓰뵤오」이다.

移る(うつる・우쓰루) 옮다

移す(うつす・우쓰스) 옮기다

　「移る」는「옮다」이고「移す」는「옮기다」이다.

　伝染病は 細菌に 依って 移る

　(전염병은 세균에 의해서 옮는다)

　蚊は 脳炎を 移す 害虫である

　(모기는 뇌염을 옮기는 해충이다)

感染(かんせん・간셍) 감염

伝染(でんせん・덴셍) 전염

侵す(おかす・오까스) 침범하다

転移(てんい・뎅이) 전이

痛む(いたむ・이따무) 아프다, 상하다

痛み(いたみ・이따미) 아픔, 통증

苦痛(くつう・구쓰우) 고통

やせる(야세루) 여위다, 살이 빠지다

やつれる(야쓰레루) 몸이 여위다

げっそり(겟소리) 홀쭉해짐, 갑자기 여
　위는 모양

医院(いいん・이잉) 의원

病院(びょういん・뵤오잉) 병원

総合病院(そうごうびょういん・소오
　고오뵤오잉) 종합병원

大学病院(だいがくびょういん・다이
　가구뵤오잉) 대학병원

漢方病院(かんぽうびょういん・간뽀
　오뵤오잉) 한방병원

メディカルセンター(메디까루센따아)
　메디컬 센타, 의료원

クリニック(구리닛꾸) 클리닉, 진료소

保健所(ほけんじょ・호껭죠) 보건소

療養所(りょうようじょ・료오요오죠)
　요양소

サナトリウム(사나또류우무)　사나토
　륨, 요양소

院長(いんちょう・인쬬오) 원장

医者(いしゃ・이샤) 의사

医師(いし・이시) 의사

　「医者」나 「医師」나 다같이 「의사」
를 가리키는데 흔히 「医者」라고 쓴다.

博士(はかせ・하까세) 박사

　「하까세」라고도 하고 「하구시」라
고도 함

ドクター(도꾸따아) 닥터, 박사

　「닥터(박사)」를 그들은 「도꾸따아」
라고 말하고 있다.

インターン(인따안) 인턴

看護婦(かんごふ・강고후) 간호사

　「간호사」를 「강고후(간호부)」라고
한다.

白衣(びゃくえ・뱌꾸에) 백의, 흰 옷

　「하구이」로 알기 쉬우나 발음이 「뱌
꾸에」가 된다.

主治医(しゅじい・슈지이) 주치의

担当医(たんとうい・단또오이)　담당
　의사

専門医(せんもんい・센몽이) 전문의

名医(めいい・메이이) 명의

権威者(けんいしゃ・겡이샤) 권위자

大家(たいか・다이까) 대가

仁術(じんじゅつ・진쥬쓰) 인술

施す(ほどこす・호도꼬스) 베풀다

薮医者(やぶいしゃ・야부이샤)　돌팔
　이의사

いんちき医者(いんちきいしゃ・인찌끼이샤) 엉터리의사

診察(しんさつ・신사쓰) 진찰

診断(しんだん・신당) 진단

診断書(しんだんしょ・신당쇼) 진단서

診療(しんりょう・신료오) 진료

治療(ちりょう・지료오) 치료

聴診器(ちょうしんき・쵸오싱끼) 청진기

当てる(あてる・아떼루) 대다, 맞히다

初診(しょしん・쇼싱) 초진

再診(さいしん・사이싱) 재진

打診(だしん・다싱) 타진

触診(しょくしん・쇼꾸싱) 촉진

往診(おうしん・오오싱) 왕진

休診(きゅうしん・규우싱) 휴진

入院(にゅういん・뉴우잉) 입원

病棟(びょうとう・뵤오또오) 병동

病室(びょうしつ・뵤오시쓰) 병실

病床(びょうしょう・뵤오쇼오) 병상

患者服(かんじゃふく・간쟈후꾸) 환자복

通院(つういん・쓰우잉) 통원

治す(なおす・나오스) 고치다, 바로잡다

治る(なおる・나오루) 낫다, 고쳐지다
　必ず 治ると 云う 信念が 重要である (반드시 낫는다는 신념이 중요하다)

診療費(しんりょうひ・신료오히) 진료비

入院費(にゅういんひ・뉴우잉히) 입원비

医療保険(いりょうほけん・이료오호껭) 의료보험

適用(てきよう・데끼요오) 적용

病人(びょうにん・뵤오닝) 환자, 병자
　우리는 「患者」 또는 「病者」라고 말하지만 그들은 「病人」이라는 말도 사용한다.

患者(かんじゃ・간쟈) 환자

軽い(かるい・가루이) 가볍다

重い(おもい・오모이) 무겁다

容体(ようだい・요오다이) 병세, 용태
　당연히 「요오따이」라고 생각할 테지만 「요오다이」가 된다.

重病(じゅうびょう・쥬우뵤오) 중병

大病(たいびょう・다이뵤오) 큰 병, 중병
　앞에서 말했듯이 그들은 「중병」을 「大病」라고도 한다.

患部(かんぶ・간부) 병이나 상처가 있는 부분, 환부

苦しむ(くるしむ・구루시무) 괴로워하다, 고생하다

床擦れ(とこずれ・도꼬즈레) 욕창

気の毒(きのどく・기노도꾸) 불쌍하다, 가엾다
　무슨 뜻인지 이해하기 힘든 단어로

서「가엾다」라는 뜻이며「기노도꾸」
라고 한다.

　癌を 病む 気の毒な 少年である
　(암을 앓는 가엾은 소년이다)

涙ぐましい(なみだぐましい・나미다
구마시이) 눈물겹다

看護(かんご・강고) 간호

介抱(かいほう・가이호오) 병구완, 간병
　이 단어 또한 뜻을 이해하기 힘들
거니와,「간병」을 뜻하며「가이호오」
이다.

看病(かんびょう・간뵤오) 간병

付添い(つきそい・쓰끼소이) 간병인

自願奉仕(じがんほうし・지강호오시)
　자원봉사

ホスピス(호스삐스) 환자를 돌보아주
는 자원봉사자

世話(せわ・세와) 보살핌, 시중을 들다
　한자를 풀어보아도 도저히 그 뜻을
알기 힘든 단어로서「보살피다」라는
뜻이고「세와」라고 읽는다.

　赤子の 世話を するのは むずかしい
　(아기를 보살피는 것은 힘들다)

快方(かいほう・가이호오) 차도(병의)
　무슨 뜻인지 이해하기 힘들거니와 병
이「차도」가 있다 할 때의「차도」이다.

快癒(かいゆ・가이유) 쾌유, 완쾌

回復(かいふく・가이후꾸) 회복

完治(かんじ・간지) 완치

完快(かんかい・강까이) 완쾌

全快(ぜんかい・젱까이) 전쾌, 모두
　나음

こじれる(고지레루) (병이) 덧나다, 악
화되다
　병이「덧나다」라는 뜻과 무엇이「뒤
틀리다」「꼬이다」라는 뜻도 된다.

退院(たいいん・다이잉) 퇴원

療養(りょうよう・료오요오) 요양

摂生(せっせい・셋세이) 섭생, 요양

再発(さいはつ・사이하쓰) 재발

難治(なんじ・난지) 난치

不治(ふち・후찌) 불치

闘病(とうびょう・도오뵤오) 투병

難儀(なんぎ・낭기) 괴롭고 힘들다,
　고생스럽다
　한자풀이만으로는 뜻을 헤아리기 힘
든 단어로서「매우 괴롭다」는 뜻이다.

悪寒(おかん・오깡) 오한
　우리도「悪寒」이라 쓰고「오한」으
로 발음하듯이 그들 역시「오깡」이라
고 한다.

発熱(はつねつ・하쓰네쓰) 발열

平熱(へいねつ・헤이네쓰) 평열

高熱(こうねつ・고오네쓰) 고열

発疹(はっしん・핫싱) 발진

うわ言(うわごと・우와고또) 헛소리

熱の ため うわ言を 言う
(열 때문에 헛소리를 한다)

失神(しっしん・싯싱) 실신, 정신을
　잃음

体温計(たいおんけい・다이옹께이)
　체온계

計る(はかる・하까루) 재다, 달다

炎症(えんしょう・엔쇼오) 염증

中毒(ちゅうどく・쥬우도꾸) 중독

発作(ほっさ・홋사) 발작

　당연히 「핫사꾸」라고 생각할 테지
만 엉뚱하게도 「홋사」라고 읽는다.

麻痺(まひ・마히) 마비

血液検査(けつえきけんさ・게쓰에끼
　겐사) 혈액검사

血液型(けつえきがた・게쓰에끼가따)
　혈액형

血不足(ちぶそく・지부소꾸) 피가 모
　자람

　「지후소꾸」가 아닌 「지부소꾸」이다.

採血(さいけつ・사이께쓰) 채혈

輸血(ゆけつ・유께쓰) 수혈

手術(しゅじゅつ・슈쥬쓰) 수술

執刀(しっとう・싯또오) 집도

メス(메스) 해부용칼

解剖(かいぼう・가이보오) 해부, 부검

切除(せつじょ・세쓰죠) 절제

移植(いしょく・이쇼꾸) 이식

医療器具(いりょうきぐ・이료오기구)
　의료기구

レントゲン(렌또겡) 렌트겐, X레이

Xレイ(에꾸스레이) X선

放射線(ほうしゃせん・호오샤셍) 방
　사선

原赤外線(げんせきがいせん・겐세끼
　가이셍) 원적외선

内視鏡(ないしきょう・나이시꾜오)
　내시경

撮影(さつえい・사쓰에이) 촬영

急性(きゅうせい・규우세이) 급성

慢性(まんせい・만세이) 만성

進行(しんこう・싱꼬오) 진행

陽性(ようせい・요오세이) 양성

陰性(いんせい・인세이) 음성

反応(はんのう・한노오) 반응

　「항오오」라고 생각할 테지만 「한노
오」가 된다.

悪性(あくせい・아꾸세이) 악성

耐性(たいせい・다이세이) 내성

抗体(こうたい・고오따이) 항체

アレルギー(아레루기이) 알레르기

モルモット(모루못또) 모르모트

実験(じっけん・짓껭) 실험

フラスコ(후라스꼬) 프라스크, 시험관

試験管(しけんかん・시껭깡) 시험관

処方(しょほう・쇼호오) 처방

処方箋(しょほうせん・쇼호오셍) 처방전

カルテ(가루떼) 카르테, 진찰기록

病歴(びょうれき・뵤오레끼) 병력

所見書(しょけんしょ・쇼껜쇼) 소견서

分泌(ぶんぴつ・분삐쓰) 분비

排泄(はいせつ・하이세쓰) 배설

ホルモン(호루몽) 호르몬

アドレナリン(아도레나링) 아드레날린, 부신(副腎)호르몬

コレステロール(고레스떼로오루) 코레스테롤

グリコーゲン(구리꼬오겡) 글리코겐

ヘモグロビン(헤모구로빙) 헤모글로빈

アミノ酸(さん・아미노상) 아미노산

ミネラル(미네라루) 미네랄, 광물질, 영양분

ビタミン(비따밍) 비타민

カルシューム(가루슈우무) 칼슘

炭水化物(たんすいかぶつ・단스이까부쓰) 탄수화물

脂肪(しぼう・시보오) 지방

鉄分(てつぶん・데쓰붕) 철분

栄養素(えいようそ・에이요오소) 영양소

　우리는 「영양」을 「營養」이라고 쓰지만 그들은 대개 「栄養」으로 쓰고 있다.

カロリー(가로리) 칼로리

熱量(ねつりょう・네쓰료오) 열량

過多摂取(かたせっしゅ・가따셋슈) 과다섭취

スタミナ(스따미나) 스테미너

食事療法(しょくじりょうほう・쇼꾸지료오호오) 식이요법

医薬分業(いやくぶんぎょう・이야꾸붕교오) 의약분업

内科(ないか・나이까) 내과

外科(げか・게까) 외과

　「가이까」가 아닌 「게까」라는 사실에 유의할 것

小児科(しょうにか・쇼오니까) 소아과

　당연히 「쇼오지까」라고 생각할 테지만 이 또한 엉뚱하게 「쇼오니까」이다.

産婦人科(さんふじんか・상후징까) 산부인과

泌尿器科(ひにょうきか・히뇨오끼까) 비뇨기과

皮膚科(ひふか・히후까) 피부과

眼科(がんか・강까) 안과

歯科(しか・시까) 치과

神経精神科(しんけいせいしんか・싱께이세이싱까) 신경정신과

耳鼻咽喉科(じびいんこうか・지비잉꼬오까) 이비인후과

漢方科(かんぽうか・간뽀오까) 한방과

法医学(ほういがく・호오이가꾸) 법

의학

脳出血(のうしゅっけつ · 노오슛께쓰) 뇌출혈

脳溢血(のういっけつ · 노오잇께쓰) 뇌일혈

心筋梗塞(しんきんこうそく · 싱낑고오소꾸) 심근경색

重態(じゅうたい · 쥬우따이) 중태

応急室(おうきゅうしつ · 오오뀨우시쓰) 응급실

担架(たんか · 당까) 들것, 단가

酸素マスク(さんそ · 산소마스꾸) 산소마스크

ショック死(し · 숏꾸시) 쇼크사

突然死(とつぜんし · 도쓰젠시) 돌연사
40代は 突然死が 多い 年代である
(40대는 돌연사가 많은 연대이다)

脳死(のうし · 노오시) 뇌사

植物人間(しょくぶつにんげん · 쇼꾸부쓰닝겡) 식물인간

安楽死(あんらくし · 안라꾸시) 안락사

ユータナジー(유우따나지이) 유타나지, 안락사, 안락술

論難(ろんなん · 론낭) 논란

風邪(かぜ · 가제) 감기
앞에서 말했듯이 「감기」라는 뜻이며 「感冒(간보오)」 역시 「감기」이지만 흔히 「風邪(가제)」를 사용한다.

風邪を引く(かぜを ひく · 가제오 히꾸) 감기가 들다, 감기에 걸리다
体が 弱いと 風邪を 引きやすい
(몸이 약하면 감기에 걸리기 쉽다)

風邪気味(かぜぎみ · 가제기미) 감기 기운이 있음

毒感(どくかん · 도꾸깡) 독감

インフルエンザ(인후루엔자) 인플루엔자

咳(せき · 세끼) 기침

痰(たん · 당) 가래

鼻水(はなみず · 하나미즈) 콧물

くしゃみ(구샤미) 재채기

ひどい(히도이) 심하다

肺炎(はいえん · 하이엥) 폐렴

結核(けっかく · 겟까꾸) 결핵

ツベルクリン反応(はんのう · 쓰베루꾸링한노오) 투베르쿨린반응

肝炎(かんえん · 강엥) 간염

脳炎(のうえん · 노오엥) 뇌염

麻疹(はしか · 하시까) 홍역
麻疹は 誰もが 一度は かかる 病気である (홍역은 누구나가 한 번은 걸리는 병이다)

百日咳(ひゃくにちぜき · 햐꾸니찌제끼) 백일해, 백일기침
「咳」는 본시 「세끼」로 발음하지만 여기에서는 「제끼」가 된다.

喘息(ぜんそく · 젠소꾸) 천식

下痢(げり・게리) 설사

　「下痢」라고 하면 무엇을 뜻하는지 짐작하기 힘들거니와 「설사」이다.

赤痢(せきり・세끼리) 이질

腹痛(ふくつう・후꾸쓰우) 복통

嘔吐(おうと・오오또) 구토

むかつく(무까쓰꾸) 메시꼽다, 느글느글하다

食中り(しょくあたり・쇼꾸아따리) 식체, 식중독

寄生虫(きせいちゅう・기세이쮸우) 기생충

ジストマ(지스또마) 디스토마

腸出血(ちょうしゅっけつ・죠오슛께쓰) 장출혈

胃潰瘍(いかいよう・이까이요오) 위궤양

敗血症(はいけつしょう・하이께쓰쇼오) 패혈증

頭痛(ずつう・즈쓰우) 두통

偏頭痛(へんとうつう・헨또오쓰우) 편두통

づきづき(즈끼즈끼) 욱신욱신

貧血(ひんけつ・힝께쓰) 빈혈

めまい(메마이) 현기증, 어지럼증

蓄膿症(ちくのうしょう・지꾸노오쇼오) 축농증

トラホーム(도라호오무) 트라홈, 눈병

物貰い(ものもらい・모노모라이) 눈다래끼

　무슨 뜻인지 헤아리기 힘들 테지만 「눈에 나는 다래끼」를 가리킨다.

蕁麻疹(じんましん・진마싱) 두드러기

水虫(みずむし・미즈무시) 무좀

　물론 물 속에 사는 벌레라는 뜻도 되지만 「무좀」을 가리킨다.

マラリア(마라리아) 말라리아

糞詰り(ふんづまり・훈즈마리) 변비

　직역하면 「똥이 차다」로서 결국 「변비」를 가리킨다.

脚気(かっけ・갓께) 각기

痛風(つうふう・쓰우후우) 통풍

引攣り(ひきつり・히끼쓰리) 경련

リューマチ(류우마찌) 류머티즘, 관절염

　リューマチで 苦しむ 老人が多い

　(류머티즘으로 고생하는 노인이 많다)

関節炎(かんせつえん・간세쓰엥) 관절염

腰痛(ようつう・요오쓰우) 요통

ディスク(디스꾸) 디스크

マッサージ(맛사아지) 마사지

湿布(しっぷ・싯뿌) 찜질

　발음이 「싯뿌」이고 「찜질」을 뜻한다.

　腰痛には 湿布が 一番である

　(요통에는 찜질이 제일이다)

サウナー(사우나아) 사우나

188

トルコ風呂(ぶろ・도루꼬부로) 터키탕
「トルコ」는 「터키」를 가리키며 「風
呂」는 「목욕탕」이니까 「터키탕」이 된다.
　トルコ風呂に つかって 疲労を 解く
　(터키탕에 잠겨 피로를 푼다)
按摩(あんま・안마) 안마
中風(ちゅうぶう・쥬우부우) 중풍
　당연히 「쥬우후우」로 생각할 테지
만 난데없는 「쥬우부우」이다.
漢方治療(かんぽうちりょう・간뽀오
　지료오) 한방치료
鍼灸療法(しんくりょうほう・싱꾸료
　오호오) 침구요법
再活運動(さいかつうんどう・사이까
　쓰운도오) 재활운동
日射病(にっしゃびょう・닛샤뵤오)
　일사병
胸焼(むなやけ・무나야께) 가슴앓이
霜焼け(しもやけ・시모야께) 동상(凍傷)
ヘルニア(헤루니아) 헤르니아, 탈장(脱腸)
脱臼(だっきゅう・닷뀨우) 탈구, 뼈가
　퉁겨짐
骨接ぎ(ほねつぎ・호네쓰기) 접골
心臓病(しんぞうびょう・신조오뵤오)
　심장병
狭心症(きょうしんしょう・교오신쇼
　오) 협심증
高血圧(こうけつあつ・고오게쓰아쓰)

고혈압
低血圧(ていけつあつ・데이게쓰아쓰)
　저혈압
血圧計(けつあつけい・게쓰아쓰께이)
　혈압계
糖尿病(とうにょうびょう・도오뇨오
　뵤오) 당뇨병
血糖値(けっとうち・겟또오찌) 혈당치
合併症(ごうへいしょう・고오헤이쇼
　오) 합병증
肝臓病(かんぞうびょう・간조오뵤오)
　간장병
腎臓病(しんぞうびょう・신조오뵤오)
　신장병
白血病(はっけつびょう・핫께쓰뵤오)
　백혈병
骨髄移植(こつずいいしょく・고쓰즈
　이이쇼꾸) 골수이식
胃癌(いがん・이강) 위암
肝癌(かんがん・강강) 간암
肺癌(はいがん・하이강) 폐암
子宮癌(しきゅうがん・시꾸우강) 자궁암
乳房癌(ちぶさがん・지부사강) 유방암
直腸癌(ちょくちょうがん・죠꾸쬬오
　강) 직장암
末期癌(まっきがん・맛끼강) 말기암
　「마쓰끼강」이 아닌 「맛끼강」이라
는 사실에 유의할 것

自覚症状(じかくしょうじょう・지까꾸쇼오죠오) 자각증상

ペスト(뻬스또) 페스트

コレラ(고레라) 콜레라

チフス(지후스) 티푸스

ジフテリア(지후떼리아) 디프테리아

レプラ(레뿌라) 레프라, 문둥병

パーキンソン病(びょう・빠아낀손뵤오) 파킨슨병, 대뇌질환으로 허리와 손발이 굽어지는 병

梅毒(ばいどく・바이도꾸) 매독

エイズ(에이즈) 에이즈

同性愛者(どうせいあいしゃ・도오세이아이샤) 동성애자

レスビアン(레즈비앙) 레즈비언, 여성의 동성애, 또 그런 사람

変態性欲(へんたいせいよく・헨따이세이요꾸) 변태성욕

性交(せいこう・세이꼬오) 성교

天罰(てんばつ・덴바쓰) 천벌

天刑病(てんけいびょう・덴께이뵤오) 천형병

麻薬(まやく・마야꾸) 마약

中毒(ちゅうどく・쥬우도꾸) 중독

モルヒネ(모르히네) 모르핀

マリファナ(마리화나) 마리화나, 대마초

アルコール(아루꼬오루) 알코올

隔離(かくり・가꾸리) 격리

収容(しゅうよう・슈우요오) 수용

閉経(へいけい・헤이께이) 폐경

更年期障害(こうねんきしょうがい・고오넹끼쇼오가이) 갱년기장해

発汗(はっかん・핫깡) 발한

火照り(ほてり・호떼리) 몸이나 얼굴이 달아오름, 화끈거림
「히떼리」라고 생각할 테지만 엉뚱하게도 「호떼리」이다.

ノイローゼ(노이로오제) 노이로제

ストレス(스또레스) 스트레스

重なる(かさなる・가사나루) 겹치다

ヒステリー(히스떼리이) 히스테리

発散不足(はっさんふそく・핫상후소꾸) 발산부족

劣等感(れっとうかん・렛또오깡) 열등감

引け目(ひけめ・히께메) 열등감
아무리 뜯어보아도 무슨 뜻인지 짐작하기 힘들거니와, 「열등감」을 가리키며 「히께메」라고 하는데 「劣等感」이라는 단어보다는 이 「引け目」가 더 많이 사용되고 있다.

コンプレックス(곤뿌렛꾸스) 콤플렉스

疲労(ひろう・히로오) 피로

不眠症(ふみんしょう・후민쇼오) 불면증

記憶力(きおくりょく・기오꾸료꾸)

기억력
減退(げんたい・겐따이) 감퇴
健忘症(けんぼうしょう・겐보오쇼오)
　건망증
もうろく(모오로꾸) 망령이 들음
痴呆(ちほう・지호오) 치매
憂鬱症(ゆううつしょう・유우우쓰쇼
　오) 우울증
精神病(せいしんびょう・세이신뵤오)
　정신병
発狂(はっきょう・핫꾜오) 발광
狂う(くるう・구루우) 미치다, 발광하다
気違い(きちがい・기찌가이) 광인, 미
　치광이
　직역하면「정신이 다르다」로서「정
신이 온전치 못하다」는 뜻이며 결국「미
치광이」가 된다.
肥満(ひまん・히망) 비만
悩みの 種(なやみの たね・나야미노
　다네) 고민거리, 고통거리
節食(せっしょく・셋쇼꾸) 절식
体操(たいそう・다이소오) 체조
体質改善(たいしつかいぜん・다이시
　쓰가이젱) 체질개선
体重計(たいじゅうけい・다이쥬우께
　이) 체중계
計る(はかる・하까루) 달다, 재다
肥る(ふとる・후또루) 살찌다

「**太る**(후또루)」라고도 한다.
重くなる(おもくなる・오모꾸나루)
　무거워지다
怪我(けが・게가) 상처, 부상
　한자의 뜻만으로는 헤아리기 힘든
단어로서「부상을 당하다」라는 뜻이
며「게가」라고 읽는다.
負傷(ふしょう・후쇼오) 부상
軽傷(けいしょう・게이쇼오) 경상
重傷(じゅうしょう・쥬우쇼오) 중상
深手(ふかで・후까데) 중상, 깊은 상처
　이 또한 뜻을 헤아리기 힘든 단어
로서「중상」을 가리키며「후까데」라
고 한다.
　幸い 深手で なくて 安心できる (다
행히 중상이 아니어서 안심할 수 있다)
傷つく(きずつく・기즈쓰꾸) 다치다,
　상처를 입다
応急手当て(おうきゅうてあて・오오
　뀨우데아떼) 응급처치
出血(しゅっけつ・슛께쓰) 출혈
止血(しけつ・시께쓰) 지혈
殺菌(さっきん・삿낑) 살균
消毒(しょうどく・쇼오도꾸) 소독
ヨードチンキ(요오도찡끼) 옥시풀
塗る(ぬる・누루) 바르다, 칠하다
ピンセット(삔셋또) 핀셋
軟膏(なんこう・낭꼬오) 연고

綿棒(めんぼう・멘보오) 면봉, 가는
　철사
脱脂綿(だっしめん・닷시멩) 탈지면
パウダー(빠우다아) 파우더
ガーゼ(가아제) 가제, 거즈
絆創膏(ばんそうこう・반소오꼬오)
　반창고
繃帯(ほうたい・호오따이) 붕대
巻く(まく・마꾸) 감다
ギブス(기부스) 깁스, 석고붕대
火事(かじ・가지) 화재(火災)
　발음과 뜻이 모두 까다로운 단어로
서 「가지」라고 읽고 「화재」를 뜻한다.
　昨夜の 火事で 家が 全焼した
　(어젯밤의 화재로 집이 전소되었다)
火傷(やけど・야께도) 화상
腫物(はれもの・하레모노) 종기, 부스럼
　「하레모노」라고 읽으며 「종기」를
뜻한다.
お出来(おでき・오데끼) 종기, 부스럼
　직역하면 무엇이 「생기다」로서 결
국 「종기」를 가리킨다.
出来物(できもの・데끼모노) 종기, 부
　스럼
瘡(かさ・가사) 종기, 부스럼
膿(のう・노오・우미) 고름
　「노오」라고도 하고 「우미」라고도
한다.

しこり(시꼬리) 응어리
瘤(こぶ・고부) 혹
薬(くすり・구스리) 약
薬品(やくひん・야꾸힝) 약품
薬物(やくぶつ・야꾸부쓰) 약물
薬屋(くすりや・구스리야) 약방, 약국
薬局(やっきょく・얏꾜꾸) 약국
薬師(やくし・야꾸시) 약사
調剤(ちょうざい・죠오자이) 조제
投薬(とうやく・도오야꾸) 투약
漢方薬(かんぽうやく・간뽀오야꾸)
　한방약
煎じ詰める(せんじつめる・센지쓰메
　루) (한약 따위를) 바싹 달이다
特効薬(とっこうやく・돗꼬오야꾸)
　특효약
内服薬(ないふくやく・나이후꾸야꾸)
　내복약
飲み薬(のみぐすり・노미구스리) 물약
ドリンク剤(ざい・도링꾸자이) 드링
　크제
服用(ふくよう・후꾸요오) 복용
効き目(ききめ・기끼메) 효력, 효과
　뜻이 쉽게 파악되지 않는 단어로서
「효과」「효험」이라는 뜻이며 「기끼메」
가 된다.
　いくら 薬を 飲んでも 効き目が 無い
　(아무리 약을 마셔도 효험이 없다)

付け薬(つけぐすり・쓰께구스리) 바르는 약

ペニシリン(뻬니시링) 페니실린

マイシン(마이싱) 마이신

リンゲル(링게루) 링게르

リンガー(링가아) 링거, 링게르

差す(さす・사스) 꽂다

打つ(うつ・우쓰) 맞다, 놓다

錠剤(じょうざい・죠오자이) 정제, 알약

タブレット(다부렛또) 타블렛, 알약

一錠(いちじょう・이찌죠오) 한 알

丸薬(がんやく・강야꾸) 환약, 알약

座薬(ざやく・자야꾸) 좌약

風邪薬(かぜぐすり・가제구스리) 감기약

消化剤(しょうかざい・쇼오까자이) 소화제

鎮痛剤(ちんつうざい・진쓰우자이) 진통제

抗生剤(こうせいざい・고오세이자이) 항생제

解毒(げどく・게도꾸) 해독

누구나 「가이도꾸」라고 생각하기 십상이지만 엉뚱하게도 「게도꾸」이다.

17 매스컴 · 스포츠

이번에는 우리의 생활과 떼어놓을 수 없는 매스컴과 스포츠에 관한 단어를 알아보기로 하자.

다행히 발음과 뜻이 까다로운 단어가 많지 않으니까 이해하기가 훨씬 쉬우리라 생각한다.

먼저 우리가 사용하는 「매스컴」이라는 단어는 「매스커뮤니케이션」의 준말이거니와, 일본사람들 역시 「マスコミュニケーション」의 앞의 네글자를 따서 「マスコミ(마스꼬미)」라고 하고 있다는 사실을 알아두기 바란다.

신문을 편집하는 「편집국」은 「編集局(헨슈우교꾸)」이고 「朝刊」은 「쵸오깡」, 「夕刊」은 「유우깡」이라고 하며, 「칼럼」을 그들은 우리로서는 납득하기 힘든 「コラム(고라무)」라고 한다. 따라서 「칼럼니스트」는 「コラムニスト(고라무니스또)」가 된다.

신문이나 방송의 꽃인 「記者」는 「기샤」라고 하고, 「특종」은 「特種」이라고 쓰고 「도꾸슈」가 아닌 「도꾸다네」로 발음하고 있다. 기자들이 사회의 부정이나 불의(不義)를 폭로한다고 할 때의 「폭로하다」, 「들추어내다」는 「暴く(아바꾸)」라고 하며, 방송이나 기획물의 「프로그램」은 「プログラム(뿌로구라무)」라고도 하지만, 그보다는 우리로서는 생소한 「番組(방구미)」라는 단어를 더 많이 쓰고 있다.

또한 「생방송」이니 「생중계」니 할 때의 「生」은 「세이」가 아닌 「나마」라고 읽는다. 따라서 「生放送」은 「나마호오소오」, 「生中継」는 「나마쥬우께이」가 된다.

「잡지」는 「雜誌」라고 쓰는데 문제는 그 발음이다. 「ざっし」가 되거니와 이때의 「ざ」는 「자」가 아닌 J발음의 「Ja」인 만큼 각별히 유의하기 바란다. 「즈아」를 빨리 한 발음이라고 생각하면 된다. 대중의 인기종목인 야구에서의 「왼손잡이투수」는 「サウスポー(사우스뽀오)」이고, 복싱 때의 「펀치」는 「パンチ(빤찌)」 그리고 「씨름」은 「相撲」라고 쓰고 「스모오」라고 읽는다. 그리고 우리나라의 「천하장사」에 해당하는 것이 「橫綱(요꼬즈나)」이다.

言論(げんろん・겐롱) 언론
新聞(しんぶん・신붕) 신문
放送(ほうそう・호오소오) 방송
雜誌(ざっし・잣시) 잡지
媒体(ばいたい・바이따이) 매체
マスコミ(마스꼬미) 매스컴
　앞에서 말한 대로 「マスコミュニケーション」의 준말이다.
　マスコミの 使命は 益益 大きくなる (매스컴의 사명은 점점 커진다)
マスメディア(마스메지아) 매스미디어
コミュニケーション(고뮤니께에숑) 커뮤니케이션, 통신·보도·전달
インフォーメーション(인훠메에숑) 인포메이션, 정보·보도
ジャーナリズム(쟈아나리즈무) 저널리즘, 신문·잡지 등의 통속문화
ジャーナリスト(쟈아나리스또) 저널리스트, 신문·잡지 등의 기자·편집자
新聞社(しんぶんしゃ・신붕샤) 신문사
放送社(ほうそうしゃ・호오소오샤) 방송사
通信社(つうしんしゃ・쓰우싱샤) 통신사
雜誌社(ざっししゃ・잣시샤) 잡지사
ニュース(뉴우스) 뉴스
迅速(じんそく・진소꾸) 신속

正確(せいかく・세이까꾸) 정확
報道(ほうどう・호오도오) 보도
使命(しめい・시메이) 사명
啓蒙(けいもう・게이모우) 계몽
啓導(けいどう・게이도오) 계도
輿論(よろん・요롱) 여론
反映(はんえい・항에이) 반영
正義具現(せいぎぐげん・세이기구겡) 정의구현
現実批判(げんじつひはん・겐지쓰히항) 현실비판
中立路線(ちゅうりつろせん・쥬우리쓰로셍) 중립노선
堅持(けんじ・겐지) 견지, 굳게 지킴
言論自由(げんろんじゆう・겐롱지유우) 언론자유
言論弾圧(げんろんだんあつ・겐롱당아쓰) 언론탄압
受難(じゅなん・쥬낭) 수난
検閲(けんえつ・겡에쓰) 검열
逮捕(たいほ・다이호) 체포
拘禁(こうきん・고오낑) 구금, 감금
迎合(げいごう・게이고오) 영합
曲筆(きょくひつ・교꾸히쓰) 곡필
歪曲(わいきょく・와이꾜꾸) 왜곡
　발음이 「와이꾜꾸」임을 새겨넣을 것
IPU(아이삐유우) 국제신문발행인협회
日刊(にっかん・닛깡) 일간

週刊(しゅうかん・슈우깡) 주간

月刊(げっかん・겟깡) 월간

隔月刊(かくげっかん・가꾸겟깡) 격월간

朝刊(ちょうかん・죠오깡) 조간

夕刊(ゆうかん・유우깡) 석간

「세끼깡」이라고 생각할지 모르지만 「유우깡」이다.

定期刊行物(ていきかんこうぶつ・데이끼깡꼬오부쓰) 정기간행물

社説(しゃせつ・샤세쓰) 사설

論評(ろんぴょう・론뾰오) 논평

論説委員(ろんせついいん・론세쓰이잉) 논설위원

主筆(しゅひつ・슈히쓰) 주필

コラム(고라무) 칼럼

무슨 뜻인지 이해하기 힘들 테지만 「칼럼」을 가리킨다.

コラムニスト(고라무니스또) 칼럼니스트

鋭鋒(えいほう・에이호오) 예봉

筆鋒(ひっぽう・힛뽀오) 필봉

「히쓰보오」가 아닌 「힛뽀오」로 읽는다.

辛辣(しんらつ・신라쓰) 신랄

批判(ひはん・히항) 비판

時事漫評(じじまんぴょう・지지만뾰오) 시사만평

カリカチュア(가리까쮸아) 캐리캐처,

풍자화

　実に 辛辣で 面白い カリカチュアである (참으로 신랄하고 재미있는 풍자화이다)

政治面(せいじめん・세이지멩) 정치면

経済面(けいざいめん・게이자이멩) 경제면

社会面(しゃかいめん・샤까이멩) 사회면

スポーツ面(めん・스뽀오쓰멩) 스포츠면

演芸面(えんげいめん・엥게이멩) 연예면

連載小説(れんさいしょうせつ・렌사이쇼오세쓰) 연재소설

連載漫画(れんさいまんが・렌사이망가) 연재만화

編集部(へんしゅうぶ・헨슈우부) 편집부

文化部(ぶんかぶ・붕까부) 문화부

体育部(たいいくぶ・다이이꾸부) 체육부

広告部(こうこくぶ・고오꼬꾸부) 광고부

部長(ぶちょう・부쬬오) 부장

デスク(데스꾸) 데스크, 편집책임자

記者(きしゃ・기샤) 기자

　앞에서 말했듯이 「기샤」가 된다.

無冠の 帝王(むかんの ていおう・무 깐노 데이오오) 무관의 제왕

敏腕(びんわん・빙왕) 민완

ベテラン(베떼랑) 베테랑

特派員(とくはいん・도꾸하잉) 특파원

出入り記者(でいりきしゃ・데이리기 샤) 출입기자

記者室(きしゃしつ・가샤시쓰) 기자실

詰所(つめしょ・쓰메쇼) 대기소
　발음이 쉽지 않은 단어로서 「쓰메 쇼」라고 읽는다.

国会詰め(こっかいづめ・곳까이즈메) 국회에 출입함

警視庁詰め(けいしちょうづめ・게이 시쪼오즈메) 경시청에 출입함

事件記者(じけんきしゃ・지껜기샤) 사건기자

追跡(ついせき・쓰이세끼) 추적
　이 또한 발음이 쉽지 않은데 「쓰이 세끼」라고 한다.

手帳(てちょう・데쬬오) 수첩

メモ(메모) 메모

張込み(はりこみ・하리꼬미) 잠복
　발음도 뜻도 모두 생소한 단어로서 「잠복」을 뜻하며 「하리꼬미」라고 한다.

不義(ふぎ・후기) 불의

暴く(あばく・아바꾸) 폭로하다, 파헤 치다

「아바꾸」라고 하며 「샅샅이 들추어 내다」라는 뜻이다.

告発(こくはつ・고꾸하쓰) 고발

ねた(네따) 신문・방송 등의 정보자료
　일종의 속어(俗語)로서 기자나 형사 들이 말하는 「정보자료」를 가리킨다.

取材(しゅざい・슈자이) 취재

提報(ていほう・데이호오) 제보

ソース(소오스) 출처, 정보통
　真の 記者は 記事の ソースを 明か さない (참된 기자는 기사의 출처를 밝 히지 않는다)

特種(とくだね・도꾸다네) 특종
　이미 말했듯이 「도꾸슈」가 아닌 「도꾸다네」이다.

スクープ(스꾸우뿌) 스쿠프, 특종기사 를 잡는 일, 또 특종기사
　特種を スクープして スターに なる (특종 기사를 잡아 스타가 된다)

送稿(そうこう・소오꼬오) 송고

締切り(しめきり・시메끼리) 마감

追われる(おわれる・오와레루) 쫓기다

号外(ごうがい・고오가이) 호외

インタビュー(인따뷰우) 인터뷰

会見(かいけん・가이껭) 회견

探訪(たんぼう・단보오) 탐방

トピック(도삣꾸) 토픽, 화제(話題)

特集記事(とくしゅうきじ・도꾸슈우

기지) 특집기사

シリーズ物(もの・시리이즈모노) 시리즈물

読者欄(どくしゃらん・도꾸샤랑) 독자란

投稿(とうこう・도오꼬오) 투고

ダブロイド判(はん・다부로이도항) 다브로이드판, 신문지의 2분의 1크기

記事作成(きじさくせい・기지사꾸세이) 기사작성

校正(こうせい・고오세이) 교정
校正は 一刻を 争う 仕事である
(교정은 일각을 다투는 일이다)

割付け(わりつけ・와리쓰께) 편집
신문이나 책자 등의 「편집」을 뜻하며 「와리쓰께」라고 읽는다.

紙面割当て(しめんわりあて・시멘와리아떼) 지면배정

活字化(かつじか・가쓰지까) 활자화

印刷(いんさつ・인사쓰) 인쇄

発行(はっこう・핫꼬오) 발행

発刊(はっかん・핫깡) 발간

ジョイント広告(こうこく・조인또고오꼬꾸) 빈자리를 메워주는 작은 광고

5段広告(ごだんこうこく・고당고오꼬꾸) 5단 광고

全面広告(ぜんめんこうこく・젠멩고오꼬꾸) 전면광고

支局(しきょく・시교꾸) 지국

補給所(ほきゅうしょ・호뀨우쇼) 보급소

愛読者(あいどくしゃ・아이도꾸샤) 애독자

講読料(こうどくりょう・고오도꾸료오) 구독료

部数拡張(ぶすうかくちょう・부스우가꾸쬬오) 부수확장

無価紙(むかし・무까시) 무가지

配布(はいふ・하이후) 배포

景品攻勢(けいひんこうせい・게이힝고오세이) 경품공세

固定読者(こていどくしゃ・고떼이도꾸샤) 고정독자

確保競争(かくほきょうそう・가꾸호교오소오) 확보경쟁

不公正取引き(ふこうせいとりひき・후꼬오세이도리히끼) 불공정거래

街販(がいはん・가이항) 가판, 가두판매

マガジン(마가진) 매거진, 잡지

女性誌(じょせいし・죠세이시) 여성지

大衆紙(たいしゅうし・다이슈우시) 대중지

スポーツ誌(し・스뽀오쓰시) 스포츠지

文芸誌(ぶんげいし・붕게이시) 문예지

専門誌(せんもんし・센몽시) 전문지

暴露記事(ばくろきじ・바꾸로기지)

폭로기사

煽情記事(せんじょうきじ・센죠오기지) 선정기사

演芸人ゴシップ(えんげいじん・엥게이징고싯뿌) 연예인고십

人権侵害(じんけんしんがい・징껭싱가이) 인권침해

プライバシー(뿌라이바시이) 프라이버시

逆機能(ぎゃくきのう・갸꾸기노오) 역기능

ネットワーク(넷또와아꾸) 네트워크

FM(에후에무) 주파수 변조

放送倫理(ほうそうりんり・호오소오린리) 방송윤리

審議(しんぎ・싱기) 심의

編成(へんせい・헨세이) 편성

番組(ばんぐみ・방구미) 방송·연예·경기 등의 프로그램

무슨 뜻인지 이해하기 힘든 단어로서 「프로그램」을 뜻하며 「방구미」라고 발음한다.

プログラム(뿌로구라무) 프로그램

ゴールデンアワー(고오루뎅아와) 골든아워, 황금시간대

放映(ほうえい・호오에이) 방영

終映(しゅうえい・슈우에이) 종영

テレビ(데레비) 텔레비전, TV

映像(えいぞう・에이조오) 영상

画面(がめん・가멩) 화면

構成(こうせい・고오세이) 구성

画像(がぞう・가조오) 화상

画質(がしつ・가시쓰) 화질

鮮明(せんめい・센메이) 선명

音響(おんきょう・옹꾜오) 음향

動映像(どうえいぞう・도오에이조오) 동영상

立体効果(りったいこうか・릿따이고오까) 입체효과

チャンネル(짠네루) 채널

　どの　チャンネルを　押しても　歌と　踊りである (어느 채널을 눌러도 노래와 춤이다)

リモコン(리모꼰) 리모콘

押す(おす・오스) 누르다

見る(みる・미루) 보다

視聴者(しちょうしゃ・시쬬오샤) 시청자

ラジオ(라지오) 라디오

聴く(きく・가꾸) 듣다

聴取(ちょうしゅ・죠오슈) 청취

声優(せいゆう・세이유우) 성우

ナレーション(나레에숑) 나레이션
　영화나 방송에서의 해설

ナレーター(나레에따) 나레이터
　방송 등에서 해설하는 사람

タービン(다아빈) 터빈

グラフィック(구라횟꾸) 그래픽

アナウンサー(아나운사아) 아나운서

エンカー(엥까아) 앵커, 진행자

放送の 花(ほうそうの はな・호오소
오노 하나) 방송의 꽃

選好(せんこう・셍꼬오) 선호

憧れ(あこがれ・아꼬가레) 동경, 그리움
アナウンサーは青少年の 憧れの 的
である (아나운서는 청소년의 동경의
대상이다)

公開募集(こうかいぼしゅう・고오까
이보슈우) 공개모집

志願者(しがんしゃ・시강샤) 지원자

雲集(うんしゅう・운슈우) 운집

外信(がいしん・가이싱) 외신

解説(かいせつ・가이세쓰) 해설

発音(はつおん・하쓰옹) 발음

正確(せいかく・세이까꾸) 정확

標準語(ひょうじゅんご・효오중고)
표준어

駆使(くし・구시) 구사

天気予報(てんきよほう・뎅끼요호오)
일기예보
우리는 「날씨」를 「日気」라고 하지
만 그들은 「天気(뎅끼)」라고 한다.

交通情報(こうつうじょうほう・고오
쓰우죠오호오) 교통정보

ドラマー(도라마아) 드라마

人気タレント(にんき・닝끼다렌또)
인기탤런트

選抜大会(せんばつたいかい・센바쓰
다이까이) 선발대회

スカウト(스까우또) 스카웃

代役(だいやく・다이야꾸) 대역

連続劇(れんぞくげき・렌조꾸게끼)
연속극

ミニシリーズ(미니시리이즈) 미니시
리즈

納涼シリーズ(のうりょう・노오료오
시리이즈) 납량시리즈

視聴率競争(しちょうりつきょうそう・
시쬬오리쓰교오소오) 시청률경쟁
放送社毎 視聴率競争に 血眼になっ
ている (방송사마다 시청률경쟁에 혈
안이 되어 있다)

舞台セット(ぶたい・부따이셋또) 무
대세트

撮影(さつえい・사쓰에이) 촬영

ロケーション(로께에숑) 로케이션, 야
외촬영

緑音(ろくおん・로꾸옹) 녹음

CMソング(시이에무송구) CM송

リハサール(리하사아루) 리허설, 무대
연습

生放送(なまほうそう・나마호오소오)

생방송

앞에서 말했듯이 「나마호오소오」이다.

現地ルポ(げんち・겐찌루뽀) 현지르포

生中継(なまちゅうけい・나마쥬우께이) 생중계

生動感(せいどうかん・세이도오깡) 생동감

スポット(스뽓또) 프로 사이의 짧은 시간을 이용한 방송

ドキュメンタリー(도뀨멘따리) 다큐멘터리, 실제의 기록물

ノンフィクション(논휘꾸숑) 논픽션, 실화

実話(じつわ・지쓰와) 실화

人気プロ(にんき・닝끼뿌로) 인기프로

長寿プロ(ちょうじゅ・죠오쥬뿌로) 장수프로

クイズプロ(꾸이즈뿌로) 퀴즈프로

「クイズ」가 과연 무엇일까, 고개를 갸웃하게 될 테지만 「퀴즈」를 가리킨다.
クイズプロの 番組が 人気である
(퀴즈프로의 프로그램이 인기이다)

歌謡プロ(かよう・가요오뿌로) 가요프로

娯楽コーナー(ごらく・고라꾸고오나) 오락코너

教養講座(きょうようこうざ・교오요오고오자) 교양강좌

司会者(しかいしゃ・시까이샤) 사회자

フリーランサー(후리이란사아) 프리랜서

進行(しんこう・싱꼬오) 진행

出演者(しゅつえんしゃ・슈쓰엔샤) 출연자

ゲスト(게스또) 게스트, 초대손님

豪華メンバー(ごうか・고오까멘바아) 호화멤버

対談(たいだん・다이당) 대담

座談会(ざだんかい・자당까이) 좌담회

傍聴客(ぼうちょうきゃく・보오쬬오갸꾸) 방청객

ファン(환) 팬, 지지자

広告主(こうこくしゅ・고오꼬꾸슈) 광고주

スポンサー(스뽄사아) 스폰서, 광고주

製作協賛(せいさくきょうさん・세이사꾸교오상) 제작협찬

モニター(모니따아) 모니터, 신문이나 방송에 대한 의견・비판을 하는 사람

活用(かつよう・가쓰요오) 활용

ビデオ(비데오) 비디오

鑑賞(かんしょう・간쇼오) 감상

暴力物(ぼうりょくもの・보오료꾸모노) 폭력물

社会問題(しゃかいもんだい・샤까이몬다이) 사회문제

運動(うんどう・운도오) 운동

スポーツ(스뽀오쓰) 스포츠

体育(たいいく・다이이꾸) 체육

体力鍛練(たいりょくたんれん・다이료꾸단렝) 체력단련

ヘルスクラブ(헤루스구라부) 헬스클럽

会員権(かいいんけん・가이잉껭) 회원권

スポーツマン(스뽀오쓰망) 스포츠맨

スポーツウーマン(스뽀오쓰우망) 스포츠우먼

スポーツマンシップ(스뽀오쓰망싯뿌) 스포츠맨십

選手(せんしゅ・센슈) 선수

チャンピオン(짠삐옹) 챔피언

オリンピック(오린삣꾸) 올림픽

オリンピアード(오린삐아도) 올림피어드, 국제올림픽대회

アシアンゲーム(아시안게에무) 아시안게임

ユニホーム(유니호오무) 유니폼

マーク(마아꾸) 마크

バッグナンバー(밧구난바아) 백넘버

スパイク(스빠이꾸) 스파이크

鉢巻き(はちまき・하찌마끼) 머리띠

무슨 뜻인지 이해하기 힘들 테지만 머리가 흘러내리지 않게 잡아매는 「머리띠」를 뜻하며 「하찌마끼」라고 한다.

球技(きゅうぎ・규우기) 구기

ボール(보오루) 볼

競技(きょうぎ・교오기) 경기

プレー(뿌레에) 플레이, 경기

レース(레에스) 레이스, 시합

試合(しあい・시아이) 시합, 게임

ゲーム(게에무) 게임, 시합

「게에무」가 무슨 뜻인지 좀체로 이해가 안 될 테지만 「게임」을 가리킨다.

マッチ(맛찌) 매치, 시합, 경기

ナイター(나이따아) 야간경기, 나이터

ルール(루우루) 룰, 규칙

「ルール(루우루)」 또한 뜻을 짐작하기 힘들거니와 「룰」, 즉 「규칙」을 가리킨다.

ファウル(화우루) 파울, 반칙

フェアプレー(훼아뿌레에) 페어플레이, 정정당당한 시합

野球(やきゅう・야뀨우) 야구

ベースボール(베에스보오루) 야구

グローブ(구로오부) 글로브

バッター(밧따아) 배터

マウンド(마운도) 투수가 서는 곳

投手(とうしゅ・도오슈) 투수

ピッチャー(삣쩌아) 피처, 투수

左利き(ひだりきき・히다리기끼) 왼손잡이

サウスポー(사우스뽀오) 왼손잡이 투수

サウスポーだが 実に 手際よく 投げる (왼손잡이 투수지만 참으로 솜씨있게 던진다)

投球(とうきゅう·도오뀨우) 투구

ストライク(스또라이꾸) 스트라익

打手(だしゅ·다슈) 타수

安打(あんだ·안다) 안타

長打(ちょうだ·쬬오다) 장타

ホームラン(호오무랑) 홈런

決定打(けっていだ·겟떼이다) 결정타

打率(だりつ·다리쓰) 타율

ライナー(라이나아) 라이너, 타구가 지면과 거의 평행으로 날아가는 것

セーフ(세에후) 세이프, 주자가 살아나는 것

捕手(ほしゅ·호슈) 포수

キャッチャー(갓쨔아) 캐처, 포수

名捕手(めいほしゅ·메이호슈) 명포수

タッチアウト(닷찌아우또) 터치아웃

デッドボール(뎃도보오루) 사구(死球)

インドロップ(인도롯뿌) 인드럽, 타자 가까이 와서 급히 굽으면서 떨어지는 공

満壘(まんるい·만루이) 만루, 풀베이스

盗壘(とうるい·도오루이) 도루

攻勢(こうせい·고오세이) 공세

守勢(しゅせい·슈세이) 수세

フットボール(훗또보오루) 축구

蹴球(しゅうきゅう·슈우뀨우) 축구

그들은「蹴球」라는 말은 거의 안 쓰고「フットボール」라고 한다.

サッカー(삿까아) 사커, 축구

ワールドカップ(와아루도갓뿌) 월드컵

ワールドカップは 地球村 最大の 祝祭である (월드컵은 지구촌 최대의 축제이다)

地球村(ちきゅうそん·지뀨우송) 지구촌

祝祭(しゅくさい·슈꾸사이) 축제

ゴールキーパー(고오루기이빠아) 골키퍼

ラグビ(라구비) 럭비

チャージ(쨔아지) 럭비에서 공을 가진 적을 몸으로 습격하는 것

タックル(닷꾸루) 태클, 공을 갖고 달리는 적의 하반신을 붙들어 진행을 방해하는 것

バスケットボール(바스껫또보오루) 농구

籠球(ろうきゅう·로오뀨우) 농구

그러나「籠球」라는 단어는 거의 쓰지 않고「バスケットボール」라고 한다.

リバウンド(리바운도) 리바운드

サーブ(사아부) 서브

ブロッキング(부롯낑구) 브로킹, 농구에서 공을 갖지 않은 상대를 방해하는 것

ドリブル(도리부루) 드리블, 구기(球技)에서 공을 굴리는 것

排球(はいきゅう・하이뀨우) 배구

バレーボール(바레에보오루) 배구

庭球(ていきゅう・데이뀨우) 정구

テニス(데니스) 테니스

コート(고오또) 코트

ラケット(라껫또) 라켓

バドミントン(바도민똔) 배드민턴

卓球(たっきゅう・닷뀨우) 탁구

「卓球」라는 말은 거의 하지 않고 「삥뽕」이라고 한다.

ピンポン(삥뽕) 핑퐁, 탁구

水泳(すいえい・스이에이) 수영

平泳ぎ(ひらおよぎ・히라오요기) 평영

背泳(はいえい・하이에이) 배영

クロール(구로오루) 크롤스트로크의 준말로서 「크롤수영법」을 가리킨다.

ダイビング(다이빙구) 다이빙

水平(すいへい・스이헤이) 수평

飛入り(とびいり・도비이리) 뛰어듬

水中バレー(すいちゅう・스이쮸우바레에) 수중발레

スキー(스끼이) 스키

スキーヤー(스끼이야아) 스키어, 스키를 타는 사람

滑降(かっこう・갓꼬오) 활강

ジャンプ(잔뿌) 점프

氷上(ひょうじょう・효오죠오) 빙상

スケーティング(스께에띵구) 스케이팅

アイスホッケ(아이스홋께) 아이스하키
그들은 「아이스하키」라고 하지 않고 「아이스홋께」라고 한다.

陸上競技(りくじょうきょうぎ・리꾸죠오교오기) 육상경기

走者(そうしゃ・소오샤) 주자

ランナー(란나아) 란너, 주자

スタート(스따아또) 스타트

走る(はしる・하시루) 달리다

力走(りきそう・리끼소오) 역주

リレー(리레에) 릴레이

バトン(바똔) 바통, 릴레이경기에서 주자가 받아서 달리는 막대

ラストパート(라스또빠아또) 러스트 퍼트, 경주에서 결승점 가까이에서 역주하는 것

ゴール(고오루) 경주의 결승점

ゴールイン(고오루잉) 골인
100メートルを10秒で ゴールインする (100미터를 10초에 골인한다)

短距離(たんきょり・당꾜리) 단거리

10分壁(じっぷんかべ・짓뿐가베) 10분벽

破る(やぶる・야부루) 깨다, 부수다

崩れる(くずれる・구즈레루) 무너지다

人間勝利(にんげんしょうり・닝겐쇼

오리) 인간승리

マラソン(마라송) 마라톤

　マラソンほど 忍耐の 要る スポーツ
は 無いだろう (마라톤만큼 인내가 필
요한 스포츠는 없을 것이다)

長距離(ちょうきょり・죠오꾜리) 장
　거리

自己管理(じこかんり・지꼬간리) 자
　기관리

自身との 争い(じしんとの あらそい・
　지신또노 아라소이) 자신과의 싸움

鉄人(てつじん・데쓰징) 철인

平均台(へいきんだい・헤이낀다이)
　평균대

鉄棒(てつぼう・데쓰보오) 철봉

棒高飛び(ぼうたかとび・보오다까또
　비) 장대높이뛰기

砲丸投げ(ほうがんなげ・호오간나게)
　투포환

サイクル(사이꾸루) 사이클

ゴルフ(고루후) 골프

スイング(스잉구) 스윙

長打(ちょうだ・죠오다) 장타

射撃(しゃげき・샤게끼) 사격

洋弓(ようきゅう・요오뀨우) 양궁

的(まと・마또) 과녁, 표적

　발음도 뜻도 약간 생소한 단어로서
「마또」라고 하며, 활이나 총의 「과녁」

을 뜻한다.

命中(めいちゅう・메이쮸우) 명중

達人(たつじん・다쓰징) 달인

名手(めいしゅ・메이슈) 명수

乗馬(じょうば・죠오바) 승마

愛馬(あいば・아이바) 애마

拳闘(けんとう・겐또오) 권투

ボクシング(보꾸싱구) 복싱, 권투

ボクサー(보꾸사아) 복서

四角の リング(しかくの・시까꾸노 링
　구) 사각의 링

スパーリング(스빠아링구) 스파링, 정
　식연습

体級(たいきゅう・다이뀨우) 체급

フライト級(후라이또뀨우) 후라이트급

ライト級(라이또뀨우) 라이트급

ヘビー級(헤비이뀨우) 헤비급

タイトルマッチ(다이또루맛찌) 타이
　틀매치, 선수권쟁탈전

リタンマッチ(리딴맛찌) 리턴매치, 직
　업권투나 레슬링 등에서 선수권 보
　지자가 선수권을 빼앗겼을 때 새 선수
　와 다시 한 번 시합하는 것

ラウンド(라운도) 라운드, 권투 등의
　시합횟수

クリンチ(구린찌) 클린치, 서로 달라붙
　는 것

フットワーク(훗또와아꾸) 훗트워크,

발놀림

パンチ(빤찌) 펀치, 타격(打擊)

ストレート(스또레에또) 스트레이트,
　일직선

アッパーカット(앗빠갓또) 어퍼컷, 상
　대의 턱을 올려치는 것

グロッキ(구롯끼) 그로기, 얻어맞고 비
　틀거리는 것

　彼は グロッキ状態から 起き上って
神話を 作った (그는 그로기 상태에서
　일어나 신화를 만들었다)

ダウン(다운) 다운, 쓰러짐

ノックアウト(놋꾸아우또) 녹아웃

鉄拳(てっけん・뎃껜) 철권

レスリング(레스링구) 레슬링

レスラー(레스라아) 레슬러

グレコロマン(구레꼬로망) 그레코로망

柔道(じゅうどう・쥬우도오) 유도

背負い投げ(せおいなげ・세오이나게)
　업어치기

剣道(けんどう・겐도오) 검도

フェンシング(휀싱구) 펜싱

木剣(ぼっけん・봇껜) 목검, 목도

木刀(ぼくとう・보꾸또오) 목도, 목검

道場(どうじょう・도오죠오) 도장

師範(しはん・시항) 사범

弟子(でし・데시) 제자

　발음이 쉽게 생각나지 않을 테지만

「데시」라고 한다.

唐手(からて・가라떼) 당수

空手(からて・가라떼) 공수

国技(こくぎ・고꾸기) 국기

相撲(すもう・스모오) 씨름

　뜻도 발음도 쉽지 않은 단어로서「씨
름」을 가리키며「스모오」라고 읽는다.

相撲取り(すもうとり・스모오도리)
　씨름꾼

横綱(よこづな・요꼬즈나) 천하장사

　앞에서 이미 말했듯이 우리나라의
「천하장사」타이틀을 가리킨다.

砂場(すなば・스나바) 모래판

練習(れんしゅう・렌슈우) 연습

トレーニング(도레에닝구) 트레이닝,
　연습

合宿訓練(がっしゅくくんれん・갓슈
　꾸꾼렝) 합숙훈련

チーム(찌이무) 팀

チームワーク(찌이무와아꾸) 팀워크

コンディション(곤디숀) 컨디션

最上(さいじょう・사이죠오) 최상

ウオーミングアップ(워어밍구앗뿌)
　워밍업, 준비운동

種目(しゅもく・슈모꾸) 종목

リーグ(리이구) 리그

トナメント(도나멘또) 토너먼트

シーソゲーム(시이소게에무) 시소게

임, 쫓고 쫓기는 대접전

熱戦(ねっせん·넷셍) 열전

マスゲーム(마스게에무) 마스게임

競技場(きょうぎじょう·교오기죠오) 경기장

グラウンド(구라운도) 그라운드, 운동장

入場券(にゅうじょうけん·뉴우죠오껭) 입장권

観衆(かんしゅう·간슈우) 관중

観覧(かんらん·간랑) 관람

応援(おうえん·오오엥) 응원

熱狂(ねっきょう·넷꾜오) 열광

喊声(かんせい·간세이) 함성, 고함소리

スクラム(스꾸라무) 스크럼

　スクラムを 組んで 大声で 応援する

　(스크럼을 짜고 큰 소리로 응원한다)

ハーフタイム(하아후따이무) 하프타임, 경기에서 전반과 후반의 쉬는 시간

監督(かんとく·간또꾸) 감독

コーチ(고오찌) 코치

審判(しんぱん·신빵) 심판

主審(しゅしん·슈싱) 주심

レフェリー(레훼리) 레프리, 주심

副審(ふくしん·후꾸싱) 부심

公正(こうせい·고오세이) 공정

スポンサー(스뽄사아) 스폰서

創団(そうだん·소오당) 창단

結団式(けつだんしき·게쓰당시끼)

결단식

ダークホース(다아꾸호오스)　다크호스, 유망주

スカウト(스까우또) 스카웃

年俸(ねんぽう·넨뽀오) 연봉

解団式(かいだんしき·가이당시끼) 해단식

出戦(しゅっせん·슛셍) 출전

予選通過(よせんつうか·요셍쓰우까) 예선통과

本選進出(ほんせんしんしゅつ·혼셍신슈쓰) 본선진출

勝負(しょうぶ·쇼오부) 승부

　勝負に 負けても ルールは 守る

　(승부에 지더라도 룰은 지킨다)

無勝負(むしょうぶ·무쇼오부) 무승부

引分け(ひきわけ·히끼와께) 무승부

　무슨 뜻인지 도저히 이해하기 힘든 단어로서「무승부」를 뜻하는데「無勝負」보다는 이 말을 더 많이 쓰고 있다.

　熱戦の 末 引分けに なる

　(열전 끝에 무승부가 된다)

延長戦(えんちょうせん·엔쬬오셍) 연장전

苦戦(くせん·구셍) 고전

善戦(ぜんせん·젠셍) 선전

拙戦(せっせん·셋셍) 졸전

勝つ(かつ·가쓰) 이기다, 승리하다

勝利(しょうり・쇼오리) 승리

優勝(ゆうしょう・유우쇼오) 우승

連勝(れんしょう・렌쇼오) 연승

決勝(けっしょう・겟쇼오) 결승

負ける(まける・마께루) 지다, 패하다

　발음이 쉽지 않을 테지만 「마께루」

라고 읽는다.

敗北(はいぼく・하이보꾸) 패배

　우리도 「敗北」이라고 쓰고 「패배」

로 발음하듯이 그들 또한 「하이후꾸」

가 아닌 「하이보꾸」로 읽는다.

大敗(たいはい・다이하이) 대패

汚点(おてん・오뗑) 오점

苦杯(くはい・구하이) 고배, 쓴잔

敗因(はいいん・하이잉) 패인

分析(ぶんせき・분세끼) 분석

スランプ(스란뿌) 슬럼프

再起(さいき・사이끼) 재기

国際大会(こくさいたいかい・고꾸사

이다이까이) 국제대회

入賞(にゅうしょう・뉴우쇼오) 입상

受賞(じゅしょう・쥬쇼오) 수상

メダル(메다루) 메달

メダリスト(메다리스또) 메달리스트

記録更新(きろくこうしん・기로꾸고

오싱) 기록경신

新記録(しんきろく・싱기로꾸) 신기록

樹立(じゅりつ・쥬리쓰) 수립

2冠王(にかんおう・니깡오오) 2관왕

3冠王(さんかんおう・상깡오오) 3관왕

トロフィー(도로휘이) 트로피, 우승배

グランプリ(구랑뿌리) 그랑프리, 대상

(大賞)

ペナント(뻬난또) 페넌트, 우승기

振る(ふる・후루) 흔들다

賞杯(しょうはい・쇼오하이) 상배

賞状(しょうじょう・쇼오죠오) 상장

月桂冠(げっけいかん・겟께이깡) 월

계관

冠る(かぶる・가부루) 쓰다

栄光(えいこう・에이꼬오) 영광

アマ(아마) 아마, 아마츄어

プロ(뿌로) 프로, 전문가

18 · 자연(하늘·산·바다)

이번에는 「자연」에 관한 단어를 알아보기로 하자.

「自然」은 「시젱」이지만 「天然」은 「덴넹」으로서 같은 「然」이라도 「젱」도 되고 「넹」도 된다는 사실을 기억해 두기 바란다.

「黎明」은 한자의 뜻 그대로 「여명」, 즉 「새벽녘」을 뜻하거니와, 이것은 보통 「레이메이」라고 하지만, 때에 따라서는 「시노노메」라고 발음한다. 우리로서는 상상을 초월하는 발음이다.

「黃昏」 역시 「황혼」을 뜻하는데 발음이 「고오꽁」이 아닌, 일본사람들에게는 시적(詩的)인 발음이지만, 우리로서는 좀 생소한 「다소가레」가 된다.

「夕焼け」는 얼핏 무슨 뜻인지 이해가 안 될 테지만, 직역을 하면 「저녁이 타다」가 되어 결국 「저녁놀」을 가리키고 「유우야께」라고 읽으며, 「山彦」 또한 매우 생소한 단어로서 「산울림」을 뜻하며 「야마비꼬」라고 하는데, 「木靈」 역시 「산울림」을 뜻하며 「고다마」라고 읽는다.

다음으로 「谷間」는 직역하면 「계곡 사이」로서 결국 「산골짜기」가 되고 「다니마」라고 읽으며, 「砂利」는 발음과 뜻이 모두 까다로운 단어로서 「쟈리」라고 하며 바닷가 등에 있는 「자갈」을 뜻한다.

아마도 「瀬戸際」의 뜻을 아는 사람은 드물 테지만, 이 단어는 본시 「좁은 해협과 바다와의 경계선」이라는 뜻인데, 「운명의 갈림길」이라는 뜻으로도 사용되며 「세또기와」가 된다.

「荒野」는 한자의 뜻 그대로 「황야」를 가리키며 「고오야」라고도 하고 「아레노」라고도 읽는다.

한편 「田舎」 역시 뜻이 쉽게 생각나지 않을 테지만, 「도시」의 반대어인 「시골」을 가리키며 「이나까」라고 읽으며, 「百姓」는 물론 「국민」이라는 뜻의 「백성」도 되지만, 그보다는 「농사꾼」으로 더 많이 사용되고 있다.

끝으로 「案山子」에 이르러서는 아예 손을 들 수 밖에 없거니와, 논밭에 세워놓은 「허수아비」를 가리키며 발음 또한 엉뚱하게 「가까시」라고 한다.

自然(しぜん・시젱) 자연
宇宙(うちゅう・우쮸우) 우주
地球(ちきゅう・지뀨우) 지구
引力(いんりょく・인료꾸) 인력
神秘(しんぴ・신삐) 신비
不思議(ふしぎ・후시기) 이상함, 야릇함
　自然の 力は 実に 不思議である
　(자연의 힘은 참으로 야릇하다)
太陽系(たいようけい・다이요오께이)
　태양계
天地(てんち・덴찌) 천지
天体(てんたい・덴따이) 천체
銀河(ぎんが・깅가) 은하
水無し河(みずなしかわ・미즈나시가
　와) 은하
外界(がいかい・가이까이) 외계
天文(てんもん・덴몽) 천문
望遠鏡(ぼうえんきょう・보오엥꾜오)
　망원경
観測(かんそく・간소꾸) 관측
日蝕(にっしょく・닛쇼꾸) 일식
月蝕(げっしょく・겟쇼꾸) 월식
化石(かせき・가세끼) 화석
隕石(いんせき・인세끼) 운석, 별똥별
オーロラ(오오로라) 오로라, 북극 또는
　남극 하늘에 볼 수 있는 빛, 극광(極光)
空(そら・소라) 하늘
青い(あおい・아오이) 푸르다

ブルースカイ(부루우스까이) 블루스
　카이, 푸른 하늘
空色(そらいろ・소라이로) 하늘빛
青空(あおぞら・아오조라) 푸른 하늘
空模様(そらもよう・소라모요오) 날씨
空気(くうき・구우끼) 공기
空想(くうそう・구우소오) 공상
航空(こうくう・고오꾸우) 항공
天(てん・뎅) 하늘
天然(てんねん・덴넹) 천연
　앞에서 이미 말했듯이 「덴젱」이 아
닌 「덴넹」이다.
天下(てんか・뎅까) 천하
天国(てんごく・뎅고꾸) 천국
天女(てんにょ・덴뇨) 천녀
　「덴죠」가 아닌 「덴뇨」임을 생겨넣
을 것
天竺(てんじく・덴지꾸) 인도의 옛일
　컬음
昇天(しょうてん・쇼오뗑) 승천
地(ち・지) 땅, 위치
地面(じめん・지멩) 땅바닥, 지면
地核(ちかく・지까꾸) 지각
変動(へんどう・헨도오) 변동
地質学(ちしつがく・지시쓰가꾸) 지
　질학
地理(ちり・지리) 지리
地域(ちいき・지이끼) 지역

地平線(ちへいせん・지헤이셍) 지평선

水平線(すいへいせん・스이헤이셍) 수평선

子午線(しごせん・시고셍) 자오선

緯度(いど・이도) 위도

経度(けいど・게이도) 경도

赤道(せきどう・세끼도오) 적도

日(ひ・히) 해, 태양

日の出(ひので・히노데) 일출, 해돋이

日陰(ひかげ・히까게) 그늘, 응달

陽地(ようち・요오찌) 양지

朝日(あさひ・아사히) 아침해

旭日(きょくじつ・교꾸지쓰) 아침해, 떠오르는 해

元日(がんじつ・간지쓰) 정월 1일

日用品(にちようひん・니찌요오힝) 일용품

日常(にちじょう・니찌죠오) 일상

日光(にっこう・닛꼬오) 일광, 햇빛

日記(にっき・닛끼) 일기

日本(にっぽん・닛뽕) 일본

太陽(たいよう・다이요오) 태양

日輪(にちりん・니찌링) 일륜, 태양

お天道様(おてんとさま・오뗀또사마)
해님인「태양」을 친근하게 부르는 말로서「오뗀또사마」라고 한다.

明ける(あける・아께루) (날이) 밝아지다

昇る(のぼる・노보루) 오르다, 떠오르다

光る(ひかる・히까루) 빛나다

まぶしい(마부시이) 눈부시다

夜明け(よあけ・요아께) 새벽녘

明け方(あけがた・아께가따) 새벽녘

暁(あかつき・아까쓰끼) 새벽, 여명

曙(あけぼの・아께보노) 새벽

「暁」와「曙」모두「새벽」을 가리키며「아까쓰끼」「아께보노」로 발음한다.

黎明(れいめい・레이메이) 여명, 새벽녘
이미 말했듯이「시노노메」라고도 한다.

未明(みめい・미메이) 미명, 새벽

日暮れ(ひぐれ・히구레) 저녁때, 해질녘

夕暮れ(ゆうぐれ・유우구레) 저녁때

暮れ方(くれがた・구레가따) 저녁때

日没(にちぼつ・니찌보쓰) 일몰

黄昏(たそがれ・다소가레) 황혼
이미 설명했듯이「다소가레」라고 읽는다.

火点し頃(ひともしごろ・히도모시고로) 땅거미가 질 무렵
직역하면「불이 들어올 무렵」으로서 결국 집집마다 전등을 켤 때를 가리킨다.

火点し頃には 妙に 故郷が 思い出される (땅거미가 질 무렵에는 묘하게 고향이 생각난다)

斜陽(しゃよう・샤요오) 사양, 기울어

진 해

沈む(しずむ・시즈무) 가라앉다

傾く(かたむく・가따무꾸) 기울다, 기울어지다

とっぷり(돗뿌리) 해가 완전히 넘어간 모양

故郷に 着いた 頃には 夕日が とっぷり 沈んで いた (고향에 닿은 무렵에는 저녁해가 완전히 가라앉아 있었다)

暮れる(くれる・구레루) 저물다

夕日(ゆうひ・유우히) 저녁해, 석양

入り日(いりひ・이리히) 지는 해

落日(らくじつ・라꾸지쓰) 지는 해

夕焼け(ゆうやけ・유우야께) 저녁놀

「유우야께」라고 하며 「저녁놀」을 뜻한다.

夕映え(ゆうばえ・유우바에) 저녁놀

「유우하에」가 아닌 「유우바에」라는 사실에 유의할 것

夕陽(せきよう・세끼요오) 석양

「유우요오」가 아닌 「세끼요오」이다.

真っ赤(まっか・맛까) 새빨감

染まる(そまる・소마루) 물들다

暗む(くらむ・구라무) 어두워지다

暗み(くらみ・구라미) 어둠

暗がり(くらがり・구라가리) 빛이 없는 어둠

暗闇(くらやみ・구라야미) 어둠, 어둠 속

十五夜(じゅうごや・쥬우고야) 음력 보름날밤

月(つき・쓰끼) 달

月明かり(つきあかり・쓰끼아까리) 달빛

月夜(つきよ・쓰끼요) 달밤

月見(つきみ・쓰끼미) 달구경

三日月(みかづき・미까즈끼) 초생달

「산니찌쓰끼」가 아닌 「미까즈끼」이다.

朧月(おぼろづき・오보로즈끼) 으스름달

望月(もちづき・모찌즈끼) 음력 보름달

明月(めいげつ・메이게쓰) 명월

満月(まんげつ・망게쓰) 만월, 보름달

半月(はんげつ・항게쓰) 반월, 반달

欠ける(かける・가께루) 이지러지다, 모자라다

明るい(あかるい・아까루이) (빛이) 밝다

暗い(くらい・구라이) 어둡다

薄暗い(うすぐらい・오스구라이) 어둠침침하다

仄暗い(ほのぐらい・호노구라이) 어둠컴컴하다

真っ暗(まっくら・맛꾸라) 아주 캄캄함, 암흑

暗黒(あんこく・앙꼬꾸) 암흑

光明(こうみょう・고오묘오) 광명

「고오메이」로 알기 쉬우나 「고오묘

오」라고 한다.

星(ほし・호시) 별

星辰(せいしん・세이싱) 별

瞬く(またたく・마따다구) 깜빡이다

明滅(めいめつ・메이메쓰) 명멸

星明り(ほしあかり・호시아까리) 별빛

星影(ほしかげ・호시까게) 별빛

星夜(ほしよ・호시오) 별밤

星空(ほしぞら・호시조라) 별하늘

流れ星(ながれぼし・나가레보시) 유성

北極星(ほっきょくせい・홋쿄꾸세이)
　북극성

南十字星(みなみじゅうじせい・미나
　미쥬우지세이) 남십자성

遊星(ゆうせい・유우세이) 떠돌이별

恒星(こうせい・고오세이) 항성

惑星(わくせい・와꾸세이) 혹성, 유성

冥王星(めいおうせい・메이오오세이)
　명왕성, 태양계에 있는 혹성의 하나

彗星(すいせい・스이세이) 혜성

明星(みょうじょう・묘오죠오)　명성,
　샛별

당연히 「묘오세이」라고 생각할 테
지만 엉뚱하게 「묘오죠오」이다.

星座(せいざ・세이자) 성좌, 별자리

オリオン座(ざ・오리온자) 오리온좌

さそり座(さそりざ・사소리자) 전갈좌

カメレオン座(ざ・가메레옹자)　카메

레온좌, 남쪽하늘의 별자리

火星(かせい・가세이) 화성

水星(すいせい・스이세이) 수성

木星(もくせい・모꾸세이) 목성

金星(きんせい・긴세이) 금성

土星(どせい・도세이) 토성

海王星(かいおうせい・가이오오세이)
　해왕성, 해에서 가장 멀리 떨어져 있
는 유성

山(やま・야마) 산

高い(たかい・다까이) 높다, 비싸다

低い(ひくい・히꾸이) 낮다

険しい(けわしい・게와시이)　험하다,
　험준하다

발음이 쉽게 떠오르지 않는 단어로
서 「게와시이」라고 한다.

その 山は そう 険しくは ない

(그 산은 그리 험하지는 않다)

なだらか(나다라까) 가파르지 않은 모양

高さ(たかさ・다까사) 높이

海抜(かいばつ・가이바쓰) 해발

高山(こうざん・고오장) 고산, 높은 산

聳える(そびえる・소비에루) 우뚝 솟
　다, 치솟다

そそり立つ(そそりたつ・소소리다쓰)
　우뚝 솟다

くねくね(꾸네꾸네) 구불구불, 구불텅
　구불텅

曲りくねる(まがりくねる・마가리꾸네루) 꼬불꼬불 구부러지다

頂(いただき・이따다끼) 꼭대기, 정상

山の頂に登って日の出を見る
(산꼭대기에 올라 해돋이를 본다)

頂上(ちょうじょう・죠오죠오) 정상, 꼭대기

天辺(てっぺん・뎃뼁) 꼭대기

당연히 「뗀뼁」으로 알 테지만 엉뚱하게도 「뎃뼁」이다.

峰(みね・미네) 산봉우리

峯(みね・미네) 산봉우리

高嶺(たかね・다까네) 높은 산봉우리

발음이 「고오료오」가 아닌 「다까네」라는 사실에 유의할 것

彼女は高嶺の花のような存在であった (그녀는 높은 산봉우리의 꽃 같은 존재였다)

峻嶺(しゅんれい・슌레이) 높은 봉우리

エベレスト(에베레스또) 에베레스트

挑戦(ちょうせん・죠오셍) 도전

アルプス(아루뿌스) 알프스

最高峰(さいこうほう・사이꼬오호오) 최고봉

登攀(とうはん・도오항) 등반

希望峰(きぼうほう・기보오호오) 희망봉, 아프리카 서남단에 있는 곳

入山(にゅうざん・뉴우장) 입산

登る(のぼる・노보루) 오르다, 올라가다

上がる(あがる・아가루) 올라가다

越える(こえる・고에루) 넘다

山越え(やまごえ・야마고에) 산을 넘다

下る(くだる・구다루) 내려가다

降りる(おりる・오리루) 내려가다

滑る(すべる・스베루) 미끄러지다

墜落(ついらく・쓰이라꾸) 추락

발음이 「쓰이라꾸」라는 사실에 유의할 것

遭難(そうなん・소오낭) 조난

捜索(そうさく・소오사꾸) 수색

麓(ふもと・후모또) 산기슭

山麓(さんろく・산로꾸) 산기슭

山裾(やますそ・야마스소) 산기슭

山奥(やまおく・야마오꾸) 깊은 산 속

山家(やまが・야마가) 산에 있는 집

山崩れ(やまくずれ・야마구즈레) 산사태

山彦(やまびこ・야마비꼬) 산울림, 메아리

木霊(こだま・고다마) 산울림, 메아리

앞에서 설명했듯이 「山彦」「木霊」 모두 「산울림・메아리」를 뜻한다.

響く(ひびく・히비꾸) 울리다, 울려퍼지다

山小屋(やまごや・야마고야) 등산가의 숙박・휴식・피난 등을 위한 산

속 오두막집

山手(やまて・야마떼) 산쪽, 높은 지대

山脈(さんみゃく・산먀꾸) 산맥

山岳(さんがく・상가꾸) 산악

山峡(さんきょう・상꾜오) 산협

山河(さんが・상가) 산하

山野(さんや・상야) 산야

山腹(さんぷく・산뿌꾸) 산허리, 산의
　　중턱

　「상후꾸」가 아닌 「산뿌꾸」라고 읽는다.

登山(とざん・도장) 등산

木(き・기) 나무

樹木(じゅもく・쥬모꾸) 수목

木の葉(このは・고노하) 나뭇잎

　「기노하」라고 생각할 테지만 「고노
하」라고 한다.

茂る(しげる・시게루) 무성하다

木陰(こかげ・고까게) 나무그늘

木馬(もくま・모꾸마) 목마

木蓮(もくれん・모꾸렝) 목련

大木(たいぼく・다이보꾸) 큰 나무

古木(こぼく・고보꾸) 고목

　「大木」 「古木」 모두 「모꾸」가 아닌
「보꾸」가 된다.

岩(いわ・이와) 바위

巌(いわお・이와오) 큰 바위, 반석

岩山(いわやま・이와야마) 바위만 있
　는 산

岩根(いわね・이와네) 바위뿌리, 바위

岩礁(がんしょう・간쇼오) 암초

岩石(がんせき・간세끼) 암석

奇岩(きがん・기강) 기암

洞窟(どうくつ・도오꾸쓰) 동굴

洞穴(ほらあな・호라아나) 동굴

　「도오게쓰」로 알기 쉬우나 「호라아
나」가 된다.

空洞(くうどう・구우도오) 공동, 동굴 굴

鍾乳洞(しょうにゅうどう・쇼오뉴우
　도오) 종유동, 석회암 지방에 발달하
　는 땅 속의 공동(空洞)

谷(たに・다니) 산골짜기

谷間(たにま・다니마) 산골짜기

　「계곡의 사이」로서 결국 「산골짜기」
를 가리킨다.

渓谷(けいこく・게이꼬꾸) 계곡

崖(がけ・가께) 벼랑, 절벽

断崖(だんがい・당가이) 낭떠러지

絶壁(ぜっぺき・젯뻬끼) 절벽

見渡す(みわたす・미와따스) 멀리 바
　라보다

見下ろす(みおろす・미오로스) 내려
　다보다

石(いし・이시) 돌

石ころ(いしころ・이시꼬로) 돌맹이,
　잔돌

石垣(いしがき・이시가끼) 돌담

石段(いしだん・이시당) 돌계단

石橋(いしばし・이시바시) 돌다리

　「이시하시」가 아닌 「이시바시」이다.

石炭(せきたん・세끼땅) 석탄

石仏(せきぶつ・세끼부쓰) 돌부처

石材(せきざい・세끼자이) 석재

陸(りく・리꾸) 뭍, 육지

陸地(りくち・리꾸찌) 육지

大陸(たいりく・다이리꾸) 대륙

内陸(ないりく・나이리꾸) 내륙

島(しま・시마) 섬

島流し(しまながし・시마나가시) 유배
　(流配), 유형(流刑)

　昔には 罪人を 島流しした

　(옛날에는 죄인을 유배시켰다)

島嶼(とうしょ・도오쇼) 도서, 크고
　작은 섬들

群がる(むらがる・무라가루) 떼지어
　모이다

半島(はんとう・한또오) 반도

無人島(むじんとう・무진또오) 무인도

土(つち・쓰찌) 흙

土埃(つちぼこり・쓰찌보꼬리) 흙먼지

黄土(おうど・오오도) 황토

　의심할 여지없이 「고오도」라고 생각
할 테지만 엉뚱하게 「오오도」가 된다.

粘土(ねんど・넨도) 찰흙

土手(どて・도떼) 둑, 제방(堤防)

土方(どかた・도까따) 노가다, 공사판
　의 막벌이꾼

砂(すな・스나) 모래

砂地(すなち・스나찌) 모래땅

砂浜(すなはま・스나하마) 모래사장,
　백사장

砂時計(すなどけい・스나도께이) 모
　래시계

砂利(じゃり・쟈리) 자갈

　한문을 아무리 풀어보아도 뜻을 헤
아리기 힘든 단어로서 「자갈」을 뜻하
며 「쟈리」라고 읽는다.

土砂(どしゃ・도샤) 토사, 흙과 모래

黄砂(こうしゃ・고오샤) 황사

熱砂(ねっしゃ・넷샤) 열사

坂(さか・사까) 언덕

　その 道は 下り坂に なって いた

　(그 길은 내리막 언덕길로 되어 있었다)

坂道(さかみち・사까미찌) 언덕길

峠(とうげ・도오게) 재, 산마루

　발음이 쉽지 않은 단어로서 「도오
게」라고 한다.

岡(おか・오까) 언덕, 구릉(丘陵)

丘(おか・오까) 언덕, 구릉(丘陵)

丘陵(きゅうりょう・규우료오) 구릉,
　언덕

断層(だんそう・단소오) 단층

稜線(りょうせん・료오셍) 능선, 산등

216

성어

斜面(しゃめん・샤멩) 사면

盆地(ぼんち・본찌) 분지

川(かわ・가와) 개울, 개천, 내

川辺(かわべ・가와베) 냇가, 강가

川底(かわぞこ・가와조꼬)

　「가와소꼬」가 아닌 「가와조꼬」이다.

山川(さんせん・산셍) 산천

河(かわ・가와) 큰 개울, 강

大河(たいが・다이가) 대하, 큰 강

河原(かわら・가와라) 강가의 모래밭

　「가와하라」가 아니고 「가와라」라

고 읽는다.

河口(かこう・가꼬오) 하구, 바다로

　들어가는 강물의 어귀

浅い(あさい・아사이) 얕다

深い(ふかい・후까이) 깊다

　その 川は 思ったよりは 深い

　(그 개울은 생각보다는 깊다)

浮ぶ(うかぶ・우까부) 뜨다, 떠오르다

漂う(ただよう・다다요우) 물결에 떠

　돌다, 표류하다

　발음이 쉽지 않은 단어로서 「다다

요우」가 된다.

沈む(しずむ・시즈무) 가라앉다

沈没(ちんぼつ・진보쓰) 침몰

浮沈(ふしん・후싱) 부침

溺れる(おぼれる・오보레루) 물에 빠

지다

　船が 沈没して 溺れて しまった

　(배가 침몰해서 물에 빠져 버렸다)

浅瀬(あさせ・아사세) 여울

せせらぎ(세세라기) 얕은 여울

渦巻(うずまき・우즈마끼) 소용돌이

灘(なだ・나다) 육지에서 먼 파도가

　강한 바다

　발음이 우리로서는 생소한 「나다」

이다.

玄海灘(げんかいなだ・겡까이나다)

　현해탄

瀬戸際(せとぎわ・세또기와) 좁은 해협

　과 바다와의 경계선, 운명의 갈림길

　이 또한 발음이 생소한 단어로서 「세

또기와」라고 한다.

　乗るか 反るかの 瀬戸際である

　(죽느냐 사느냐의 운명의 갈림길이다)

海(うみ・우미) 바다

内海(うちうみ・우찌우미) 내해

　「入り海(이리우미)」라고도 한다.

藍色(あいいろ・아이이로) 남빛

帯びる(おびる・오비루) 띠다

海辺(うみべ・우미베) 해변, 바닷가

海岸(かいがん・가이강) 해안

リアス式海岸(しきかいがん・리아스

　시끼가이강) 리아스식해안, 복잡한

　해안선을 이룬 해안

浸蝕作用(しんしょくさよう・신쇼꾸 사요오) 침식작용

海峡(かいきょう・가이꾜오) 해협

海洋(かいよう・가이요오) 해양

海流(かいりゅう・가이류우) 해류

沿海(えんかい・엥까이) 연해

深海(しんかい・싱까이) 심해, 깊은 바다

航海(こうかい・고오까이) 항해

江(こう・고오) 강

入り江(いりえ・이리에) 후미

楊子江(ヤンツこう・양쓰꼬오) 양자강

湾(わん・왕) 만, 바닷가의 큰 물굽이
발음이 「왕」이라는 사실을 새겨넣 도록 할 것

湾曲(わんきょく・왕교꾸) 만곡

岬(みさき・미사끼) 갑, 곶

어떻게 발음을 해야 할지 난감한 단어로서 「미사끼」가 된다.

沖(おき・오끼) 물가에서 멀리 떨어진 바다 위

灯台(とうだい・도오다이) 등대

灯台守(とうだいもり・도오다이모리) 등대수

「도오다이슈」라고 생각할 테지만 「도오다이모리」라고 한다.

上流(じょうりゅう・죠오류우) 상류

下流(かりゅう・가류우) 하류

海水浴(かいすいよく・가이스이요꾸) 해수욕

ビーチパラソル(삐이찌빠라소류) 피치 패러솔, 햇볕을 가리기 위한 대형양산

運河(うんが・웅가) 운하

ダム(다무) 댐

発電(はつでん・하쓰뎅) 발전

滝(たき・다끼) 폭포

瀑布(ばくふ・바꾸후) 폭포

筏(いかだ・이까다) 뗏목

潮(みずしお・미즈시오) 조수

潮水(ちょうすい・죠오스이) 조수

潮流(ちょうりゅう・죠오류우) 조류

暖流(だんりゅう・단류우) 난류

寒流(かんりゅう・간류우) 한류

満潮(まんちょう・만쬬오) 만조

干潮(かんちょう・간쬬오) 간조

波(なみ・나미) 물결, 파도

波間(なみま・나미마) 파도와 파도 사이

さざ波(さざなみ・사자나미) 잔물결

波涛(はとう・하또오) 파도

怒涛(どとう・도또오) 노도, 성난 파도

漂流(ひょうりゅう・효오류우) 표류

しぶき(시부끼) 물보라

しぶきを あげて モーターボートが 走る (물보라를 일으키며 모터보트가 달린다)

水柱(みずばしら・미즈바시라) 물기둥

しけ(시께) 강한 비바람으로 바다가 거칠어짐

波高(はこう・하꼬오) 파고, 파도의 높이

波打つ(なみうつ・나미우쓰) 물결치다

凪(なぎ・나기) 바람이 자고 물결이 잔잔해짐

波市(なみいち・나미이찌) 바다에 서는 장

岸(きし・기시) 물가

河岸(かし・가시) 해안, 강변
  「가와기시」로 알 테지만 엉뚱하게 「가시」라고 읽는다.

干潟(ひがた・히가따) 조수가 밀려난 개펄

渚(なぎさ・나기사) 둔치, 물결이 밀려오는 물가

汀(みぎわ・미기와) 물가, 「渚」와 같음

波打際(なみうちぎわ・나미우찌기와) 파도가 밀려오는 곳, 물가

塩田(えんでん・엔뎅) 염전

湖(みずうみ・미즈우미) 호수

湖水(こすい・고스이) 호수

湖畔(こはん・고항) 호반, 후숫가
  湖畔の コンドーで 一夜を 過す
  (호반의 콘도에서 하룻밤을 보낸다)

泉(いずみ・이즈미) 샘

泉水(せんすい・센스이) 샘솟는 물

温泉(おんせん・온셍) 온천

つかる(쓰까루) 잠기다

沼(ぬま・누마) 늪

湖沼(こしょう・고쇼오) 호수와 늪

淀(よど・요도) 웅덩이

湿地(しっち・싯찌) 습지, 축축한 땅

原始林(げんしりん・겐시링) 원시림

処女林(しょじょりん・쇼죠링) 처녀림

ジャングル(쟝구루) 정글

ツンドラ(쓴도라) 툰드라

凍土(とうど・도오도) 동토

南極(なんきょく・낭꾜꾸) 남극

北極(ほっきょく・홋꾜꾸) 북극

探検(たんけん・당껭) 탐험

氷河(ひょうが・효오가) 빙하

万年雪(まんねんせつ・만넹세쓰) 만년설

火山(かざん・가장) 화산

休火山(きゅうかざん・규우까장) 휴화산

活火山(かっかざん・갓까장) 활화산
  「가쓰까장」이 아닌 「갓까장」이다.

爆発(ばくはつ・바꾸하쓰) 폭발

地震(じしん・지싱) 지진

溶岩(ようがん・요오강) 용암

どろどろ(도로도로) 질척하게 녹은 모양, 질척질척
  どろどろした 火の 塊が 鉄に なる

219

(질척거리는 불덩어리가 쇠가 된다)

砂漠(さばく・사바꾸) 사막

オアシス(오아시스) 오아시스

蜃気樓(しんきろう・싱끼로오) 신기루

隊商(たいしょう・다이쇼오) 대상, 캐
   리번

キャラバン(가라방) 캐리번, 대상

野(の・노) 들, 들판

野原(のはら・노하라) 들, 들판

野良(のら・노라) 들, 들판

   발음하기가 쉽지 않은 단어로서
「노라」라고 읽는다.

野良犬(のらいぬ・노라이누) 들개

野良着(のらぎ・노라기) 들에서 입는
   작업복

野中(のなか・노나까) 들 한가운데

野路(のじ・노지) 들길

平野(へいや・헤이야) 평야

沃野(よくや・요꾸야) 옥야, 기름진 땅

荒野(こうや・고오야) 황야

   앞에서 말했듯이 「아레노」라고도
한다.

平原(へいげん・헤이겡) 평원

草原(そうげん・소오겡) 초원

高原(こうげん・고오겡) 고원

シルクロード(시루꾸로오도) 실크로드

村(むら・무라) 마을

村落(そんらく・손라꾸) 촌락, 마을

田園(でんえん・뎅엥) 전원

田舍(いなか・이나까) 시골

   발음과 뜻이 모두 까다로운 단어로
서 「이나까」라고 하며 「시골」을 가리
킨다.

片田舍(かたいなか・가따이나까) 두
   메산골

僻村(へきそん・헤끼송) 벽촌

農村(のうそん・노오송) 농촌

農夫(のうふ・노오후) 농부, 농사꾼

百姓(ひゃくしょう・햐꾸쇼오) 농민,
   백성

   본시 「국민」 즉 「백성」을 가리키는
말이지만 「농민」으로 통하고 있다.

農業(のうぎょう・노오교오) 농업

農土(のうど・노오도) 농토

開拓(かいたく・가이따꾸) 개척

開墾(かいこん・가이꽁) 개간

   処女地를 開墾して 沃土를 作る

   (처녀지를 개간하여 옥토를 만든다)

農場(のうじょう・노오죠오) 농장

農機具(のうきぐ・노오끼구) 농기구

果樹園(かじゅえん・가쥬엥) 과수원

植える(うえる・우에루) (나무를) 심다

牧場(まきば・마끼바) 목장

   「보꾸죠오」 역시 「목장」을 가리킨다.

   広い 牧場では 牛の 群れが 草を 食
んで いた (넓은 목장에서는 소떼가 풀

을 뜨고 있었다)

牧畜(ぼくちく・보꾸찌꾸) 목축

酪農(らくのう・라꾸노오) 낙농

田(た・다) 논

耕す(たがやす・다가야스) 전답을 갈다

耕作(きょうさく・교오사꾸) 경작

田植え(たうえ・다우에) 모내기, 모심기

肥料(ひりょう・히료오) 비료

撒く(まく・마꾸) 뿌리다, 살포하다

稲熱病(とうねつびょう・도오네쓰뵤오) 도열병

ひでり(히데리) 가뭄, 한발

洪水(こうずい・고오즈이) 홍수

　「고오스이」가 아닌 「고오즈이」이다.

氾濫(はんらん・한랑) 범람

凶年(きょうねん・교오넹) 흉년

豊作(ほうさく・호오사꾸) 풍작

農繁期(のうはんき・노오항끼) 농번기

刈入れ(かりいれ・가리이레) 추수

稲刈り(いねかり・이네가리) 벼베기

脱穀(だっこく・닷꼬꾸) 탈곡

精米所(せいまいしょ・세이마이쇼) 정미소

人手不足(ひとでふそく・히또데후소꾸) 일손부족

　직역하면 「사람손부족」으로서 결국 「일손부족」이 된다.

水車(みずぐるま・미즈구루마) 물레방아

雀(すずめ・스즈메) 참새

案山子(かかし・가까시) 허수아비

　뜻도 발음도 좀체로 알 수 없는 단어로서 「허수아비」를 가리키며 「가까시」라고 읽는다.

　この頃の 雀は 案山子も 恐れない

　(요즈음 참새는 허수아비도 두려워하지 않는다)

畑(はたけ・하다께) 밭

畠(はたけ・하다께) 밭

種蒔き(たねまき・다네마끼) 씨앗뿌리기, 파종

畦道(あぜみち・아제미찌) 논두렁길

排水路(はいすいろ・하이스이로) 배수로

堤防(ていぼう・데이보오) 제방

계절과 날씨에 관한 단어도 결코 그리 호락호락하지만은 않다. 그럴 것이 소위 당て字(아떼지)가 제법 있고 우리의 상식을 뛰어넘는 변칙 발음이 상당히 많기 때문이다.

어쨌거나 미리부터 겁먹지 말고 기본이 되는 단어를 차근차근 익혀보자.

「春雨」와 「秋雨」는 물론 「봄비」와 「가을비」인데 문제는 그 발음이다. 당연히 「하루아메」 「아끼아메」라고 생각할 테지만, 난데없는 「사메」 발음이 붙는다. 「하루사메」 「아끼사메」가 되는 것이다.

「常夏」는 한자의 뜻대로 「항상 여름」인데 발음이 엉뚱하게 「도꼬나쓰」이다. 이 또한 우리의 상식을 초월한 발음이 아닐 수 없다.

「날씨」는 물론 「天気(덴끼)」라고 하거니와, 「空模様(소라모요오)」와 「日和(히요리)」 역시 날씨를 가리킨다. 그 때 그 때의 형편에 따라 가려쓰고 있는 셈이다.

「木枯し」라고 하면 아마 누구나 속수무책이 되리라 생각한다. 그럴 것이 「초겨울에 부는 찬바람」이라는 뜻이고 「고가라시」라고 읽기 때문이다. 「바람」인 「風(가제)」는 들어있지도 않은데 「바람」을 뜻하니 말이다.

「장마」 또한 앞의 「날씨」 때와 마찬가지로 여러 단어가 있다. 「長雨」는 한자의 뜻 그대로 「긴 비」가 되어 결국 「장마」를 뜻하거니와, 문제는 발음이다. 「나가아메」가 아닌 「나가메」인 것이다.

「梅雨」 또한 「장마」를 뜻하는데 난데없이 「쓰유」라고 발음하며, 「五日雨」에 이르러서는 당연히 「고가쓰아메」가 되어야 할 터인데, 엉뚱한 「사미다레」이며 이 또한 「장마」라는 뜻이다.

비가 오고 천둥이 치고 번개가 번쩍일 때의 「번개」는 우리로서는 도저히 뜻을 짐작할 길이 없는 「稲妻」인데, 발음 또한 「이나즈마」가 된다.

눈이 오면 「눈사람」을 만들거니와 이 「눈사람」 역시 우리로서는 생소한 「雪達磨」이다. 아마도 눈사람이 달마대사(達磨大師)처럼 앉아 있는 모습에서 비롯된 단어일 것이다.

봄철에 흔히 볼 수 있는 「아지랭이」는 「陽炎」라고 하는데 발음이 이 역시 생소한 「가게로오」라고 한다. 참으로 까다롭다 아니할 수 없다.

季節(きせつ・기세쓰) 계절

シーズン(시이즌) 시즌, 계절, 사계

四季(しき・시끼) 사계, 네 계절

春(はる・하루) 봄

春先(はるさき・하루사끼) 초봄

春めく(はるめく・하루메꾸) 제법 봄
　다와지다

春風(はるかぜ・하루가제) 봄바람

春雨(はるさめ・하루사메) 봄비
　모두에서 말했듯이 「하루아메」가
아닌 「하루사메」이다.

春雪(しゅんせつ・슌세쓰) 춘설, 봄눈

新春(しんしゅん・신슝) 신춘, 새봄

立春(りっしゅん・릿슝) 입춘

思春期(ししゅんき・시슝끼) 사춘기

夏(なつ・나쓰) 여름

夏場(なつば・나쓰바) 여름철

夏着(なつぎ・나쓰기) 여름옷

夏枯れ(なつがれ・나쓰가레) 여름철
　불경기

真夏(まなつ・마나쓰) 한여름

常夏(とこなつ・도꼬나쓰) 늘 여름임
　이미 말했듯이 발음이 「도꼬나쓰」이다.

夏休み(なつやすみ・나쓰야스미) 여
　름방학, 여름휴가

秋(あき・아끼) 가을

秋風(あきかぜ・아끼가제) 가을바람

秋晴れ(あきばれ・아끼바레) 가을의
쾌청한 날씨

秋雨(あきさめ・아끼사메) 가을비
　이 또한 「아끼아메」가 아닌 「아끼
사메」이다.

初秋(はつあき・하쓰아끼) 초가을

春秋(しゅんじゅう・슌쥬우) 춘추

落葉(おちば・오찌바) 낙엽

淋しい(さびしい・사비시이) 쓸쓸하다

枯木(かれき・가레끼) 고목, 잎이 떨
　어진 나무

冬(ふゆ・후유) 겨울

冬空(ふゆぞら・후유조라) 겨울하늘

冬鳥(ふゆどり・후유도리) 겨울철새

渡り鳥(わたりどり・와따리도리) 철새

天を渡る(てんをわたる・뎅오 와따
　루) 하늘을 건너가다

冬将軍(ふゆしょうぐん・후유쇼오궁)
　동장군

冬季オリンピック(とうき・도오끼오
　린삣꾸) 동계올림픽

暖冬(だんとう・단또오) 난동

気候(きこう・기꼬오) 기후

気象(きしょう・기쇼오) 기상

熱帯気候(ねったいきこう・넷따이기
　꼬오) 열대기후

異常気候(いじょうきこう・이죠오기
　꼬오) 이상기후

気団(きだん・기당) 기단, 공기덩어리

気圧(きあつ・기아쓰) 기압

配置(はいち・하이찌) 배치

高気圧(こうきあつ・고오끼아쓰) 고기압

低気圧(ていきあつ・데이끼아쓰) 저기압

朝から 彼の 気分が 低気圧である

(아침부터 그의 기분이 저기압이다)

移動性(いどうせい・이도오세이) 이동성

気流(きりゅう・기류우) 기류

上昇気流(じょうしょうきりゅう・죠오쇼오기류우) 상승기류

亂気流(らんきりゅう・랑기류우) 난기류

熱帶(ねったい・넷따이) 열대

亞熱帶(あねったい・아넷따이) 아열대

寒帶(かんたい・간따이) 한대

温暖前線(おんだんぜんせん・온당젠셍) 온난전선

寒冷前線(かんれいぜんせん・간레이젠셍) 한랭전선

天気(てんき・뎅끼) 날씨

気象台(きしょうだい・기쇼오다이) 기상대

天気予報(てんきよほう・뎅끼요호오) 일기예보

気象情報(きしょうじょうほう・기쇼오죠오호오) 기상정보

豪雨注意報(ごううちゅういほう・고오우쥬우이호오) 호우주의보

台風警報(たいふうけいほう・다이후우게이호오) 태풍경보

発令(はつれい・하쓰레이) 발령

空模樣(そらもよう・소라모요오) 날씨

日和(ひより・히요리) 날씨

「날씨」는 보통 「天気」라고 하지만 때에 따라 「空模樣」라고 하고 「日和」라고도 한다.

晴れる(はれる・하레루) 하늘이 맑게 개다

からりと(가라리또) 활짝

밝고 넓은 상태를 가리키는 말로서 「활짝」이라는 뜻이다.

空が からりと 晴れる

(하늘이 활짝 갠다)

門を からりと 開けて 入る

(문을 활짝 열고 들어간다)

晴天(せいてん・세이뗑) 맑게 갠 하늘

快晴(かいせい・가이세이) 쾌청

晴れ上がる(はれあがる・하레아가루) 맑게 개다. 「晴れ渡る(하레와따루)」역시 같다.

すがすがしい(스가스가시이) 상쾌하다

実に すがすがしい 日和である

(참으로 상쾌한 날씨이다)

爽か(さわやか・사와야까) 상쾌함

爽快(そうかい・소오까이) 상쾌

上天気(じょうてんき・죠오뎅끼) 맑게 갠 날씨

麗らか(うららか・우라라까) 화창한 모양

　발음이 쉽지 않은 단어로서 「우라라까」라고 한다.

曇る(くもる・구모루) 날씨가 흐려지다, 흐리다

どんより(동요리) 날씨가 잔뜩 흐린 모양

曇天(どんてん・돈뗑) 흐린 하늘

うっとうしい(웃또오시이) 음울하다, 개운치가 않다

　うっとうしい 天気が 3日も 続く

　(음울한 날씨가 3일이나 계속된다)

憂欝(ゆううつ・유우우쓰) 우울함

陰気(いんき・잉끼) 음침함, 음산함

　반대어는 「陽気(요오끼)」이다.

雨模様(あまもよう・아마모요오) 비가 올 것 같은 날씨

　「아메모요오」로 생각할 테지만 「아마모요오」이다. 「雨」는 「아마」로 발음하는 수가 많다.

暑い(あつい・아쓰이) 덥다

むし暑い(むしあつい・무시아쓰이) 무덥다

暑苦しい(あつくるしい・아쓰구루시이) 괴로울 정도로 덥다

暑さ(あつさ・아쓰사) 더위

烈日(れつじつ・레쓰지쓰) 격렬하게 내려쪼이는 해

酷暑(こくしょ・고꾸쇼) 혹서, 지독한 더위

零上(れいじょう・레이죠오) 영상

汗が 流れる(あせが ながれる・아세가 나가레루) 땀이 흐른다

だらだら(다라다라) 줄줄, 질질

　むし暑くて 汗が だらだら 流れる

　(무더워서 땀이 줄줄 흐른다)

びっしょり(빗쇼리) 흠뻑 젖음

濡れる(ぬれる・누레루) 젖다

熱帯夜(ねったいよ・넷따이요) 열대야, 밤이 되어도 옥외의 기온이 섭씨 25도 이하로 내려가지 않는 밤

不眠(ふみん・후밍) 불면

苦しむ(くるしむ・구루시무) 고통받다, 시달리다

エアコン(에아꽁) 에어콘

稼動(かどう・가도오) 가동

寒い(さむい・사무이) 춥다

うすら寒い(우스라사무이) 으스스 춥다

滅法寒い(めっぽうさむい・멧뽀오사무이) 굉장히 춥다, 엄청 춥다

　「滅法」는 「굉장히」「엄청나게」라는 뜻이며 「멧뽀오」라고 읽는다.

今年の 冬は 滅法 寒いようだ

(금년 겨울은 굉장히 추운 것 같다)

寒さ(さむさ・사무사) 추위

零下(れいか・레이까) 영하

寒暖計(かんだんけい・간당께이) 한
난계, 온도계

目盛り(めもり・메모리) 눈금

「메모리」라고 하며 계량기의 「눈금」
을 뜻한다.

ぐんと(군또) 쑥, 아주

下がる(さがる・사가루) 내려가다

발음이 엉뚱한 「사가루」임을 새겨
넣을 것

寒村(かんそん・간송) 한촌, 두메

防寒服(ぼうかんふく・보오깡후꾸)
방한복

暖かい(あたたかい・아따다까이) 따
뜻하다

暖める(あたためる・아따다메루) 따
뜻하게 하다, 데우다

暖房(だんぼう・단보오) 난방

暖流(だんりゅう・단류우) 난류

温暖(おんだん・온당) 온난

涼しい(すずしい・스즈시이) 시원하
다, 선선하다

夕涼み(ゆうすずみ・유우스즈미) 여
름날 저녁때 시원한 바람을 쐬는 것

納涼(のうりょう・노오료오) 납량

清涼(せいりょう・세이료오) 청량

冷たい(つめたい・쓰메따이) 차다, 쌀
쌀하다

朝の 空気が かなり 冷たい

(아침 공기가 제법 차다)

彼女の 態度は 未だ 冷たい

(그녀의 태도는 아직도 쌀쌀하다(냉
정하다))

冷える(ひえる・히에루) 차가와지다,
식다

발음이 「冷たい」는 「쓰메따이」이고
「冷える」는 전혀 다른 「히에루」라고
한다.

冷やし(ひやし・히야시) 차게 하다, 차
게 만든 것 「冷やし ビール」는 「차
게 만든 맥주」이다.

冷凍(れいとう・레이또오) 냉동

冷却(れいきゃく・레이갸꾸) 냉각

冷戦(れいせん・레이셍) 냉전

凍る(こおる・고오루) 얼다

氷る(こおる・고오루) 얼다

凍結(とうけつ・도오께쓰) 동결

凍破(とうは・도오하) 동파

氷(こおり・고오리) 얼음

氷水(こおりみず・고오리미즈) 얼음물

氷袋(こおりぶくろ・고오리부꾸로)
얼음주머니

氷山(ひょうざん・효오장) 빙산

氷点(ひょうてん・효오뗑) 빙점

薄氷(はくひょう・하꾸효오) 박빙, 살 얼음

つらら(쓰라라) 고드름
한문으로 「氷柱」라고도 쓴다.

垂れ下がる(たれさがる・다레사가루) 아래로 늘어지다

湿気(しっけ・싯께) 습기
「싯끼」도 「시쓰끼」도 아닌 「싯께」이다.

湿度計(しつどけい・시쓰도게이) 습 도계

湿っぽい(しめっぽい・시멧뽀이) 축 축(눅눅)하다

じめじめ(지메지메) 습기가 많은 모양, 질펀질펀
地下室なので 部屋 全体が じめじめする (지하실이어서 방 전체가 눅눅하다)

カーペット(가아뺏또) 카펫, 양탄자

湿る(しめる・시메루) 축축(눅눅)해지다
발음이 좀체로 떠오르지 않는 단어로서 「시메루」라고 한다.

かび臭い(かびくさい・가비구사이) 곰팡내가 난다

不快指数(ふかいしすう・후까이시스우) 불쾌지수

乾燥注意報(かんそうちゅういほう・간소오쥬우이호오) 건조주의보

乾く(かわく・가와꾸) 마르다

山火(やまび・야마비) 산불

発生(はっせい・핫세이) 발생

風(かぜ・가제) 바람

そよ風(そよかぜ・소요가제) 산들바람

そよそよ(소요소요) 산들산들

吹く(ふく・후꾸) (바람이) 불다

吹きつける(ふきつける・후끼쓰께루) 세차게 불다, 내뿜다

吹きまくる(ふきまくる・후끼마꾸루) (바람이) 마구 휘몰아치다

木枯し(こがらし・고가라시) 초겨울 에 부는 찬 바람
앞에서 말했듯이 발음이 난데없는 「고가라시」이고 「초겨울에 부는 찬바람」을 뜻한다.

骨身にしみる(ほねみにしみる・호네미니 시마루) 뼈 속으로 스며들다

季節風(きせつふう・기세쓰후우) 계절풍

モンスーン(몬슨) 몬슨, 동남아시아에 부는 계절풍

順風(じゅんぷう・쥰뿌우) 순풍

旋風(せんぷう・센뿌우) 선풍, 회오리 바람
「쓰무지가제」라고도 발음한다.

嵐(あらし・아라시) 폭풍우
발음이 엉뚱한 「아라시」이다.

暴風(ぼうふう・보오후우) 폭풍

颱風(たいふう・다이후우) 태풍

ハリケーン(하리께인) 허리케인, 여름에 발생하는 폭풍우

吹き飛ばす(ふきとばす・후끼도바스) 불어날려 버리다

浸水(しんすい・신스이) 침수

洪水(こうずい・고오즈이) 홍수

被害(ひがい・히가이) 피해
　　毎年 洪水の 被害が 大きい
　　(해마다 홍수피해가 크다)

風雲(ふううん・후우웅) 풍운

風化作用(ふうかさよう・후우까사요오) 풍화작용

風土病(ふうどびょう・후우도뵤오) 풍토병

風俗(ふうぞく・후우조꾸) 풍속

雨(あめ・아메) 비

降る(ふる・후루) (비・눈 따위가) 내리다, 오다

降りる(おりる・오리루) 내리다, 내려오다

降りしきる(ふりしきる・후리시끼루) (눈・비가) 세차게 쏟아져 내리다

止む(やむ・야무) 그치다

雨天(うてん・우뗑) 비 오는 날씨

降雨量(こううりょう・고오우료오) 강우량

春雨(はるさめ・하루사메) 봄비

앞에서 말했듯이 「하루아메」가 아닌 「하루사메」이다.

梅雨(つゆ・쓰유) 장마
　　「바이우」라고도 읽는다.

五月雨(さみだれ・사미다레) 장마
　　이미 말했듯이 발음이 우리의 상식을 초월하는 「사미다레」가 된다.

長雨(ながめ・나가메) 장마
　　이 또한 「나가아메」가 아닌 「나가메」이다.

時雨(しぐれ・시구레) 오락가락하는 비
　　발음이 엉뚱한 「시구레」이다.

細雨(さいう・사이우) 가랑비, 이슬비
　　당연히 「세이우」가 되어야 하나 이 또한 엉뚱하게 「사이우」이다.

しとしと(시또시또) 부슬부슬

しっぽり(싯뽀리) 흠뻑 젖은 모양

しっとり(싯또리) 촉촉이, 함초롬히

濡れる(ぬれる・누레루) 젖다
　　春雨に しっとり 濡れる
　　(봄비에 촉촉이 젖는다)

驟雨(しゅうう・슈우우) 소나기

にわか雨(にわかあめ・니와까아메) 소나기

夕立ち(ゆうだち・유우다찌) 소나기
　　직역하면 「저녁이 서다」로서 뜻을 분간하기 힘들거니와 「소나기」를 가리킨다.

豪雨(ごうう・고오우) 호우

暴雨(ぼうう・보오우) 폭우

スコール(스꼬오루) 스콜, 바람을 동반한 소나기

土砂降り(どしゃぶり・도샤부리) 억수같이 쏟아짐

　土砂降りに 会って 服を 濡らす (억수로 쏟아지는 비를 만나 옷을 적신다)

濡れ鼠(ぬれねずみ・누레네즈미) 물에 빠진 새앙쥐

雨垂れ(あまだれ・아마다레) 낙숫물

石を うがつ(いしを うがつ・이시오우가쓰) 돌을 뚫는다

雫(しずく・시즈꾸) 물방울

雨水(あまみず・아마미즈) 빗물

　「아메미즈」가 아닌 「아마미즈」이다.

雨具(あまぐ・아마구) 비옷, 우비

レーンコート(렌고오또) 레인코트

雨靴(あまぐつ・아마구쓰) 비신, 장화

蓑(みの・미노) 도롱이

傘(かさ・가사) 우산, 양산

こうもり傘(こうもりがさ・고오모리가사) 박쥐우산

落下傘(らっかさん・랏까상) 낙하산

蛇の目(じゃのめ・쟈노메) 큰 고리모양의 무늬를 놓은 종이우산

　직역하면 「뱀의 눈」이 되어 무슨 뜻인지 어림할 수 없거니와 「종이우산」

을 가리킨다.

さす(사스) (우산 따위를) 쓰다, 받치다

　蛇の目を さして 学校に 行く

　(종이우산을 쓰고 학교에 간다)

漏れる(もれる・모레루) (물 따위가) 새다, 누락되다, 빠지다

吹き飛ぶ(ふきとぶ・후끼도부) 바람에 날아가다

雷(かみなり・가미나리) 천둥, 벼락

雷族(かみなりぞく・가미나리조꾸)

　요란한 소리를 내며 오토바이를 모는 젊은이들, 폭주족

雷雨(らいう・라이우) 뇌우, 우레소리가 나며 내리는 비

でかい(데까이) 엄청 크다

　でかい 雷の 音に 赤子が 驚く

　(엄청난 천둥소리에 아기가 놀란다)

耳を つんざく(みみを つんざく・미미오 쓴자꾸) 귀청이 떨어지다

停電(ていでん・데이뎅) 정전

稲妻(いなずま・이나즈마) 번개

　직역하면 「벼아내」 「이삭아내」이지만 엉뚱하게 「번개」를 뜻한다.

稲光り(いなびかり・이나비까리) 번갯불

閃く(ひらめく・히라메꾸) 번쩍이다

眩しい(まぶしい・마부시이) 눈부시다

恐い(こわい・고와이) 무섭다

恐ろしい(おそろしい・오소로시이)

무섭다

虹(にじ・니지) 무지개

　발음이 난해한 「니지」가 된다.

レインボー(레인보우) 레인보오, 무지개

七色(なないろ・나나이로) 칠색, 일곱 가지색

くっきり(굿끼리) 또렷이, 선명하게

浮ぶ(うかぶ・우까부) 뜨다

　七色の 虹が くっきり 浮んで いる
　(일곱색의 무지개가 또렷하게 떠있다)

鮮やか(あざやか・아자야까) 선명함, 또렷함

雪(ゆき・유끼) 눈

細雪(ささゆき・사사유끼) 가는 눈, 가루눈

　「호소유끼」도 「사이세쓰」도 아닌 「사사유끼」라고 한다.

大雪(おおゆき・오오유끼) 큰 눈, 대설

降る(ふる・후루) (비・눈이) 내리다, 오다

降り積もる(ふりつもる・후리쓰모루) 내려쌓이다

銀世界(ぎんせかい・긴세까이) 은세계

真っ白(まっしろ・맛시로) 새하얌

積雪量(せきせつりょう・세끼세쓰료오) 적설량

雪掻き(ゆきかき・유끼가끼) 제설(除雪), 눈을 치우는 것

雪除け(ゆきよけ・유끼요께) 제설

雪投げ(ゆきなげ・유끼나게) 눈싸움

雪合戦(ゆきがっせん・유끼갓셍) 눈싸움

　「눈을 서로 던지며 싸우는 것」을 가리키며 「유끼갓셍」이라고 한다.

雪達磨(ゆきだるま・유끼다루마) 눈사람

　「눈사람」이 달마대사처럼 앉아 있는 데에서 비롯된 말이다.

雪解け(ゆきどけ・유끼도께) 눈이 녹음, 해빙(解氷)

暴雪(ぼうせつ・보오세쓰) 폭설

新雪(しんせつ・신세쓰) 신설, 새눈

残雪(ざんせつ・잔세쓰) 잔설

吹雪(ふぶき・후부끼) 눈보라

　당연히 「후끼유끼」로 생각할 테지만 엉뚱하게 「후부끼」가 된다.

雪崩れ(なだれ・나다레) 눈사태

　이 또한 「유끼구즈레」라고 알 테지만 난데없는 「나다레」이다.

事故(じこ・지꼬) 사고

こま(고마) 팽이

廻す(まわす・마와스) 돌리다

そり(소리) 썰매

滑る(すべる・스베루) 미끄러지다, 미끄럽다

スキー(스끼이) 스키

スキーヤー(스끼이야아) 스키어, 스키를 타는 사람

霰(あられ・아라레) 우박

農作物(のうさくぶつ・노오사꾸부쓰) 농작물

損失(そんしつ・손시쓰) 손실

みぞれ(미조레) 진눈깨비

泥濘(ぬかるみ・누까루미) 진창, 수렁
　발음이 엉뚱하게 「누까루미」라는 사실을 새겨넣을 것

雲(くも・구모) 구름

雲間(くもま・구모마) 구름 사이

雲隠れ(くもがくれ・구모가꾸레) 달이 구름에 가림

かくれる(가꾸레루) 숨다

雨雲(あまぐも・아마구모) 비구름
　이 역시 「아메구모」가 아닌 「아마구모」이다.

入道雲(にゅうどうぐも・뉴우도오구모) 소나기 구름
　「入道」는 본시 「불문(仏門)에 들어간 사람」이라는 뜻인데 구름의 모양이 승려 같은 데에서 붙여진 단어이다.

むくむく(무꾸무꾸) 뭉게뭉게, 부스스

湧き上がる(わきあがる・와끼아가루) 솟아오르다

積乱雲(せきらんうん・세끼랑웅) 적란운, 소나기구름

暗雲(あんうん・앙웅) 암운, 검은 구름

弥次馬(やじうま・야지우마) 까닭없이 떠들어대는 구경꾼

雲集(うんしゅう・운슈우) 구름처럼 많이 모임

雲泥(うんでい・운데이) 구름과 진흙, 즉 대단한 차이, 하늘과 땅 차이

霧(きり・기리) 안개

朝霧(あさぎり・아사기리) 아침안개

霧雨(きりさめ・기리사메) 안개비
　이 또한 「아메」가 아닌 「사메」이다.

濃霧(のうむ・노오무) 농무, 짙은 안개

スモッグ(스못구) 스모그, 연무(煙霧)

立ち込める(たちこめる・다찌꼬메루) 안개 따위가 자욱히 끼다

運転注意(うんてんちゅうい・운뗑쥬우이) 운전주의

航空機(こうくうき・고오꾸우끼) 항공기

欠航(けっこう・겟꼬오) 결항

五里霧中(ごりむちゅう・고리무쮸우) 오리무중
　犯人の　手がかりは　五里霧中である
　(범인의 단서는 오리무중이다)

霜(しも・시모) 서리

霜焼け(しもやけ・시모야께) 동상(凍傷)
　이미 배웠듯이 손이나 발 등에 생기는 「동상」을 가리킨다.

初霜(はつしも・하쓰시모) 첫서리

星霜(せいそう・세이소오) 성상

秋霜(しゅうそう・슈우소오) 추상, 서릿발처럼 엄함

露(つゆ・쓰유) 이슬

露の間(つゆのま・쓰유노마) 잠깐사이, 「束の間(쓰까노마)」와 같음

露の宿(つゆのやど・쓰유노야도) 노숙, 한뎃잠

露晴れ(つゆばれ・쓰유바레) 장마 때 날씨가 이따금씩 개는 것

朝露(あさつゆ・아사쓰유) 아침이슬

草露(くさつゆ・구사쓰유) 초로, 풀이슬

露程も(つゆほども・쓰유호도모) 조금도, 손톱만큼도

それに ついて 露程も 悔いない
(그것에 대해 조금도 후회하지 않는다)

陽炎(かげろう・가게로오) 아지랑이

　모두에서 배웠듯이 「아지랑이」를 가리키며 「가게로오」라고 발음한다.

陽炎が 立つ(かげろうがたつ・가게로오가 다쓰) 아지랑이가 피어오르다

霞(かすみ・가스미) 안개・연기 따위가 자욱히 끼어 있는 현상

靄(もや・모야) 안개, 아지랑이

たなびく(다나비꾸) 구름・안개 따위가 길게 뻗치다

232

20 동물과 식물

동물이나 식물에 관한 단어 가운데에는 발음이나 뜻이 까다로운 것들이 너무나 많은 만큼, 그 중에서도 좀 특이한 것만 골라서 설명해 보기로 하겠다.

짐승의 「뿔」은 「角」라고 쓰고 「쓰노」라고 발음한다. 「角」는 물론 「가도」라고 발음하고 「모퉁이」라는 뜻도 되지만 「뿔」도 되는 것이다.

짐승들 중에는 「동면(冬眠)」, 즉 「겨울잠」을 자는 것들이 많거니와 이 「동면」은 「冬籠り」라고 쓰고 「후유고모리」라고 읽는다.

한편 짐승이 짖을 때의 「짖다」, 「짖는다」는 「吠える」라고 쓰고 「호에루」라고 읽으며, 짐승 따위를 「기르다」, 「사육하다」할 때는 「飼う(가우)」라는 말을 쓴다. 물론 「飼育(시이꾸)」라고도 한다.

동물을 「길들이다」할 때는 「手なずける」라고 하는데, 발음이 「데나즈께루」이다.

흰색과 검은 색, 밤색의 세 가지 털을 가진 고양이가 있는데, 이것을 그들은 「三毛」, 즉 「세가지 털」이라고 부르고 있다. 고양이라는 「猫」는 넣지 않고 그냥 「三毛」라고 부르고 있는 것이다.

「다람쥐」는 「栗鼠」라고 쓰고 「리스」라고 발음하며, 「올챙이」는 「おたまじゃくし(오따마쟈꾸시)」라는 우리로서는 생소한 발음을 하고 있다.

「青大将」라고 하면 무슨 뜻인지 전혀 이해가 안 되거니와, 뱀종류인 「구렁이」를 가리키며 「아오다이쇼오」라고 읽는다.

일본사람들이 즐겨 먹는 「뱀장어」는 「鰻」라고 쓰고 「우나기」로 발음하며, 「귀뚜라미」는 「こおろぎ(고오로기)」이다.

새 종류의 「부리」, 즉 「주둥이」는 「嘴」라고 쓰고 「구찌바시」라고 하며, 새 종류가 울 때의 「울다」는 포유동물 따위가 「울다」할 때의 「鳴く(나꾸)」와는 달리 「啼く(나꾸)」라고 한다. 한편 「지저귀다」는 「囀る(사에즈루)」이다.

「딱다구리」는 「きつつき(기쓰쓰끼)」라는 재미있는 표현을 하고 있는데, 「つく(쓰꾸)」가 「쿡쿡 찌르다」로서, 결국 딱따구리가 나무를 계속 찌르는 데에서 나온 말이다.

바다에 없어서는 안 되는 새가 「갈매기」이거니와, 이것은 「鴎」라고 쓰고 「가모메」라고 발음한다.

그러면 이번에는 식물에 관한 단어를 알아보자.

「나무숲」은 「林(하야시)」라고도 하고 「森(모리)」라고도 하는데, 「木立ち (고다찌)」라는 단어를 사용하는 수도 있다. 「꽃봉오리」는 「蕾」라고 쓰고 「쓰보미」라는 예쁜 발음을 붙이고 있으며, 「한껏 피다」「만발하다」는 「咲き匂う (사까니오우)」이고 반대로 「시들다」는 「枯れる(가레루)」라고도 하고 「しぼむ (시보무)」 또는 「萎びる(시나비루)」라고도 말하고 있다.

아침에 피었다가 저녁이면 시드는 「나팔꽃」은 「朝顔(아사가오)」라는 매우 생소한 단어를 쓰고 있으며, 「석류」는 「石榴」인데 발음은 엉뚱하게 「자꾸로」이고 「백일홍」 역시 「百日紅」이라고 쓰는 것까지는 좋은데, 그 발음은 난데 없는 「시루스베리」이니 참으로 난감하다 할 것이다.

生物(せいぶつ・세이부쓰) 생물

生き物(いきもの・이끼모노) 생물

動物(どうぶつ・도오부쓰) 동물

哺乳類(ほにゅうるい・호뉴우루이) 포유류

一匹(いっぴき・잇삐끼) 한 마리

二匹(にひき・니히끼) 두 마리

三匹(さんびき・산비끼) 세 마리

獣(けもの・게모노) 짐승

　「けだもの(게다모노)」라고도 한다.

畜生(ちくしょう・지꾸쇼오) 축생, 짐승

　발음이 「지꾸세이」가 아닌 「지꾸쇼오」이다.

家畜(かちく・가찌꾸) 가축

野生(やせい・야세이) 야생

野獣(やじゅう・야쥬우) 야수

猛獣(もうじゅう・모오쥬우) 맹수

恐ろしい(おそろしい・오소로시이) 무섭다

怪獣(かいじゅう・가이쥬우) 괴수

雄(おす・오스) 동물의 수컷 「牡」로도 씀

雌(めす・메스) 동물의 암컷 「牝」로도 씀

角(つの・쓰노) 뿔

　모두에서 말했듯이 「뿔」을 가리키며 「쓰노」라고 읽는다.

牙(きば・기바) 어금니

たてがみ(다떼가미) 갈기

甲羅(こうら・고오라) 거북・게 등의 등딱지

蹄(ひずめ・히즈메) 소・말・사슴 등의 발굽

尾(お・오) (동물의) 꼬리

尻尾(しっぽ・싯뽀) (동물의) 꼬리
　발음이 「시리오」가 아닌 「싯뽀」이다.
毛並み(けなみ・게나미) 동물의 털이
　가지런히 자란 모양
脱け殻(ぬけがら・누께가라) 빈 껍질,
　뱀・매미 등의 허물, 벗은 껍질
冬眠(とうみん・도오밍) 동면
冬籠り(ふゆごもり・후유고모리) 동면
　직역하면 「겨울에 들어박히다」로서
결국 「동면」을 뜻하며 「후유고모리」가
된다.
這う(はう・하우) 기다, 붙어서 뻗어가다
吠える(ほえる・호에루) 짖다
　앞에서 말했듯이 「짖다」이며 「호에
루」라고 읽는다.
遠吠え(とおぼえ・도오보에) 멀리서
　짖음
鳴く(なく・나꾸) (짐승이) 울다
鳴き声(なきごえ・나끼고에) 새・벌
　레・짐승의 울음소리
いななく(이나나꾸) 울부짖다
いななき(이나나끼) 울부짖음
　猛獣の いななきには 威厳が ある
　(맹수의 울부짖음에는 위엄이 있다)
咆哮(ほうこう・호오꼬오) 포효, 짐승
　의 울부짖음
密林(みつりん・미쓰링) 밀림
国立公園(こくりつこうえん・고꾸리

쓰고오엥) 국립공원
集団棲息(しゅうだんせいそく・슈우
　당세이소꾸) 집단서식
牧畜(ぼくちく・보꾸찌꾸) 목축
牧場(まきば・마끼바) 목장
　「ぼくじょう(보꾸죠오)」라고도 한다.
牧童(ぼくどう・보꾸도오) 목동
カウボーイ(가우보오이) 카우보이, 목동
飼う(かう・가우) 기르다, 사육하다
　앞에서 말했듯이 「사육하다」라는
뜻이며 「가우」라고 한다.
飼育(しいく・시이꾸) 사육
手飼い(てがい・데가이) 손수 기름
手なずける(てなずける・데나즈께루)
　동물을 길들이다
　獣を 手なずけるのは 容易では ない
　(짐승을 길들이는 것은 쉽지는 않다)
手綱(たづな・다즈나) 고삐
　당연히 「데쓰나」로 알 테지만 엉뚱
하게 「다즈나」이다.
野放し(のばなし・노바나시) 방목
狩(かり・가리) 사냥, 수렵
狩人(かりゅうど・가류우도) 사냥꾼
猟師(りょうし・료오시) 사냥꾼
捕える(とらえる・도라에루) 잡다, 붙
　잡다
銃(じゅう・쥬우) 총
落し穴(おとしあな・오또시아나) 함정

罠(わな・와나) 올가미, 덫
　발음이 우리로서는 생소한「와나」이다.
捕獲(ほかく・호까꾸) 포획
濫獲(らんかく・랑까꾸) 남획
獲物(えもの・에모노) 먹이, 사냥감
焼き印(やきいん・야끼잉) 낙인(烙印)
犬(いぬ・이누) 개
子犬(こいぬ・고이누) 강아지
狆(ちん・징) 개
狆ころ(ちんころ・찡꼬로) 강아지
　속칭으로서「강아지」를 가리킨다.
狛犬(こまいぬ・고마이누) 해태
むく犬(むくいぬ・무꾸이누) 삽살개
セパード(세빠아도) 세퍼드
ブルドッグ(부루돗구) 불독
ポインター(뽀인따아) 포인터, 사냥개
猟犬(りょうけん・료오껭) 사냥개
番犬(ばんけん・방껭) 도둑을 지키는 개
狂犬病(きょうけんびょう・교오껨뵤오) 광견병
愛玩動物(あいがんどうぶつ・아이강도오부쓰) 애완동물
なつく(나쓰꾸) 따르다
　犬ほど 人に なつく 動物は 無いだろう (개만큼 사람을 따르는 동물은 없으리라)
牛(うし・우시) 소
子牛(こうし・고우시) 송아지

牝牛(めすうし・메스우시) 암소
雄牛(おすうし・오스우시) 숫소
乳牛(ちちうし・지찌우시) 젖소
牛肉(ぎゅうにく・규우니꾸) 쇠고기
牛乳(ぎゅうにゅう・규우뉴우) 우유
馬(うま・우마) 말
子馬(こうま・고우마) 망아지
栗毛(くりげ・구리게) 몸은 밤색이고 갈기와 꼬리가 붉은 말
　앞의「三毛」처럼「馬」라는 글짜는 들어가지를 않았다.
縞馬(しまうま・시마우마) 얼룩말
鞍(くら・구라) 안장
　발음이「구라」임을 새겨넣을 것
くつわ(구쓰와) 재갈
馬子(まご・마고) 마부
　「망아지」로 알기 쉬우나「마부」를 뜻한다.
競馬(けいば・게이바) 경마
馬鹿(ばか・바까) 바보
　그들은「馬鹿」라고 쓰고「바보」라고 하고 있다.
ろば(로바) 당나귀
驟馬(らば・라바) 노새
豚(ぶた・부따) 돼지
豚小屋(ぶたごや・부따고야) 돼지우리
豚舎(とんしゃ・돈샤) 돼지우리
豚カツ(とん・동까쓰) 돈가스

猫(ねこ・네꼬) 고양이

子猫(こねこ・고네꼬) 새끼고양이

三毛(みけ・미께) 흰색・검은색・밤
색의 세 가지 털이 난 고양이

鼠(ねずみ・네즈미) 쥐

二十日鼠(はつかねずみ・하쓰까네즈
미) 생쥐

針鼠(はりねずみ・하리네즈미) 고슴
도치

畑鼠(はたけねずみ・하다께네즈미)
들쥐

鼠取り(ねずみとり・네즈미도리) 쥐덫

猫要らず(ねこいらず・네꼬이라즈)
쥐약

무슨 뜻인지 전혀 짐작이 가지 않
는 단어로서 「쥐약」을 가리킨다.

かじる(가지루) 갉아먹다, 쏘다

鼠が 一晩中 柱を かじる

(쥐가 밤새 기둥을 쏜다)

兎(うさぎ・우사기) 토끼

野兎(のうさぎ・노우사기) 산토끼

羊(ひつじ・히쓰지) 염소

山羊(やぎ・야기) 산양

「상요오」라고 알기 쉬우나 엉뚱하
게 「야기」라고 발음한다.

虎(とら・도라) 호랑이

タイガー(다이가아) 타이거, 호랑이

虎穴(こけつ・고께쓰) 호랑이굴

猛虎(もうこ・모오꼬) 맹호

白虎(びゃっこ・뱟꼬) 백호

발음이 엉뚱한 「뱟꼬」이다.

獅子(しし・시시) 사자

ライオン(라이옹) 라이온, 사자

威厳(いげん・이겡) 위엄

竜(りゅう・류우) 용

ドラゴン(도라공) 드래곤, 용

龍宮(りゅうきゅう・류우뀨우) 용궁

恐竜(きょうりゅう・교오류우) 공룡

登龍(とうりゅう・도오류우) 등룡

象(ぞう・조오) 코끼리

マンモス(만모스) 매머드

象牙(ぞうげ・조오게) 상아

受難(じゅなん・쥬낭) 수난

猪(いのしし・이노시시) 산돼지

犀(さい・사이) 코뿔소

水牛(すいぎゅう・스이규우) 물소

熊(くま・구마) 곰

白熊(しろくま・시로구마) 백곰, 북극곰

豹(ひょう・효오) 표범

ジャガー(쟈가아) 재규어, 아메리카표범

素早い(すばやい・스바야이) 재빠르다

ハイエナ(하이에나) 하이에나

掃除夫(そうじふ・소오지후) 청소부

ハイエナは 密林の 掃除夫である

(하이에나는 밀림의 청소부이다)

獏(ばく・바꾸) 맥

237

鹿(しか・시까) 사슴

のろ(노로) 노루

麒麟(きりん・기링) 기린

狐(きつね・기쓰네) 여우

悪賢い(わるがしこい・와루가시꼬이) 교활하다, 약다

狸(たぬき・다누끼) 너구리

化ける(ばける・바께루) 둔갑하다

　발음이 쉽지 않은 단어로서「바께루」라고 한다.

　人間に 化ける 狐の 話が 多い (인간으로 둔갑하는 여우이야기가 많다)

猿(さる・사루) 원숭이

人真似(ひとまね・히또마네) 사람흉내

　발음이「히또마네」이고「사람흉내」라는 뜻이다.

ゴリラ(고리라) 고릴라

オランウータン(오랑우우땅) 오란우탄

駱駝(らくだ・라꾸다) 낙타

瘤(こぶ・고부) 혹

カンガルー(깡가루우) 캥거루

貂(てん・뗑) 담비

コアラ(고아라) 코알라

穴熊(あなぐま・아나구마) 오소리

狢(むじな・무지나) 오소리

一つ穴の 狢(ひとつ あなの むじな・히또쓰 아나노 무지나) 한 통속, 한 패

　どうせ 彼等は 一つ穴の 狢である

　(어차피 그들은 한 통속이다)

トナカイ(도나까이) 순록

かもしか(가모시까) 영양(羚羊)

カメレオン(가메레옹) 카멜레온

栗鼠(りす・리스) 다람쥐

　앞에서 말했듯이 발음이 난데없는「리스」이다.

いたち(이다찌) 족제비

むささび(무사사비) 날다람쥐

土竜(もぐら・모구라) 두더지

　「도류우」가 아닌「모구라」로 읽는다.

爬虫類(はちゅうるい・하쮸우루이) 파충류

蛇(へび・헤비) 뱀

大蛇(おろち・오로찌) 이무기, 큰 뱀

　「다이쟈」라고 발음하는 수도 있다.

毒蛇(どくじゃ・도꾸쟈) 독사

　「도꾸헤비」라고도 발음한다.

コブラ(고부라) 코브라, 독사

蝮(まむし・마무시) 살무사

青大将(あおだいしょう・아오다이쇼오) 구렁이

　앞에서도 설명했듯이「구렁이」를 구들은 이렇게 표현한다.

錦蛇(にしきへび・니시끼헤비) 비단구렁이

がらがら蛇(へび・가라가라헤비) 방울뱀

　印度人は がらがら蛇に 踊を させる (인도인은 방울뱀에게 춤을 추게 한다)

アナコンダ(아나꼰다) 바다에 사는 뱀

とかげ(도까게) 도마뱀

やもり(야모리) 도마뱀붙이

蛙(かえる・가에루) 개구리

雨蛙(あまがえる・아마가에루) 청개
구리

おたまじゃくし(오따마쟈꾸시) 올챙이
발음이 재미있는「오따마쟈꾸시」이다.

ひき蛙(ひきがえる・히끼가에루) 두꺼비

がま(가마) 두꺼비

かたつむり(가따쓰무리) 달팽이

蛭(ひる・히루) 거머리

いもり(이모리) 거머리

亀(かめ・가메) 거북이

すっぽん(슷뽕) 자라

おっとせい(옷또세이) 물개

川獺(かわうそ・가와우소) 수달

らっこ(랏꼬) 해달

あざらし(아자라시) 바다표범

あしか(아시까) 강치

ペンギン(뼁깅) 펭귄

イグアナ(이구아나) 이구아나

河馬(かば・가바) 하마

海豚(いるか・이루까) 돌고래
「가이똥」이 아닌「이루까」라는 엉
뚱한 발음을 한다.

セイウチ(세이우찌) 해마(海馬)

鯨(くじら・구지라) 고래

鮫(さめ・사메) 상어

人食い鮫(ひとくいさめ・히또꾸이사
메) 식인상어

鱶(ふか・후까) 큰 상어

鰐(わに・와니) 악어

カイマン(가이망) 악어의 한 종류

魚貝類(ぎょばいるい・교바이루이)
어패류

鰓(えら・에라) 아가미

鱗(うろこ・우로꼬) 뱀이나 물고기의
비늘

鰭(ひれ・히레) 물고기의 지느러미

水掻き(みずかき・미즈가끼) 물갈퀴,
오리발

釣(つり・쓰리) 낚시
발음이 쉽지 않은 단어로서「쓰리」
라고 하며「낚시」를 가리킨다.

釣る(つる・쓰루) 낚다, 잡다

釣竿(つりさお・쓰리사오) 낚싯대

浮き(うき・우끼) 낚시찌

魚籠(びく・비꾸) 고기망태기, 종다래끼
「사까나가고」도「우오가고」도 아
닌 난데없는「비꾸」이다.

釣船(つりぶね・쓰리부네) 낚싯배

銛(もり・모리) 작살

獲る(とる・도루) 잡다, 포획하다

滅種(めっしゅ・멧슈) 멸종

漁夫(ぎょふ・교후) 어부

漁師(りょうし・료오시) 어부, 고기잡이
「교시」라고 생각할 테지만 엉뚱한
「료오시」이다.

海女(あま・아마) 해녀
　발음이 「아마」라는 사실에 유의할 것

漁場(ぎょじょう・교죠오) 어장

水産物(すいさんぶつ・스이산부쓰)
　수산물

金魚(きんぎょ・깅교) 금붕어

鮒(ふな・후나) 붕어

どじょう(도죠오) 미꾸라지

どじょう髭(ひげ・도죠오히게) 八자수염
　モーパッサンの どじょう髭は 有名
である (모파상의 8자수염은 유명하다)

鯰(なまず・나마즈) 메기

鰻(うなぎ・우나기) 뱀장어
　앞에서 말했듯이 「우나기」라고 읽는다.

鯉(こい・고이) 잉어

鯛(たい・다이) 도미

甘鯛(あまだい・아마다이) 옥돔

石鯛(いしだい・이시다이) 돌돔

鱈(たら・다라) 대구

鮎(あゆ・아유) 은어

鮭(さけ・사케) 연어

ぼら(보라) 숭어

鮸(にべ・니베) 민어

鯖(さば・사바) 고등어

河豚(ふぐ・후구) 복어

「가와부따」도 「가이똥」도 아닌 「후
구」라는 엉뚱한 발음을 한다.

鰯(いわし・이와시) 정어리

鰊(にしん・니싱) 청어

鱒(ます・마스) 송어

鰤(ぶり・부리) 방어

まぐろ(마구로) 참치

太刀魚(たちうお・다찌우오) 갈치

秋刀魚(さんま・산마) 꽁치
　이 단어 또한 발음이 엉뚱한 「산마」
가 된다.

鯵(あじ・아지) 정갱이

ひらめ(히라메) 넙치

かれい(가레이) 가자미

明太(めんたい・멘따이) 명태
　이것을 「멘따이」로 발음한다는 사실
을 알기란 힘들 테지만 「멘따이」이다.

明太子(めんたいこ・멘따이꼬) 명란젓

真魚鰹(まなかつお・마나가쓰오) 병어

すずき(스즈끼) 농어

ひら(히라) 준치

白魚(しろうお・시로우오) 빙어

飛魚(とびうお・도비우오) 날치

軟体動物(なんたいどうぶつ・난따이
　도오부쓰) 연체동물, 문어・조개・
　달팽이 등

貝(かい・가이) 조개

貝殻(かいがら・가이가라) 조개껍질

蛤(はまぐり・하마구리) 대합

　발음이 생소한 「하마구리」이다.

栄螺(さざえ・사자에) 소라

法螺貝(ほらがい・호라가이) 소라고둥

かき(가끼) 굴

蛸(たこ・다꼬) 문어

貽貝(いかがい・이까가이) 홍합

烏賊(いるか・이루까) 오징어

　발음이 엉뚱하게 「이루까」이다.

蟹(かに・가니) 게

ざりがに(자리가니) 가재

えび(에비) 새우

伊勢えび(いせえび・이세에비) 왕새우

あさり(아사리) 바지락

灰貝(はいがい・하이가이) 고막

海鼠(なまこ・나마꼬) 해삼

　이 또한 발음이 생소한 「나마꼬」이다.

まはぜ(마하제) 문전망둑

飛びはぜ(とびはぜ・도비하제) 말뚝
　망둥어

玉筋魚(いかなご・이까나고) 까나리

田螺(たにし・다니시) 우렁이

川蜷(かわにな・가와니나) 다슬기

磯巾着(いそぎんちゃく・이소긴짜꾸)
　말미잘

目高(めだか・메다까) 송사리

　「눈높이」라고 쓰고 「송사리」를 뜻한다.

水母(くらげ・구라게) 해파리

「스이보」가 아닌 「구라게」이다.

寒天(かんてん・간뗑) 우무

ひとで(히또데) 불가사리

虫(むし・무시) 벌레, 버러지

虫けら(むしけら・무시께라) 버러지,
　벌레를 낮추어 일컫는 말

昆虫(こんちゅう・곤쮸우) 곤충

益虫(えきちゅう・에끼쮸우) 이로운 벌레

害虫(がいちゅう・가이쮸우) 해충

触覚(しょっかく・숏까꾸) 촉각

卵(たまご・다마고) 알

蛹(さなぎ・사나기) 번데기

昆虫取り(こんちゅうとり・곤쮸우도
　리) 벌레잡기

一匹(いっぴき・잇삐끼) 한 마리

蟻(あり・아리) 개미

　まるで 蟻のように 勤勉である
　(마치 개미처럼 부지런하다)

白蟻(しろあり・시로아리) 흰 개미

蝶(ちょう・쬬오) 나비

バターフライ(바따후라이) 버터플라
　이, 나비

紋白蝶(もんしろちょう・몬시로쬬오)
　배추흰나비

揚羽蝶(あげはちょう・아게하쬬오)
　호랑나비

蜂(はち・하찌) 벌

女王蜂(じょおうばち・죠오오바찌)

여왕벌

蜜蜂(みつばち・미쓰바찌) 꿀벌

蜂の巣(はちのす・하찌노스) 벌집

蜂蜜(はちみつ・하찌미쓰) 벌꿀

とんぼ(돈보) 잠자리

赤とんぼ(あかとんぼ・아까돈보) 고
추잠자리

やんま(얀마) 왕잠자리

すいすい(스이스이) 가볍게 날아가는
모양

　赤とんぼが すいすいと 飛んで 行く
(고추잠자리가 쭉쭉 날아간다)

飛ぶ(とぶ・도부) 날다

舞う(まう・마우) 춤추다, 날아오르다

蟬(せみ・세미) 매미

　蟬は どうして ああ 鳴いて ばかり
いるのだろう (매미는 왜 저렇게 울고
만 있을까?)

にいにい蟬(せみ・니이니이세미) 씽
씽매미

ぎりぎりす(기리기리스) 여치

ひぐらし(히구라시) 쓰루라미

こおろぎ(고오로기) 귀뚜라미

うるさく(우루사꾸) 귀찮게, 성가시게

鳴く(なく・나꾸) 울다

ばった(밧따) 메뚜기

米つきばった(こめつきばった・고메
쓰기밧따) 방아깨비

いなご(이나고) 메뚜기

黄金虫(こがねむし・고가네무시) 풍뎅이

蛍(ほたる・호따루) 개똥벌레

松毛虫(まつけむし・마쓰게무시)　송
충이

蜘蛛(くも・구모) 거미

蜘蛛の巣(くものす・구모노스) 거미줄

はえ(하에) 파리

蚊(か・가) 모기

蚊屋(かや・가야) 모기장

痒い(かゆい・가유이) 가렵다

ごきぶり(고끼부리) 바퀴벌레

さそり(사소리) 전갈

　さそりに 嚙まれると 死ぬ ことも
ある (전갈에 물리면 죽는 수도 있다)

百足(むかで・무까데) 지네

　지네에게 발이 많은 것에서 비롯된
단어로서 발음이 엉뚱한 「무까데」이다.

蛾(が・가) 나방

南京虫(なんきんむし・낭낑무시) 빈대

蚤(のみ・노미) 벼룩

虱(しらみ・시라미) 이

虱つぶし(しらみ・시라미쓰부시)　샅
샅이, 이잡듯이

　虱つぶしに 捜したが 財布は 出ない
(샅샅이 뒤졌지만 지갑은 안 나온다)

げじげじ(게지게지) 그르마

みみず(미미즈) 지렁이

天道虫(てんとうむし・덴또오무시)
  무당벌레

だに(다니) 진드기

かいこ(가이꼬) 누에

まゆ(마유) 누에고치

かみきり虫(むし・가미끼리무시) 하늘소

牙虫(がむし・가무시) 물땅땅이

蜉蝣(かげろう・가게로오) 하루살이

あめんぼ(아멘보) 소금장이

象虫(ぞうむし・조오무시) 바구미

ごみ虫(むし・고미무시) 딱정벌레

青虫(あおむし・아오무시) 배추벌레

わらじ虫(むし・와라지무시) 쥐며느리

蛆(うじ・우지) 구더기

うようよ(우요우요) 우글우글

うごめく(우고메꾸) 꿈틀거리다

やすで(야스데) 노래기

鳥(とり・도리) 새

バード(바아도) 버드, 새

猛禽類(もうきんるい・모오낑루이)
  맹금류

嘴(くちばし・구찌바시) 부리, 주둥이
  앞에서 말했듯이 새종류의 「부리」
  를 가리키며 「구찌바시」라고 한다.

啄む(ついばむ・쓰이바무) 쪼아먹다

くわえる(구와에루) (입에) 물다

羽(はね・하네) 날개

翼(つばさ・쓰바사) 날개

羽ばたく(はばたく・하바따꾸) 날개
  치다, 홰치다

舞い上がる(まいあがる・마이아가루)
  날아오르다

巣(す・스) 둥지

ひな(히나) 갓 깬 날짐승의 새끼

生まれる(うまれる・우마레루) 태어나다

啼く(なく・나꾸) (새가) 울다

  일반동물과 달리 새종류에 한하여
「울다」를 「啼く(나꾸)」로 쓴다.

囀る(さえずる・사에즈루) 지저귀다

囀り(さえずり・사에즈리) 지저귐

餌(えさ・에사) 먹이, 사료

一羽(いっぱ・잇빠) 한 마리

二羽(にわ・니와) 두 마리

三羽(さんば・산바) 세 마리

渡り鳥(わたりどり・와따리도리) 철
  새, 후조

候鳥(こうちょう・고오쬬오) 후조, 철새

益鳥(えきちょう・에끼쬬오) 익조, 이
  로운 새

鳥籠(とりかご・도리까고) 초롱, 새장

鶏(にわとり・니와또리) 닭

おんどり(온도리) 수탉

めんどり(멘도리) 암탉

鶏冠(とさか・도사까) 닭의 벼슬
  「게이깡」이라고 생각할 테지만, 전
혀 다른 「도사까」이다.

ひよこ(히요꼬) 병아리

ぴよぴよ(삐요삐요) 삐약삐약, 우는 소리

雀(すずめ · 스즈메) 참새

雀の涙(すずめのなみだ · 스즈메노나
미다) 새발의 피

　아주 적은 분량의 것을 우리는「새
발의 피」라고 하지만 그들은「雀の涙」,
즉「참새의 눈물」로 표현하고 있다.

鳩(はと · 하또) 비둘기

鳩目(はとめ · 하또메) (구두나 서류
따위의) 끈을 매기 위한 둥근 구멍

鳩胸(はとむね · 하또무네) 새가슴

雉鳩(きじばと · 기지바또) 산비둘기

雉(きじ · 기지) 꿩

烏(からす · 가라스) 까마귀

　烏の 鳴き声は どうも 気分が 悪い
(까마귀의 울음소리는 어쩐지 기분
이 나쁘다)

かあかあ(까아까아) 까옥까옥, 까마귀
의 울음소리

鵲(かささぎ · 가사사기) 까치

吉兆(きっちょう · 기쓰쬬오) 길조

燕(つばめ · 쓰바메) 제비

燕尾服(えんびふく · 엔비후꾸) 연미복

鶴(つる · 쓰루) 학

真鶴(まなづる · 마나즈루) 재두루미

鍋鶴(なべづる · 나베즈루) 흑두루미

梟(ふくろう · 후꾸로오) 올빼미

みみずく(미미즈꾸) 부엉이

郭公(かっこう · 갓꼬오) 뻐꾸기

筒鳥(つつどり · 쓰쓰도리) 벙어리뻐꾸기

きつつき(기쓰쓰끼) 딱다구리

叩く(たたく · 다다꾸) 두드리다

ほととぎす(호또도기스) 두견새

雲雀(ひばり · 히바리) 종달새

　발음이 난데없는「히바리」가 된다.

こうもり(고오모리) 박쥐

こうもり傘(がさ · 고오모리가사) 박쥐
우산

孔雀(くじゃく · 구쟈꾸) 공작

鶯(うぐいす · 우구이스) 꾀꼬리

カナリア(가나리아) 카나리아

丹頂(たんちょう · 단쬬오) 두루미

駝鳥(だちょう · 다쬬오) 타조

しぎ(시기) 도요새

大杓しぎ(たいしゃくしぎ · 다이샤꾸시
기) 마도요

山しぎ(やましぎ · 야마시기) 멧도요

とび(도비) 솔개

とんび(돈비) 솔개

　「とび」도「とんび」도 같은「솔개」
이다.

椋鳥(むくどり · 무꾸도리) 찌르레기

雁(がん · 강) 기러기

　「가리」라고도 발음한다.

　雁が 冬空を 啼いて 渡る (기러기가

겨울하늘을 울면서 건너간다)

鷲(わし・와시) 독수리

鷹(たか・다까) 매

隼(はやぶさ・하야부사) 송골매

おしどり(오시도리) 원앙새

七面鳥(しちめんちょう・시찌멘쬬오)
　칠면조

九官鳥(くかんちょう・구깐쬬오) 구
　관조

ナイチンゲール(나이찡게에루) 밤꾀
　꼬리

じょうびたき(죠오비다끼) 딱새

のびたき(노비다끼) 검은딱새

山雀(やまがら・야마가라) 곤줄박이
　「야마스즈메」가 아닌「야마가라」이다.

ひわ(히와) 검은방울새

四十雀(しじゅうがら・시쥬우가라)
　박새

鶉(うずら・우즈라) 메추리

十姉妹(じゅうしまつ・쥬우시마쓰)
　십자매
　당연히「쥬우시마이」로 알 테지만
너무나 엉뚱한「쥬우시마쓰」이다.

夜鷹(よたか・요다까) 쏙둑새, 매춘부
　「쏙둑새」를 가리키지만 때에 따라
「아주 천한 매춘부」를 뜻하기도 한다.

コンドル(곤도루) 콘돌, 야생메

鶇(つぐみ・쓰구미) 지빠귀

葦切り(よしきり・요시끼리) 개똥지
　빠귀

つみ(쓰미) 조롱이

鴎(かもめ・가모메) 갈매기
　「鴎 ジョナダン」は 面白い 小説であ
る (「갈매기 조나단」은 재미있는 소설
이다)

百合鴎(ゆりかもめ・유리가모메) 붉
　은부리갈매기

鴨(かも・가모) 오리

真鴨(まがも・마가모) 물오리

黒鴨(くろがも・구로가모) 검둥오리

軽鴨(かるがも・가루가모) 흰뺨검둥
　오리

かいつぶり(가이쓰부리) 되강오리・

鷺(さぎ・사기) 해오라기, 백로

鵞鳥(がちょう・가쬬오) 거위

白鳥(はくちょう・하꾸쬬오) 백조

スワン(스왕) 스완, 백조

百舌(もず・모즈) 때까치, 물까치
　발음이 엉뚱한「모즈」임을 되새길 것

千鳥(ちどり・지도리) 물때새

鶚(みさご・미사고) 물수리

フェニックス(훼닛꾸스) 피닉스, 불사
　조(不死鳥)

ペリカン(뻬리깡) 페리컨, 사다새

こうの鳥(とり・고오노도리) 황새

植物(しょくぶつ・쇼꾸부쓰) 식물

生える(はえる・하에루) 나다, 생기다

林(はやし・하야시) 숲

森(もり・모리) 숲

森林(しんりん・신링) 삼림, 숲

木立ち(こだち・고다찌) 나무숲, 숲속
　의 나무

　앞에서 말했듯이 「고다찌」라고 읽
으며 「숲」을 가리킨다.

叢(くさむら・구사무라) 풀숲, 수풀

　叢の 中から 蛇が 出て来たので
びっくりした (풀숲에서 뱀이 나와 깜
짝 놀랐다)

薮(やぶ・야부) 풀숲, 수풀

茂み(しげみ・시게미) 우거진 곳, 숲

　이상으로 알 수 있듯이 「숲」이라는
표현이 참으로 다양함을 알 수 있다.

自生(じせい・지세이) 자생

植える(うえる・우에루) (나무를) 심다

植木(うえき・우에끼) 식목, 정원수

栽培(さいばい・사이바이) 재배

切る(きる・기루) 자르다

木(き・기) 나무

幹(みき・미끼) 나무의 줄기

枝(えだ・에다) 나뭇가지

葉(は・하) 잎, 나뭇잎

梢(こずえ・고즈에) 나뭇가지의 끝, 우
　듬지

茎(くき・구끼) 나무의 줄기

根(ね・네) 뿌리

根方(ねかた・네까따) 나무의 밑둥

切り株(きりかぶ・기리까부) 그루터기
　古木の 切り株に 座って みる
　(고목의 그루터기에 앉아 본다)

根こそぎ(ねこそぎ・네꼬소기) 뿌리
　째 몽땅

引き抜く(ひきぬく・히끼누꾸) 잡아
　뽑다

太い(ふとい・후또이) 굵다

細い(ほそい・호소이) 가늘다

細長い(ほそながい・호소나가이) 가름
　하다

芽(め・메) 싹

若芽(わかめ・와까메) 새싹

芽生える(めばえる・메바에루) 싹트
　다, 움트다

胚芽(はいが・하이가) 식물의 씨 안에
　서 싹이 되어 성장하는 부분

発芽(はつが・하쓰가) 발아

樹木(じゅもく・쥬모꾸) 수목, 나무

樹液(じゅえき・쥬에끼) 수액

若木(わかぎ・와까기) 어린 나무

古木(こぼく・고보꾸) 고목

大木(たいぼく・다이보꾸) 큰 나무

　「木」는 본시 「모꾸」로 발음하지만
「木」이 뒤에 붙을 때 「보꾸」가 되는
수가 있다.

並木(なみき・나미끼) 가로수
　「나미끼」라고 읽으며 「가로수」를 뜻한다.
木造(もくぞう・모꾸조오) 목조
木曜日(もくようび・모꾸요오비) 목요일
実(み・미) 열매, 과실(果実)
実る(みのる・미노루) 열글다, 열매맺다
結実(けつじつ・게쓰지쓰) 결실
熟れる(うれる・우레루) 열글다
苗木(なえき・나에끼) 묘목, 모종나무
熟する(じゅくする・쥬꾸스루) 과일 따위가 잘 익다, 열글다
葉緑素(ようりょくそ・요오료꾸소) 엽록소
種(たね・다네) 씨앗, 종자
種子(しゅし・슈시) 씨앗, 종자
蒔く(まく・마꾸) 씨앗을 뿌리다
育てる(そだてる・소다떼루) 키우다
育つ(そだつ・소다쓰) 자라다
花(はな・하나) 꽃
フラワー(후라와아) 플라워, 꽃
花びら(はなびら・하나비라) 꽃잎
蕾(つぼみ・쓰보미) 꽃봉오리
　발음이 「쓰보미」이고 「꽃봉오리」를 뜻한다.
ほころびる(호꼬로비루) 벌어지다
蕊(しべ・시베) 꽃술

雌蕊(めしべ・메시베) 암술
花実(かじつ・가지쓰) 꽃의 열매
花束(はなたば・하나다바) 꽃다발
花籠(はなかご・하나가고) 꽃바구니
花園(はなぞの・하나조노) 꽃밭, 화원
花見(はなみ・하나미) 꽃구경
生け花(いけばな・이께바나) 꽃꽂이
造花(ぞうか・조오까) 조화
草(くさ・구사) 풀
つた(쓰따) 담쟁이, 덩굴
つる(쓰루) 덩굴
若草(わかくさ・와까구사) 어린 풀
雑草(ざっそう・잣소오) 잡초
ひえ(히에) 피
はびこる(하비꼬루) 만연하다, 널리 퍼지다
草原(そうげん・소오겡) 초원
草笛(くさぶえ・구사부에) 풀피리
草いきれ(くさいきれ・구사이끼레) 풀에서 나는 더운 기운
茂る(しげる・시게루) 우거지다, 무성하다
生い茂る(おいしげる・오이시게루) 무성하다
苔(こけ・고께) 이끼
咲く(さく・사꾸) 피다
咲き匂う(さきにおう・사끼니오우) 한껏 피다, 만발하다

咲き争う(さきあらそう・사끼아라소우) 다투어 피다

鈴生り(すずなり・스즈나리) 주렁주렁 달려있는 것

　발음이 엉뚱하게 「스즈나리」라는 사실에 유의할 것

満開(まんかい・망까이) 만개

舞う(まう・마우) 흩날리다

散る(ちる・지루) 꽃이 떨어지다

　桜は 咲くのも 早いし 散るのも 早い (벚꽃은 피는 것도 빠르고 지는 것도 빠르다)

枯れる(かれる・가레루) 시들다, 마르다

落ちる(おちる・오찌루) 떨어지다

落花(らっか・랏까) 낙화

しぼむ(시보무) 시들다

萎びる(しなびる・시나비루) 시들다

萎れる(しおれる・시오레루) 시들다

　초목이 「시들다」할 때의 「시들다」에 해당하는 단어는 참으로 많다

ひからびる(히까라비루) 바싹 마르다

しなだれる(시나다레루) 가지 따위가 축 늘어지다

落葉(おちば・오찌바) 낙엽

枯葉(かれは・가레하) 고엽

針葉樹(しんようじゅ・싱요오쥬) 침엽수

広葉樹(こうようじゅ・고오요오쥬) 광엽수

常緑樹(じょうりょくじゅ・죠오료꾸쥬) 상록수

落葉樹(らくようじゅ・라꾸요오쥬) 낙엽수

　「落葉」는 「오찌바」도 되고 「라꾸요오」라고도 발음한다.

蘇る(よみがえる・요미가에루) 소생하다, 되살아나다

菊(きく・기꾸) 국화

野菊(のぎく・노기꾸) 들국화

梅(うめ・우메) 매화

蘭(らん・랑) 난, 난초

君子蘭(くんしらん・군시랑) 군자란

竹(たけ・다께) 대나무

四君子(しくんし・시꾼시) 사군자

百合(ゆり・유리) 백합

　발음이 엉뚱하게도 「유리」임을 인식할 것

リリー(리리이) 릴리, 백합

牡丹(ぼたん・보땅) 모란

れんぎょう(렝교오) 개나리

つつじ(쓰쓰지) 진달래, 철쭉

木蓮(もくれん・모꾸렝) 목련

桜(さくら・사꾸라) 벚꽃

八重桜(やえざくら・야에자꾸라) 겹벚꽃나무

桜んぼう(さくらんぼう・사꾸란보오)

버찌

ひまわり(히마와리) 해바라기

朝顔(あさがお・아사가오) 나팔꽃

앞에서 말했듯이 「나팔꽃」을 가리킨다.

夕顔(ゆうがお・유우가오) 박꽃

チューリップ(쥬우릿뿌) 튤립

むくげ(무꾸게) 무궁화

椿(つばき・쓰바끼) 동백꽃

たんぽぽ(단뽀뽀) 민들레

コスモス(고스모스) 코스모스

水仙(すいせん・스이셍) 수선

ダリア(다리아) 달리아

カーネーション(가네에숑) 카네이션

アネモネ(아네모네) 아네모네

芍薬(しゃくやく・샤꾸야꾸) 작약

柘榴(ざくろ・자꾸로) 석류

「세끼류우」라고 생각할 테지만 「자꾸로」라고 한다.

すみれ(스미레) 제비꽃

バイオレット(바이오렛또) 바이올렛, 제비꽃

菖蒲(あやめ・이아메) 창포

オリーブ(오리이브) 올리브

アマリリス(아마리리스) 아마릴리스

鳳仙花(ほうせんか・호오셍까) 봉선화

勿忘草(わすれなぐさ・와스레나구사) 물망초

발음이 「와스레나구사」이다.

ライラック(라이랏꾸) 라일락

あじさい(아지사이) 수국(水菊)

無花果(いちじく・이찌지꾸) 무화과

「무까까」가 아닌 「이찌지꾸」이다.

イブは 無花果の 誘惑に 負けた
(이브는 무화과의 유혹에 졌다)

ヒヤシンス(히야신스) 히야신스

百日紅(さるすべり・사루스베리) 백일홍

아마도 이것을 「사루스베리」라고 읽는다고는 짐작하기 힘들 것이다.

撫子(なでしこ・나데시꼬) 패랭이꽃

エーデルワイス(에에데루와이스) 에델바이스

サフラン(사후랑) 사프란

アイリス(아이리스) 아이리스

芙蓉(ふよう・후요오) 부용

芭蕉(ばしょう・바쇼오) 파초

ジャスミン(쟈스밍) 쟈스민

サボテン(사보뗑) 사보텐, 선인장

シクラーメン(시꾸라아멘) 시클라멘

睡蓮(すいれん・스이렝) 수련

蓮華(れんげ・렝게) 연꽃

カンナ(간나) 칸나

詰草(つめくさ・쓰메구사) 클로버

クローバ(구로오바) 클로버

ベゴニア(베고니아) 베고니아, 추해당

グラジオラス(구라지오라스) 글라디오러스

デージ(데에지) 데이지

マガレット(마가렛또) 마갈렛

サルビア(사루비아) 샐비어

月見草(つきみそう・쓰끼미소오) 달맞이꽃

日日草(にちにちそう・니찌니찌소오) 금잔화

浜茄子(はまなす・하마나스) 해당화

カーベラ(가아베라) 커벨라

フリージア(후리이지아) 프레지어

棕梠(そうりょ・소오료) 종려

忍冬(にんどう・닌도오) 인동덩굴

マリーゴルド(마리이고오루도) 마리골드

木犀(もくせい・모꾸세이) 물푸레나무

柚子(ゆず・유즈) 유자

あざみ(아자미) 엉겅퀴

杏子(あんず・안즈) 살구나무
　발음이 너무나 뜻밖인 「안즈」이다.

天草(てんぐさ・뎅구사) 우뭇가사리

楊貴妃(ようきひ・요오끼히) 양귀비, 아편

桑(くわ・구와) 뽕나무

枸杞(くき・구끼) 구기자나무

梔子(くちなし・구찌나시) 치자나무

柳(やなぎ・야나기) 버드나무

猫柳(ねこやなぎ・네꼬야나기) 갯버들

萩(はぎ・하기) 싸리나무

葦(あし・아시) 갈대

松(まつ・마쓰) 소나무

松葉(まつば・마쓰바) 솔잎

桐(きり・기리) 오동나무

月桂樹(げっけいじゅ・겟께이쥬) 월계수

アカシア(아까시아) 아카시아

ポプラ(뽀뿌라) 포플러

プラタナス(뿌라따나스) 플라타너스

ぶな(부나) 너도밤나무

樫(かし・가시) 떡갈나무

樅(もみ・모미) 전나무

桧(ひのき・히노끼) 노송나무

くぬぎ(구누기) 상수리나무

楡(にれ・니레) 느릅나무

マロニエ(마로니에) 말로니에

マホガニー(마호가니이) 마호가니

菩提樹(ぼだいじゅ・보다이쥬) 보리수
　발음이 「보다이쥬」이고 「보리수」를 가리킨다.

　　釈迦は 菩提樹の 下で 得道した
　　(석가는 보리수 밑에서 득도했다)

椰子(やし・야시) 야자나무

マンゴー(망고오) 망고

21 교육에 관한 단어

이번에는 교육과 관계가 있는 단어들을 알아보기로 하자.

교육용어에는 다행히 발음이나 뜻이 엉뚱한 것이 적기 때문에 배우는 데 있어 큰 애로는 없으리라 생각한다.

교육이란 한 마디로 인격과 인성(人性)을 「도야」하는 것이거니와 「陶冶」는 우리도 「도치」가 아닌 「도야」라고 하듯이 그들 또한 「도오지」가 아닌 「도오야」라고 발음하고 있다.

「초등학교」는 「小学校(쇼오갓꼬오)」이고 흑판에 쓰는 「백묵」은 「白墨(하꾸보꾸)」라고도 하지만, 그보다는 외래어인 「チョ―ク(죠오꾸)」 쪽을 더 많이 사용하고 있다.

스승과 제자라고 할 때의 「스승」은 「師匠(시쇼오)」라고 하고 「제자」는 「弟子」라고 쓰고 「데시」라고 읽는다.

「공부를 해라」 「열심히 공부하자」할 때의 「공부」는 우리의 상식을 벗어나는 「勉強」가 되며 「벵꾜오」라고 읽는다. 한편 우리는 「1학년생」 「2학년생」 이렇게 말하지만 그들은 「1학년」은 「1年生(이찌넨세이)」 「2학년」은 「2年生(니넨세이)」라고 하고 있다.

무엇을 연구할 때의 「연구」는 「研究(겡뀨우)」라고 하지만, 기계 따위가 아닌 일반적인 연구의 경우 「工夫(구후우)」라는, 우리로서는 생소한 단어를 쓰고 있다.

아이들이 가방을 메고 학교에 가는데, 이 「아동용가방」은 「ランドセル(란도세루)」라는 외래어를 사용하고 있으며, 「지우개」는 「消ゴム(게시고무)」이고 「책받침」은 「下敷き(시따지끼)」라고 한다.

요즈음 흔한 유행어가 되어 버린 「왕따」, 「집단괴롭힘」은 「いじめ(이지메)」라고 하고 대학생들이 방학기간에 많이 하는 「아르바이트」는 「アルバイト(아루바이또)」가 된다.

「여름방학」은 「夏休み(나쓰야스미)」이고 「겨울방학」은 「冬休み(후유야스미)」라고 한다. 우리처럼 「방학(放学)」이라는 말은 쓰지 않는 것이 특징이다.

教育(きょういく・교오이꾸) 교육

学問(がくもん・가꾸몽) 학문

真理(しんり・신리) 진리

探求(たんきゅう・당뀨우) 탐구

知識(ちしき・지시끼) 지식

涵養(かんよう・강요오) 함양

人格(じんかく・징까꾸) 인격

陶冶(とうや・도오야) 도야

앞에서 말했듯이 「도오지」가 아닌 「도오야」이다.

磨く(みがく・미가꾸) 닦다, 연마하다

琢磨(たくま・다꾸마) 탁마

人材(じんざい・진자이) 인재

養成(ようせい・요오세이) 양성

ユネスコ(유네스꼬) 유네스코, 국제 교육・과학・문화기구

教育界(きょういくかい・교오이꾸까이) 교육계

教権(きょうけん・교오껭) 교권

教壇(きょうだん・교오당) 교단

知識人(ちしきじん・지시끼징) 지식인

インテリゲンチア(인떼리겐쨔) 인텔리겐처

ホワイトカラー(호와이또가라아) 화이트컬러

英才(えいさい・에이사이) 영재

秀才(しゅうさい・슈우사이) 수재

天才(てんさい・덴사이) 천재

早期教育(そうききょういく・소오끼교오이꾸) 조기교육

英語の 早期教育が 流行りである
(영어의 조기교육이 유행이다)

留学ブーム(りゅうがく・류우가꾸부우무) 유학붐

カリキュラム(가리뀨라무) 커리큘럼, 교육과정

学齢期(がくれいき・가꾸레이끼) 학령기

幼稚園(ようちえん・요오찌엥) 유치원

学校(がっこう・갓꼬오) 학교

スクール(스꾸우루) 스쿨

キャンパス(걌빠스) 캠퍼스

象牙の塔(ぞうげのとう・조오게노도오) 상아탑

学園(がくえん・가꾸엥) 학원

学院(がくいん・가꾸잉) 학원

小学校(しょうがっこう・쇼오갓꼬오) 초등학교

中学校(ちゅうがっこう・쥬우갓꼬오) 중학교

ハイスクール(하이스꾸우루) 하이스쿨, 고등학교

カレッジ(가렛지) 칼리지, 전문학교

専門大学(せんもんだいがく・센몽다이가꾸) 전문대학

単科大学(たんかだいがく・당까다이

가꾸) 단과대학

総合大学(そうごうだいがく・소오고오다이가꾸) 종합대학

大学校(だいがっこう・다이갓꼬오) 대학교

ユニバシティー(유니바시띠) 유니버시티

大学院(だいがくいん・다이가꾸잉) 대학원

アカデミー(아까데미이) 학문이나 예술의 연구발달을 목적으로 하는 학회나 협회

ミッションスクール(밋숀스꾸우루) 미션스쿨, 기독교 단체가 포교·전도의 목적으로 설립한 학교

通う(かよう・가요우) 다니다

本校(ほんこう・홍꼬오) 본교

分校(ぶんこう・붕꼬오) 분교

人文系(じんぶんけい・진붕께이) 인문계

理工系(りこうけい・리꼬오께이) 이공계

語文系(ごぶんけい・고붕께이) 어문계

公立(こうりつ・고오리쓰) 공립

私立(しりつ・시리쓰) 사립

理事会(りじかい・리지까이) 이사회

財団(ざいだん・자이당) 재단

学生会(がくせいかい・가꾸세이까이) 학생회

校舎(こうしゃ・고오샤) 교사

校門(こうもん・고오몽) 교문

小使い(こづかい・고즈까이) 소사, 수위

校庭(こうてい・고오떼이) 교정

運動場(うんどうじょう・운도오죠오) 운동장

教員室(きょういんしつ・교오잉시쓰) 교원실

校長室(こうちょうしつ・고오쬬오시쓰) 교장실

実習室(じっしゅうしつ・짓슈우시쓰) 실습실

講堂(こうどう・고오도오) 강당

体育館(たいいくかん・다이이꾸깡) 체육관

寄宿舎(きしゅくしゃ・기슈꾸샤) 기숙사

舎監(しゃかん・샤깡) 사감

教室(きょうしつ・교오시쓰) 교실

教卓(きょうたく・교오따꾸) 교탁

黒板(こくばん・고꾸방) 흑판, 칠판

白墨(はくぼく・하꾸보꾸) 백묵

チョーク(쵸오꾸) 초크, 백묵

黒板に チョークで 数学問題を 解く (흑판에 백묵으로 수학문제를 푼다)

消す(けす・게스) 지우다

掛図(かけず・가께즈) 괘도

チャート(자아또) 차트
掛ける(かける・가께루) 걸다
机(つくえ・쓰꾸에) 책상
テーブル(데에부루) 테이블
引出し(ひきだし・히끼다시) 서랍
椅子(いす・이스) 의자
腰掛け(こしかけ・고시까께) 걸상
　腰掛けが 低くて 苦労する
　(걸상이 낮아서 고생한다)
出席簿(しゅっせきぼ・슛세끼보) 출
석부
窓(まど・마도) 창
カーテン(가아뗑) 커튼
ブラインド(부라인도) 부라인드
廊下(ろうか・로오까) 복도
階段(かいだん・가이당) 계단
便所(べんじょ・벤죠) 변소, 화장실
トイレ(도이레) 토일렛, 화장실
先生(せんせい・센세이) 선생
教師(きょうし・교오시) 교사
女教師(じょきょうし・죠교오시) 여
교사
教員(きょういん・교오잉) 교원
教官(きょうかん・교오깡) 교관
講師(こうし・고오시) 강사
助教(じょきょう・죠꾜오) 조교
教授(きょうじゅ・교오쥬) 교수
師匠(ししょう・시쇼오) 스승

恩師(おんし・온시) 은사
総長(そうちょう・소오쬬오) 총장
学長(がくちょう・가꾸쬬오) 학장
校長(こうちょう・고오쬬오) 교장
校監(こうかん・고오깡) 교감
訓話(くんわ・궁와) 훈화
担任(たんにん・단닝) 담임
受持ち(うけもち・우께모찌) 담임
　わたしの 受持ちは 女の 先生である
　(나의 담임은 여선생이다)
父兄(ふけい・후께이) 부형
謝恩会(しゃおんかい・샤옹까이) 사
은회
児童(じどう・지도오) 아동
生徒(せいと・세이또) 생도
学生(がくせい・가꾸세이) 학생
受講生(じゅこうせい・쥬꼬오세이)
수강생
弟子(でし・데시) 제자
門人(もんじん・몬징) 문인, 동문
門下生(もんかせい・몽까세이) 문하생
小学生(しょうがくせい・쇼오가꾸세
이) 초등학생
中学生(ちゅうがくせい・쥬우가꾸세
이) 중학생
大学生(だいがくせい・다이가꾸세이)
대학생
男学生(だんがくせい・당가꾸세이)

남학생

女学生(じょがくせい・죠가꾸세이)
여학생

**男女共学(だんじょきょうがく・단죠
교오가꾸)** 남녀공학

一年生(いちねんせい・이찌넨세이) 1
학년생

二年生(にねんせい・니넨세이) 2학년생

앞에서 설명했듯이 우리는 「1학년
생」이라고 하지만 그들은 「一年生」라
고 한다.

わたしは 大学の 3年生、弟は ハイ
スクールの 2年生である (나는 대학 3
학년, 동생은 고등학교 2학년이다)

新学期(しんがっき・싱갓끼) 신학기

学期末(がっきまつ・갓끼마쓰) 학기말

登校(とうこう・도오꼬오) 등교

下校(げこう・게꼬오) 하교

「가꼬오」가 아닌 「게꼬오」임을 새
겨넣을 것

通学(つうがく・쓰우가꾸) 통학

出席(しゅっせき・슛세끼) 출석

欠席(けっせき・겟세끼) 결석

仮病(けびょう・게뵤오) 꾀병

당연히 「가뵤오」라고 생각할 테지
만 엉뚱하게 「게뵤오」이다.

休む(やすむ・야스무) 쉬다

遅刻(ちこく・지꼬꾸) 지각

早引き(はやびき・하야비끼) 조퇴

学ぶ(まなぶ・마나부) 배우다

習う(ならう・나라우) 익히다, 배우다

勉強(べんきょう・벵꾜오) 공부

앞에서 말했듯이 「벵꾜오」라고 읽
으며 「공부」를 가리킨다.

授業(じゅぎょう・쥬교오) 수업

学習(がくしゅう・가꾸슈우) 학습

レッスン(렛슨) 렛슨, 개인학습

けいこ(게이꼬) 연습, 렛슨

修学(しゅうがく・슈우가꾸) 수학

学科(がっか・갓까) 학과

哲学(てつがく・데쓰가꾸) 철학

法学(ほうがく・호오가꾸) 법학

経済学(けいざいがく・게이자이가꾸)
경제학

経営学(けいえいがく・게이에이가꾸)
경영학

国文学(こくぶんがく・고꾸붕가꾸)
국문학

英文学(えいぶんがく・에이붕가꾸)
영문학

医学(いがく・이가꾸) 의학

**コンピューター工学(こうがく・곤쀼
우따아고오가꾸)** 컴퓨터공학

デザイン学(がく・데자잉가꾸) 디자
인학

演劇映画学(えんげきえいがく・엥

게끼에이가가꾸) 연극영화학

体育学(たいいくがく・다이이꾸가꾸)
체육학

音楽舞踊学(おんがくぶようがく・옹
가꾸부요오가꾸) 음악무용학

課目(かもく・가모꾸) 과목

国語(こくご・고꾸고) 국어

算数(さんすう・산스우) 산수

掛け算(かけざん・가께장) 곱셈

割り算(わりざん・와리장) 나눗셈

数学(すうがく・스우가꾸) 수학

社会(しゃかい・샤까이) 사회

歴史(れきし・레끼시) 역사

地理(ちり・지리) 지리

修身(しゅうしん・슈우싱) 공민

物理(ぶつり・부쓰리) 물리

化学(かがく・가가꾸) 화학

実験(じっけん・짓껭) 실험

試験管(しけんかん・시껭깡) 시험관

生物(せいぶつ・세이부쓰) 생물

虫眼鏡(むしめがね・무시메가네) 확
대경

「眼鏡(메가네)」는 「안경」인데 「벌
레를 보는 안경」 즉 「확대경」이다.

拡大(かくだい・가꾸다이) 확대

昆虫(こんちゅう・곤쮸우) 곤충

蛙(かえる・가에루) 개구리

解剖(かいぼう・가이보오) 해부

科学(かがく・가가꾸) 과학

研究(けんきゅう・겡뀨우) 연구

工夫(くふう・구후우) 연구

「연구」라는 뜻이고 「구후우」라고
읽는다.

どうすれば成績が上がるか工夫する
(어떻게 하면 성적이 오를지 연구한다)

作文(さくぶん・사꾸붕) 작문

論文(ろんぶん・론붕) 논문

作り方(つくりかた・쓰꾸리가따) 만
드는 법, 작성법

音楽(おんがく・옹가꾸) 음악

楽器(がっき・갓끼) 악기

舞踊(ぶよう・부요오) 무용

踊る(おどる・오도루) 춤추다

バレー(바레에) 발레

体育(たいいく・다이이꾸) 체육

体操(たいそう・다이소오) 체조

教練(きょうれん・교오렝) 교련

美術(びじゅつ・비쥬쓰) 미술

絵画(かいが・가이가) 회화

彫刻(ちょうこく・죠오꼬꾸) 조각

外国語(がいこくご・가이꼬꾸고) 외
국어

語学研修(ごがくけんしゅう・고가꾸
겐슈우) 어학연수

韓国語(かんこくご・강꼬꾸고) 한국어

日本語(にほんご・니홍고) 일본어

英語(えいご·에이고) 영어

フランス語(ご·후랑스고) 프랑스어

ドイツ語(ご·도이쓰고) 도이치어

支那語(しなご·시나고) 중국어

スペイン語(ご·스뻬잉고) 스페인어

ラテン語(ご·라뗑고) 라틴어

エスペラント語(ご·에스뻬란또고)
  에스페란트어

発音(はつおん·하쓰옹) 발음

アクセント(아꾸센또) 액센트

文法(ぶんぽう·분뽀오) 문법

文脈(ぶんみゃく·분먀꾸) 문맥

理解(りかい·리까이) 이해

易い(やすい·야스이) 쉽다

むずかしい(무즈까시이) 어렵다, 난해
  하다

ややこしい(야야꼬시이) 까다롭다, 복
  잡하다

  英語は 文法が ややこしくて 学びに
くい (영어는 문법이 까다로와 배우기
힘들다)

話す(はなす·하나스) 이야기하다

語る(かたる·가따루) 말하다, 이야기
  하다

流暢(りゅうちょう·류우쬬오) 유창

ぺらぺら(뻬라뻬라) 막힘없이 술술

  彼女は フランス語を ぺらぺら 話せる
(그녀는 프랑스어를 술술 말할 수 있다)

下手(へた·헤따) 서툴다, 솜씨가 없다

まずい(마즈이) 서툴다

書物(しょもつ·쇼모쓰) 서적, 책, 도서
  「쇼부쓰」가 아닌 「쇼모쓰」이고 모
든 「책」을 통틀어 가리키는 말이다.

図書(としょ·도쇼) 도서, 책

本(ほん·홍) 책

ブック(붓꾸) 북, 책

読本(どくほん·도꾸홍) 독본

ページ(뻬에지) 페이지

表紙(ひょうし·효오시) 표지

字(じ·지) 글씨, 글자

文字(もじ·모지) 글자, 문자
  발음이 「분지」도 아니고 「몬지」도
아닌 「모지」임을 새겨넣을 것

漢字(かんじ·간지) 한자

文(ふみ·후미) 글, 문장

文章(ぶんしょう·분쇼오) 문장

書く(かく·가꾸) 쓰다, 적다

書き入れる(かきいれる·가끼이레루)
  적어넣다, 써넣다

書き直す(かきなおす·가끼나오스)
  고쳐쓰다

読む(よむ·요무) 읽다

読物(よみもの·요미모노) 읽을거리

読書(どくしょ·도꾸쇼) 독서

名作(めいさく·메이사꾸) 명작

名詩(めいし·메이시) 명시

感動的(かんどうてき・간도오떼끼) 감동적

読後感(どくごかん・도꾸고깡) 독후감

教材(きょうざい・교오자이) 교재

教科書(きょうかしょ・교요까쇼) 교과서

教本(きょうほん・교오홍) 교본

テキスト(데끼스또) 텍스트, 부독본

参考書(さんこうしょ・상꼬오쇼) 참고서

虎の巻(とらのまき・도라노마끼) 교과서의 지습서

　무슨 뜻인지 판단이 서지 않는 단어로서 「자습서」 또는 「강의의 기초자료」가 되는 책을 가리킨다.

字引(じびき・지비끼) 옥편

辞典(じてん・지뗑) 사전

コンサイス(곤사이스) 콘사이스, 소형사전

百科辞典(ひゃっかじてん・햣까지뗑) 백과사전

単行本(たんこうぼん・당꼬오봉) 단행본

雑誌(ざっし・잣시) 잡지

書店(しょてん・쇼뗑) 서점

本屋(ほんや・홍야) 서점

図書館(としょかん・도쇼깡) 도서관

貸出し(かしだし・가시다시) 대출

制帽(せいぼう・세이보오) 제모

校帽(こうぼう・고오보오) 교모

制服(せいふく・세이후꾸) 제복

校服(こうふく・고오후꾸) 교복

ネーム(네에무) 네임, 이름

バッジ(빳지) 배지

学生服(がくせいふく・가꾸세이후꾸) 학생복

運動服(うんどうふく・운도오후꾸) 운동복

鞄(かばん・가방) 가방

ランドセル(란도세루) 아동용 가방

担ぐ(かつぐ・가쓰구) 메다

運動靴(うんどうぐつ・운도오구쓰) 운동화

靴袋(くつぶくろ・구쓰부꾸로) 신발주머니

筆記道具(ひっきどうぐ・힛끼도오구) 필기도구

筆入れ(ふでいれ・후데이레) 필통

　옛날에 붓으로 글씨를 쓰던 때에 만들어진 단어를 그대로 사용하고 있다.

鉛筆(えんぴつ・엔삐쓰) 연필

折れる(おれる・오레루) 부러지다

削る(けずる・게즈루) 깎다

消しゴム(けし・게시고무) 지우개

消す(けす・게스) 지우다

ボールペン(보오루뻰) 볼펜

ボールペンは 実に 便利な 筆記道具
である (볼펜은 참으로 편리한 필기도
구이다)

芯(しん・싱) 심, 심지

入れる(いれる・이레루) 넣다

万年筆(まんねんひつ・만넹히쓰) 만
　년필

　この頃は 万年筆も すたれて しまった
　(요즈음은 만년필도 소용없게 되었다)

インキ(잉끼) 잉크

インク(잉꾸) 잉크

ノート(노오또) 노트

破れる(やぶれる・야부레루) 찢어지다

下敷き(したじき・시따지끼) 책받침
　「시따지끼」가 되며 「책받침」을 뜻한다.

墨(すみ・스미) 먹

硯(すずり・스즈리) 벼루

画用紙(がようし・가요오시) 도화지

スケッチブック(스껫찌붓꾸) 스케치북

クレヨン(구레용) 크레용

クレパス(구레빠스) 크레파스

絵具(えのぐ・에노구) 그림물감

パレット(빠렛또) 팔레트, 그림물감을
　섞는 판

絵(え・에) 그림, 회화

画く(えがく・에가꾸) 그리다

紙(かみ・가미) 종이

ペーパー(뻬에빠아) 페이퍼, 종이

一枚(いちまい・이찌마이) 한 장

紙切れ(かみきれ・가미끼레) 종이 조각

色紙(いろがみ・이로가미) 색종이

練習帳(れんしゅうちょう・렌슈우쬬
　오) 연습장

日記帳(にっきちょう・닛끼쬬오) 일
　기장

手帖(てちょう・데쬬오) 수첩

手帳(てちょう・데쬬오) 수첩
　「手帖」나 「手帳」 모두 「수첩」을 뜻
한다.

物差し(ものさし・모노사시) 자

定規(じょうぎ・죠오기) 자
　「物差し」는 대체적으로 「길쭉한 자」
를 뜻하고 「定規」는 「삼각자」 따위를
말한다.

コンパス(곤빠스) 콤파스, 제도용구

ホチキス(호찌끼스) 호치케스

ポンチ(뽄찌) 펀치, 공작물의 중심에
　표를 내는 공구

烏口(からすぐち・가라스구찌) 제도
　용기구

製図(せいず・세이즈) 제도

教える(おしえる・오시에루) 가르치다

講義(こうぎ・고오기) 강의

指導(しどう・시도오) 지도

指南(しなん・시낭) 지도
　무슨 뜻인지 좀체로 이해가 안 될

테지만 「指導」와 같은 「지도」이다.

スパルタ式教育(しききょういく・스빠
루따시끼교오이꾸) 스파르타식교육

予習(よしゅう・요슈우) 예습

復習(ふくしゅう・후꾸슈우) 복습

おさらい(오사라이) 복습

　그들은 「復習」라는 단어보다는 이
「おさらい」를 더 많이 쓰고 있다.

自習(じしゅう・지슈우) 자습

宿題(しゅくだい・슈꾸다이) 숙제

学友(がくゆう・가꾸유우) 학우

級友(きゅうゆう・규우유우) 급우

クラスメート(구라스메에또) 클래스
메이트, 급우

親友(しんゆう・싱유우) 친우

級長(きゅうちょう・규우쬬오) 급장

班長(はんちょう・한쬬오) 반장

リーダー(리아다아) 리더

上級生(じょうきゅうせい・죠오뀨우
세이) 상급생

同級生(どうきゅうせい・도오뀨우세
이) 동급생

同期生(どうきせい・도오끼세이)　동
기생

同僚(どうりょう・도오료오) 동료

同窓生(どうそうせい・도오소오세이)
동창생

同門(どうもん・도오몽) 동문

下級生(かきゅうせい・가뀨우세이)
하급생

先輩(せんぱい・센빠이) 선배

後輩(こうはい・고오하이) 후배

気合を入れる(きあいをいれる・기아
이오 이레루) 기합을 넣다

集団いじめ(しゅうだんいじめ・슈우
당이지메) 집단괴롭힘, 왕따

　集団いじめに 会って 自殺する 学生
も ある (왕따를 당하고 자살하는 학생
도 있다)

不良学生(ふりょうがくせい・후료오
가꾸세이) 불량학생

暴力サークル(ぼうりょく・보오료꾸
사아꾸루) 폭력서클

脱線(だっせん・닷셍) 탈선

吸煙(きゅうえん・규우엥) 흡연

酒飲み(さけのみ・사께노미) 음주

性犯罪(せいはんざい・세이한자이)
성범죄

社会問題(しゃかいもんだい・샤까이
몬다이) 사회문제

入学試験(にゅうがくしけん・뉴우가
꾸시껭) 입학시험

入試地獄(にゅうしじごく・뉴우시지
고꾸) 입시지옥

課外授業(かがいじゅぎょう・가가이
쥬교오) 과외수업

不合格(ふごうかく・후고오까꾸) 불합격

再修生(さいしゅうせい・사이슈우세이) 재수생

中間考査(ちゅうかんこうさ・쥬우깡고오사) 중간고사

期末考査(きまつこうさ・기마쓰고오사) 기말고사

カンニング(간닝구) 컨닝

成績(せいせき・세이세끼) 성적

成績表(せいせきひょう・세이세끼효오) 성적표

優等生(ゆうとうせい・유우또오세이) 우등생

模範生(もはんせい・모항세이) 모범생

点取り虫(てんとりむし・뗀또리무시) 공부벌레

　직역하면 「점수따기벌레」로서 결국 「점수따기에만 급급한 놈」이라는 뜻이다.

首席(しゅせき・슈세끼) 수석

落第(らくだい・라꾸다이) 낙제

劣等生(れっとうせい・렛또오세이) 열등생

コンプレックス(곤뿌렉꾸스) 콤플렉스

引け目(ひけめ・히께메) 열등감

優等賞(ゆうとうしょう・유우또오쇼오) 우등상

皆勤賞(かいきんしょう・가이낑쇼오) 개근상

表彰状(ひょうしょうじょう・효오쇼오죠오) 표창장

貰う(もらう・모라우) 받다

入学(にゅうがく・뉴우가꾸) 입학

オリエンテーション(오리엔떼에숀) 오리엔테이션, 신입생교육

学番(がくばん・가꾸방) 학번

在学(ざいがく・자이가꾸) 재학

転学(てんがく・뎅가꾸) 전학

中退(ちゅうたい・쥬우따이) 중퇴

退学(たいがく・다이가꾸) 퇴학

卒業(そつぎょう・소쓰교오) 졸업

卒業式(そつぎょうしき・소쓰교오시끼) 졸업식

学士帽(がくしぼう・가꾸시보오) 학사모

冠る(かぶる・가부루) 쓰다, 뒤집어쓰다

卒業状(そつぎょうじょう・소쓰교오죠오) 졸업장

学士論文(がくしろんぶん・가꾸시론붕) 학사논문

碩士レポート(せきし・세끼시레뽀오또) 석사리포트

作成(さくせい・사꾸세이) 작성

博士過程(はかせかてい・하까세가떼이) 박사과정

履修(りしゅう・리슈우) 이수, 마치다

マスター(마스따아) 마스터, 이수

学位(がくい・가꾸이) 학위

授与(じゅよ・쥬요) 수여

獲得(かくとく・가꾸또꾸) 획득

専攻(せんこう・셍꼬오) 전공

専門(せんもん・셈몽) 전문

権威(けんい・겡이) 권위

入学金(にゅうがくきん・뉴우가꾸낑) 입학금

授業料(じゅぎょうりょう・쥬교오료오) 수업료

登録金(とうろくきん・도오로꾸낑) 등록금

引上げ(ひきあげ・히끼아게) 인상

反対デモ(はんたい・한따이데모) 반대데모

貧乏(びんぼう・빈보오) 가난함

アルバイト(아루바이또) 아르바이트
　家が 貧乏なので 熱心に アルバイト
を する (집이 가난하여 열심히 아르바이트를 한다)

苦学(くがく・구가꾸) 고학

新聞配達(しんぶんはいたつ・신붕하이따쓰) 신문배달

牛乳配達(ぎゅうにゅうはいたつ・규우뉴우하이따쓰) 우유배달

皿洗い(さらあらい・사라아라이) 접시닦기

サービング(사아빙구) 서빙

夏休み(なつやすみ・나쓰야스미) 여름방학

冬休み(ふゆやすみ・후유야스미) 겨울방학

　앞에서 말했듯이 「放学」이라는 단어는 쓰지 않고 「休み」라고 하고 있다.

セミナール(세미나아루) 세미나르

見学(けんがく・겡가꾸) 견학

実習(じっしゅう・짓슈우) 실습

産学協同(さんがくきょうどう・상가꾸교오도오) 산학협동

昼休み(ひるやすみ・히루야스미) 점심시간

スチーム(스찌이무) 스팀

弁当(べんとう・벤또오) 도시락
　弁当を 食べる 時が 一番 楽しい
(도시락을 먹을 때가 가장 즐겁다)

スポーツ(스뽀오쓰) 스포츠

楽しむ(たのしむ・다노시무) 즐기다

放課後(ほうかご・호오까고) 방과후

掃除(そうじ・소오지) 청소

当番(とうばん・도오방) 당번

運動会(うんどうかい・운도오까이) 운동회

体育大会(たいいくたいかい・다이이꾸다이까이) 체육대회

美術大会(びじゅつたいかい・비쥬쓰다이까이) 미술대회

展覧会(てんらんかい・덴랑까이) 전람회

学芸会(がくげいかい・가꾸게이까이) 학예회

遠足(えんそく・엔소꾸) 소풍, 원족

修学旅行(しゅうがくりょこう・슈우가꾸료꼬오) 수학여행

野球部(やきゅうぶ・야뀨우부) 야구부

フットボール部(홋또보오루부) 축구부

柔道部(じゅうどうぶ・쥬우도오부) 유도부

合唱部(がっしょうぶ・갓쇼오부) 합창부

晩学(ばんがく・방가꾸) 만학

無学(むがく・무가꾸) 무학

　「부가꾸」가 아닌 「무가꾸」이다.

文盲(もんもう・몬모오) 문맹

　당연히 「분모오」로 알 테지만 엉뚱하게 「몬모오」이다.

学歴(がくれき・가꾸레끼) 학력

学識(がくしき・가꾸시끼) 학식

学閥(がくばつ・가꾸바쓰) 학벌

休学(きゅうがく・규우가꾸) 휴학

兵役(へいえき・헤이에끼) 병역

義務(ぎむ・기무) 의무

完遂(かんすい・간스이) 완수

陸軍(りくぐん・리꾸궁) 육군

海軍(かいぐん・가이궁) 해군

空軍(くうぐん・구우궁) 공군

身体検査(しんたいけんさ・신따이겐사) 신체검사

合格(ごうかく・고오까꾸) 합격

入隊(にゅうたい・뉴우따이) 입대

軍番(ぐんばん・궁방) 군번

訓練(くんれん・군렝) 훈련

服務(ふくむ・후꾸무) 복무

除隊(じょたい・죠따이) 제대

復学(ふくがく・후꾸가꾸) 복학

예술에 관한 단어에는 그 발음이나 뜻이 아주 까다로운 것들이 별로 없다. 거의가 상식이 통하는 단어들인 만큼 배우는데 있어 큰 어려움은 없으리라 생각한다.

「소설」은 우리와 마찬가지로 「小説」라고 쓰고 「쇼오세쓰」라고 발음하며, 소설 등 작품을 구상할 때 착상이 매우 중요하거니와 「착상」은 「着想」라고 쓰고 「쟈꾸소오」로 발음한다.

「표현」은 「表現」으로서 「효오겡」이 되며 작품을 집필할 때의 「집필」은 「執筆(싯삐쓰)」이고, 「머리말」은 「前書き(마에가끼)」이며 「작가」 역시 우리와 마찬가지로 「作家」라고 쓰고 「삿까」라고 읽는다.

미술품을 전시할 때의 「전시」는 「展示」라고 쓰고 「덴지」라고 읽으며, 「색채」는 우리와 마찬가지로 한자로 「色彩」라고 쓰는데, 다만 발음이 엉뚱하게 「시끼사이」가 된다.

「작곡」은 「作曲(삿쿄꾸)」이고 악기를 연주할 때의 「연주하다」는 「弾く」라고 쓰고 「히꾸」로 발음한다.

다음 단어들을 하나하나 익혀나가자.

芸術(げいじゅつ・게이쥬쓰) 예술

アート(아아또) 아트, 예술

芸術家(げいじゅつか・게이쥬쓰까) 예술가

アーティスト(아아띠스또) 아티스트, 예술가

ペンクラブ(뼁구라부) 펜클럽

ノーベル文学賞(ぶんがくしょう・노오베루붕가꾸쇼오) 노벨문학상

受賞作(じゅしょうさく・쥬쇼오사꾸) 수상작

国家的栄誉(こっかてきえいよ・곳까떼끼에이요) 국가적 영예

文芸復興(ぶんげいふっこう・붕게이훗꼬오) 문예부흥

ルネッサンス(루넷산스) 르네상스, 문예부흥

開花期(かいかき・가이까끼) 개화기

ルネッサンスを 頂点に 芸術も すた
れて 行くようだ (르네상스를 정점으
로 예술도 쇠퇴해가는 것 같다)

哲学(てつがく・데쓰가꾸) 철학

文学(ぶんがく・붕가꾸) 문학

美術(びじゅつ・비쥬쓰) 미술

音楽(おんがく・옹가꾸) 음악

天才輩出(てんさいはいしゅつ・덴사
이하이슈쓰) 천재배출

快楽主義(かいらくしゅぎ・가이라꾸
슈기) 쾌락주의

厭世主義(えんせいしゅぎ・엔세이슈
기) 염세주의

自然主義(しぜんしゅぎ・시젱슈기)
자연주의

浪漫主義(ろうまんしゅぎ・로오망슈
기) 낭만주의

写実主義(しゃじつしゅぎ・샤지쓰슈
기) 사실주의

人道主義(じんどうしゅぎ・진도오슈
기) 인도주의

ヒューマニズム(휴우마니즈무) 휴머
니즘, 인도주의

デカダン(다까당) 데카당, 퇴폐화

ニヒリズム(니히리즈무) 니힐리즘, 허
무주의

実存哲学(じつぞんてつがく・지쓰종
데쓰가꾸) 실존철학

哲学者(てつがくしゃ・데쓰가꾸샤)
철학자

哲人(てつじん・데쓰징) 철인

創作(そうさく・소오사꾸) 창작

着想(ちゃくそう・쟈꾸소오) 착상
앞에서 말했듯이 「쟈꾸소오」가 된다.

霊感(れいかん・레이깡) 영감
霊感を 得て 傑作を 書き上げる
(영감을 얻어 걸작을 써낸다)

インスピレーション(인스삐레에송)
인스피레이션, 영감

ジャンル(쟝루) 장르, 종류

詩(し・시) 시

詩歌(しいか・시이까) 시가
「시까」라고 생각할 테지만 「시이까」
라고 읽는다.

作詞(さくし・사꾸시) 작시

詩人(しじん・시징) 시인

詩聖(しせい・시세이) 시성
ゲーテを みな 詩聖と 呼ぶ
(괴테를 모두 시성이라고 부른다)

文壇(ぶんだん・분당) 문단

重鎮(じゅうちん・쥬우찡) 중진

詩想(しそう・시소오) 시상

詩句(しく・시꾸) 시구

浮び上がる(うかびあがる・우까비아
가루) 떠오르다

敍情詩(じょじょうし・죠죠오시) 서

정시

敍事詩(じょじし · 죠지시) 서사시

名詩(めいし · 메이시) 명시

口ずさむ(くちずさむ · 구찌즈사무)
읊조리다

この頃は 詩を ロずさむ 人も 少ない
(요즈음은 시를 읊조리는 사람도 적다)

小説(しょうせつ · 쇼오세쓰) 소설

フィクション(휘꾸숑) 픽션

私小説(ししょうせつ · 시쇼오세쓰)
사소설

芸術小説(げいじゅつしょうせつ · 게
이쥬쓰쇼오세쓰) 예술소설

文芸物(ぶんげいもの · 붕게이모노)
문예물

愛情小説(あいじょうしょうせつ · 아
이죠오쇼오세쓰) 애정소설

歴史小説(れきししょうせつ · 레끼시
쇼오세쓰) 역사소설

推理小説(すいりしょうせつ · 스이리
쇼오세쓰) 추리소설

FS小説(エフエスしょうせつ · 에후에
스쇼오세쓰) FS소설

大河小説(たいがしょうせつ · 다이가
쇼오세쓰) 대하소설

短篇(たんぺん · 단뼁) 단편

中篇(ちゅうへん · 쥬우헹) 중편

長篇(ちょうへん · 죠오헹) 장편

小説家(しょうせつか · 쇼오세쓰까)
소설가

文人(ぶんじん · 분징) 문인

文筆家(ぶんぴつか · 분삐쓰까) 문필가

文豪(ぶんごう · 붕고오) 문호

作家(さっか · 삿까) 작가

발음이 「삿까」라는 사실에 유의할 것
その 作家は 書く 毎 ベストセラーに
なる (그 작가는 쓸 때마다 베스트셀
러가 된다)

新人作家(しんじんさっか · 신징삿까)
신인작가

女流作家(じょりゅうさっか · 죠류우
삿까) 여류작가

人気作家(にんきさっか · 닝끼삿까)
인기작가

作者(さくしゃ · 사꾸샤) 작자

著書(ちょしょ · 죠쇼) 저서

著作(ちょさく · 죠사꾸) 저작

著者(ちょしゃ · 죠샤) 저자

筆者(ひっしゃ · 힛샤) 필자

筆名(ひつめい · 히쓰메이) 필명

共著(きょうちょ · 교오쬬) 공저

名著(めいちょ · 메이쬬) 명저

作品(さくひん · 사꾸힝) 작품

拙作(せっさく · 셋사꾸) 졸작

力作(りきさく · 리끼사꾸) 역작

발음이 「리끼사꾸」라는 사실을 명

심할 것

傑作(けっさく・겟사꾸) 걸작

不滅の(ふめつの・후메쓰노) 불멸의

不朽の(ふきゅうの・후뀨우노) 불후의

名作(めいさく・메이사꾸) 명작

若い 時に 名作を 沢山 読め

(젊을 때에 명작을 많이 읽어라)

古典(こてん・고뗑) 고전

処女作(しょじょさく・쇼죠사꾸) 처
녀작

水準作(すいじゅんさく・스이즁사꾸)
수준작

野心作(やしんさく・야싱사꾸) 야심작

代表作(だいひょうさく・다이효오사
꾸) 대표작

問題作(もんだいさく・몬다이사꾸)
문제작

芸術性(げいじゅつせい・게이쥬쓰세
이) 예술성

名文(めいぶん・메이붕) 명문

掌篇(しょうへん・쇼오헹) 장편, 꽁트

葉篇(ようへん・요오헹) 엽편, 꽁트

コント(곤또) 꽁트, 장편(掌篇)

散文(さんぶん・산붕) 산문

随筆(ずいひつ・즈이히쓰) 수필

エッセイ(엣세이) 에세이, 수필

エッセイスト(엣세이스또) 에세이스
트, 수필가

童話(どうわ・도오와) 동화

발음이 「도오와」라는 사실에 유의할 것

イソップ寓話(ぐうわ・이솟뿌구우와)
이솝우화

紀行文(きこうぶん・기꼬오붕) 기행문

自叙伝(じじょでん・지죠뗑) 자서전

自叙伝を 書く 女タレントが 多い

(자서전을 쓰는 여자 탤런트가 많다)

評論(ひょうろん・효오롱) 평론

評壇(ひょうだん・효오당) 평단

連載物(れんさいもの・렌사이모노)
연재물

シリーズ(시리이즈) 시리즈

特集(とくしゅう・도꾸슈우) 특집

全集(ぜんしゅう・젠슈우) 전집

集大成(しゅうたいせい・슈우따이세
이) 집대성

戯曲(ぎきょく・기교꾸) 희곡

シナリオ(시나리오) 시나리오

シナリオライター(시나리오라이따아)
시나리오라이타

劇作家(げきさくか・게끼사꾸까) 극
작가

脚本(きゃくほん・갸꾸홍) 각본

劇本(げきほん・게끼홍) 극본

脚色(きゃくしょく・갸꾸쇼꾸) 각색

발음이 엉뚱하게 「갸꾸쇼꾸」가 된다.

潤色(じゅんしょく・즁쇼꾸) 윤색

台本(だいほん・다이홍) 대본, 극본

台詞(せりふ・세리후) 대사
「다이시」라고 생각할 테지만 전혀 다른 「세리후」이다.

上演(じょうえん・죠오엥) 상연

演出(えんしゅつ・엔슈쓰) 연출

単幕劇(たんまくげき・단마꾸게끼) 단막극

モノローグ(모노로오구) 1인극, 독백

パントマイム(빤또마이무) 판토마임, 무언극(無言劇)

歌舞伎(かぶき・가부끼) 일본의 대표적 국민연극

能楽(のうがく・노오가꾸) 일본의 전통적인 가면악극

主題(しゅだい・슈다이) 주제

テーマ(데에마) 테마, 주제

プロット(뿌롯또) 플롯, 소설·각본 등의 줄거리

題材(だいざい・다이자이) 제재, 예술작품이나 학설 연구의 주제가 되는 재료

原稿(げんこう・겡꼬오) 원고

習作(しゅうさく・슈우사꾸) 습작

構想(こうそう・고오소오) 구상

文章(ぶんしょう・분쇼오) 문장

表現(ひょうげん・효오겡) 표현

描写(びょうしゃ・뵤오샤) 묘사

形容(けいよう・게이요오) 형용

洗練(せんれん・센렝) 세련

練る(ねる・네루) 다듬다, 가다듬다
　　うまい 表現が 出るまで 文章を 練る
　　(멋진 표현이 나올 때까지 문장을 다듬는다)

詰まる(つまる・쓰마루) 막히다

絶筆(ぜっぴつ・젯삐쓰) 절필, 붓을 꺾다

推敲(すいこう・스이꼬오) 퇴고, 시문(詩文)을 지을 때 여러번 생각하며 고치는 것

題目(だいもく・다이모꾸) 제목

タイトル(다이또루) 표제(標題)

執筆(しっぴつ・싯삐쓰) 집필
　　발음이 「싯삐쓰」가 된다.

書出し(かきだし・가끼다시) 글의 첫머리

草稿(そうこう・소오꼬오) 초고

原稿用紙(げんこうようし・겡꼬오요오시) 원고용지

清書(せいしょ・세이쇼) 정서

発表(はっぴょう・핫뽀오) 발표

寄稿(きこう・기꼬오) 기고

送稿(そうこう・소오꼬오) 송고

原稿料(げんこうりょう・겡꼬오료오) 원고료

印税(いんぜい・인제이) 인세

原書(げんしょ・겐쇼) 원서

原作(げんさく・겐사꾸) 원작

翻訳(ほんやく・홍야꾸) 번역

訳する(やくする・야꾸스루) 번역하다

直訳(ちょくやく・죠꾸야꾸) 직역

　原作を 直訳するのが 能では ない

　(원작을 직역하는 것이 능사는 아니다)

翻案(ほんあん・홍앙) 번안

名訳(めいやく・메이야꾸) 명역

訳書(やくしょ・야꾸쇼) 역서, 번역서

訳者(やくしゃ・야꾸샤) 역자

作家志望生(さっかしぼうせい・삿까
　시보오세이) 작가지망생

新人(しんじん・신징) 신인

登竜門(とうりゅうもん・도오류우몽)
　등용문

懸賞募集(けんしょうぼしゅう・겐쇼
　오보슈우) 현상모집

応募(おうぼ・오오보) 응모

入選(にゅうせん・뉴우셍) 입선

登壇(とうだん・도오당) 등단

アリストテレス(아리스또데레스)　알
　리스토텔레스

ソクラテス(소꾸라떼스) 소크라테스

プラトン(뿌라똔) 플라톤

カント(간또) 칸트

ショーペンハウエル(쇼오뻰하우에루)
　쇼펜하워

パスカル(빠스까루) 파스칼

デカルト(데까루또) 데카르트

サルトル(사루또루) 사르트르

トルストイ(도루스또이) 톨스토이

ドストエフスキー(도스또에후스끼이)
　도스토예프스키

ゲーテ(게에떼) 괴테

セークスピア(세에꾸스삐아)　셰익스
　피어

モーパッサン(모오빳상) 모파상

カフカ(가후까) 카프카

ボードレール(보오도레에루) 보들레르

ヘルマン ヘッセ(헤루망 헷세) 헤르만
　헤세

カミュー(가뮤우) 까뮈

アンドレジード(안도레 지이도) 앙드
　레 지드

パールバッグ(빠아루밧구) 펄벅

ハイネ(하이네) 하이네

ミルトン(미루똔) 밀턴

バイロン(바이롱) 바이런

本(ほん・홍) 책

書物(しょもつ・쇼모쓰) 서적, 책

図書(としょ・도쇼) 도서, 책

出版(しゅっぱん・슛빵) 출판

良書補給(りょうしょほきゅう・료오
　쇼호뀨우) 양서보급

使命(しめい・시메이) 사명

納本(のうほん・노오홍) 납본

前書き(まえがき・마에가끼) 머리말

　모두에서 말했듯이 책의 「머리말」을 가리킨다.

扉(とびら・도비라) 책의 안 겉장, 속표지, 문짝

　원래 「문짝」을 뜻하지만 책의 본문(本文) 앞의 첫페이지를 가리킨다.

目次(もくじ・모꾸지) 목차

題目(だいもく・다이모꾸) 제목

本文(ほんぶん・혼붕) 본문

挿話(そうわ・소오와) 삽화, 에피소드

挿画(そうが・소오가) 삽화

奥付(おくづけ・오꾸즈께) 책의 판권(板權)이 실려 있는 마지막 페이지

版権(はんけん・항껭) 판권

表紙(ひょうし・효오시) 표지

デザイン(데자잉) 디자인

装幀(そうてい・소오떼이) 장정

オフセット(오후셋또) 오프셋

印刷(いんさつ・인사쓰) 인쇄

製本(せいほん・세이홍) 제본

初版(しょはん・쇼항) 초판

重版(じゅうはん・쥬우항) 중판

発行(はっこう・핫꼬오) 발행

既刊(きかん・기깡) 기간

近刊(きんかん・깅깡) 근간

新刊(しんかん・싱깡) 신간

単行本(たんこうぼん・당꼬오봉) 단행본

　「당꼬오홍」이 아닌 「당꼬오봉」이다.

文庫(ぶんこ・붕꼬) 문고

絵本(えほん・에홍) 그림책

児童図書(じどうとしょ・지도오도쇼) 아동도서

学術図書(がくじゅつとしょ・가꾸쥬쓰도쇼) 학술도서

図書目録(としょもくろく・도쇼모꾸로꾸) 도서목록

読書(どくしょ・도꾸쇼) 독서

読者(どくしゃ・도꾸샤) 독자

ベストセラー(베스또세라아) 베스트셀러

著作権(ちょさくけん・죠샤꾸껭) 저작권

ベルン条約(じょうやく・베룬죠오야꾸) 베룬조약

加入(かにゅう・가뉴우) 가입

複製本(ふくせいほん・후꾸세이홍) 복제본

乱立(らんりつ・란리쓰) 난립

法的制裁(ほうてきせいさい・호오떼끼세이사이) 법적제재

絵(え・에) 그림

絵画(かいが・가이가) 회화

美術作品(びじゅつさくひん・비쥬쓰

사꾸형) 미술작품

彫刻(ちょうこく · 쵸오꼬꾸) 조각

美術家(びじゅつか · 비쥬쓰까) 미술가

彫刻家(ちょうこくか · 쵸오꼬꾸까)
　조각가

画壇(がだん · 가당) 화단

絵描き(えかき · 에까끼) 그림장이, 그
　림을 그리는 사람

画工(がこう · 가꼬오) 화공

画家(がか · 가까) 화가

画伯(がはく · 가하꾸) 화백

ベレー帽(ぼう · 베레에보오) 벨레모

大家(たいか · 다이까) 대가

元老(げんろう · 겐로오) 원로

泰斗(たいと · 다이또) 태두, 그 방면
　의 권위자

画聖(がせい · 가세이) 화성

名画(めいが · 메이가) 명화

ルーブル(루우부루) 루우블

美術館(びじゅつかん · 비쥬쓰깡) 미
　술관

所蔵(しょぞう · 쇼조오) 소장

さながら(사나가라) 흡사, 마치, 영락
　없이

　絵の 中の 人物が さながら 生きて
いるようである (그림 속의 인물이 영
락없이 살아 있는 것 같다)

生き写し(いきうつし · 이끼우쓰시)

빼닮음, 똑같이 닮았음

感服(かんぷく · 간뿌꾸) 감복
　「강후꾸」가 아닌 「간뿌꾸」이다.

東洋画(とうようが · 도오요오가)　동
　양화

西洋画(せいようが · 세이요오가)　서
　양화

油絵(あぶらえ · 아부라에) 유화

墨絵(すみえ · 스미에) 묵화

水彩画(すいさいが · 스이사이가)　수
　채화

写生画(しゃせいが · 샤세이가) 사생화

山水画(さんすいが · 산스이가) 산수화

風景画(ふうけいが · 후우께이가)　풍
　경화

人物画(じんぶつが · 진부쓰가) 인물화

静物画(せいぶつが · 세이부쓰가)　정
　물화

肖像画(しょうぞうが · 쇼오조오가)
　초상화

抽象画(ちゅうしょうが · 쥬우쇼오가)
　추상화

難解(なんかい · 낭까이) 난해

自画像(じがぞう · 지가조오) 자화상

モザイク(모자이꾸) 모자이크, 유리 ·
　조개껍질 · 돌 따위를 박아서 도안
　한 장식물

画室(がしつ · 가시쓰) 화실

アトリエ(아또리에) 아트리에, 화실

スタジオ(스따지오) 스튜디어, 촬영실

構図(こうず・고오즈) 구도

デッサン(뎃상) 데상, 스케치

素描(すがき・스가끼) 소묘, 데상

下絵(したえ・시따에) 밑(초벌)그림

スケッチ(스껫찌) 스케치

角度(かくど・가꾸도) 각도

アングル(앙구루) 앵글, 각도

遠近法(えんきんほう・엥낑호오) 원
　근법

決める(きめる・기메루) 정하다

構想(こうそう・고오소오) 구상

没入(ぼつにゅう・보쓰뉴우) 몰입

画く(えがく・에가꾸) 그리다

筆(ふで・후데) 붓

画筆(がひつ・가히쓰) 화필

カンバス(간바스) 캔버스, 화포(画布)

イーゼル(이이제루) 이젤, 화가(画架)

パレット(빠렛또) 팔레트, 그림물감을
　섞는 판

絵具(えのぐ・에노구) 그림물감

パステル(빠스떼루) 파스텔

しぼる(시보루) 짜내다

交ぜる(まぜる・마제루) 섞다, 뒤섞다

交ぜ合わせる(まぜあわせる・마제아
　와세루) 한데 뒤섞다

塗る(ぬる・누루) 칠하다

下塗り(したぬり・시따누리) 밑칠, 초
　벌로 칠하는 것

画風(がふう・가후우) 화풍

迫力(はくりょく・하꾸료꾸) 박력

点と線(てんとせん・덴또셍) 점과 선

繊細(せんさい・센사이) 섬세

タッチ(닷찌) 터치

筆致(ひっし・힛시) 필치

力強い(ちからづよい・지까라즈요이)
　힘차다

画用紙(がようし・가요오시) 도화지

スケッチブック(스껫찌붓꾸) 스케치북

色(いろ・이로) 색, 색깔

カラー(가라아) 컬러

色彩(しきさい・시끼사이) 색채
　발음이 「시끼사이」라는 사실에 유
　의할 것

色盲(しきもう・시끼모오) 색맹

赤色(あかいろ・아까이로) 빨간 색, 적색

薄赤(うすあか・우스아까) 연한 적색

真っ赤(まっか・맛까) 새빨감, 진한
　빨강
　彼女は真っ赤なセーターを好んで着
　る (그녀는 새빨간 쉐타를 즐겨 입는다)

青色(あおいろ・아오이로) 파란 색, 청색

ブルー(부루우) 블루, 청색

黒色(くろいろ・구로이로) 검은색, 흑색

黒っぽい(くろっぽい・구롯뽀이)　거

무스름하다
真っ黒(まっくろ·맛꾸로) 새카맣다
藍色(あいいろ·아이이로) 남색
緑色(みどりいろ·미도리이로) 녹색
草色(くさいろ·구사이로) 초록색
紫色(むらさきいろ·무라사끼이로)
　보라색
バイオレット(바이오렛또)　바이올렛,
　보라색
黄色(きいろ·기이로) 황색, 누런 색
オレンジ色(いろ·오렌지이로)　오렌
　지색
茶色(ちゃいろ·쟈이로) 다색, 갈색
灰色(はいいろ·하이이로) 회색, 잿빛
とび色(いろ·도비이로) 다갈색
山吹色(やまぶきいろ·야마부끼이로)
　황금색
　무슨 색깔인지 좀체로 생각이 나지
않을 테지만「山吹」가「황매화나무」로
서 결국「황금색」을 가리킨다.
美術学徒(びじゅつがくと·비쥬쓰가
　꾸또) 미술학도
師匠(ししょう·시쇼오) 스승
弟子(でし·데시) 제자
門下生(もんかせい·몽까세이) 문하생
天賦的才能(てんぷてきさいのう·덴
　부떼끼사이노오) 천부적재능
美術大展(びじゅつたいてん·비쥬쓰

다이뗑) 미술대전
出品(しゅっぴん·슛삥) 출품
入選(にゅうせん·뉴우셍) 입선
個人展(こじんてん·고진뗑) 개인전
展示会(てんじかい·덴지까이) 전시회
　발음이「덴지까이」가 된다.
開く(ひらく·히라꾸) 열다, 개최하다
画廊(がろう·가로오) 화랑
ギャラリー(갸라리이) 갤러리, 화랑
陳列(ちんれつ·진레쓰) 진렬
額縁(がくぶち·가꾸부찌) 액자
掛ける(かける·가께루) 걸다
盛況(せいきょう·세이꾜오) 성황
造形美術(ぞうけいびじゅつ·조오께
　이비쥬쓰) 조형미술
設置美術(せっちびじゅつ·셋찌비쥬
　쓰) 설치미술
ブロンズ(부론즈) 블론즈, 청동(青銅),
　동상(銅像)
印象派(いんしょうは·인쇼오하)　인
　상파
野獣派(やじゅうは·야쥬우하) 야수파
浪漫派(ろうまんは·로오망하) 낭만파
写実波(しゃじつは·샤지쓰하) 사실파
ダビンチ(다빈찌) 다빈치
ミケランゼロ(미께란제로) 미켈란젤로
ミレー(미레에) 밀레
ピカソ(삐까소) 피카소

ルノアール(루노아아루) 르노와르

ゴッホ(곳호) 고흐

ゴーガン(고오강) 고갱

ラファエロ(라화에로) 라파엘로

ロダン(로당) 로뎅

音楽(おんがく・옹가꾸) 음악

ミュージカル(뮤우지까루) 뮤지컬

サウンド(사운도) 음향, 소리

作曲(さっきょく・삿교꾸) 작곡
　　발음이「삿교꾸」임을 새겨넣을 것

編曲(へんきょく・헹교꾸) 편곡

楽譜(がくふ・가구후) 악보

楽想(がくそう・가꾸소오) 악상

旋律(せんりつ・센리쓰) 선율, 멜로디
　　발음이「센리쓰」가 된다.

メロディー(메로디이) 멜로디

リズム(리즈무) 리듬, 운율
　　「리즈무」라고 하면 무슨 뜻인지 짐
작이 안 갈 테지만「리듬」을 뜻한다.

ハーモニー(하아모니이) 하머니, 조화

作曲家(さっきょくか・삿교꾸까) 작
　　곡가

演奏家(えんそうか・엔소오까) 연주가

声楽家(せいがくか・세이가꾸까) 성
　　악가

名曲(めいきょく・메이교꾸) 명곡

楽壇(がくだん・가구당) 악단

楽聖(がくせい・가꾸세이) 악성

器楽(きがく・기가꾸) 기악

声楽(せいがく・세이가꾸) 성악

ボーカル(보오까루) 보컬, 성악

ピアノ(삐아노) 피아노

鍵盤(けんばん・겐방) 건반

弾く(ひく・히꾸) 악기를 연주하다, 켜다
　　발음이「히꾸」이고「연주하다」라
는 뜻이다.

ピアニスト(삐아니스또) 피어니스트

バイオリン(바이오링) 바이올린

バイオリニスト(바이오리니스또)　바
　　이올리니스트

ハープ(하아쁘) 하프, 현악기의 일종

チェロ(쩨로) 첼로

チェリスト(쩨리스또) 첼리스트, 첼로
　　연주자

コントラバス(곤또라바스)　콘트라바
　　스, 저음(低音)의 현악기

演奏(えんそう・엔소오) 연주

伴奏(ばんそう・반소오) 반주

弾き手(ひきて・히끼떼) 연주자
　　「켜는 사람」결국「연주자」를 가리
킨다.

合奏(がっそう・갓소오) 합주

コンサート(곤사아또) 콘서트, 연주회

リサイタル(리사이따루) 리사이틀, 독
　　창, 독주회

独唱(どくしょう・도꾸쇼오) 독창

274

テナー(데나아) 테너

バリトン(바리똔) 바리턴, 남자의 중급음

ソプラノ(소뿌라노) 소프라노

声量(せいりょう・세이료오) 성량

豊富(ほうふ・호오후) 풍부함

合唱(がっしょう・갓쇼오) 합창

コーラス(고오라스) 콜러스, 합창

楽団(がくだん・가구당) 악단

指揮者(しきしゃ・시끼샤) 지휘자

コンダクター(곤다꾸따아) 콘닥터

指揮棒(しきぼう・시끼보오) 지휘봉

クラシック(구라싯꾸) 클래식

ソナタ(소나따) 소나타

交響楽(こうきょうがく・고오꾜오가
꾸) 교향악

シンフォニー(신훠니) 심퍼니

管弦楽(かんげんがく・강겡가꾸) 관
현악

オーケストラ(오오께스또라) 오케스
트라, 관현악

曲(きょく・교꾸) 곡

曲目(きょくもく・교꾸모꾸) 곡목

曲名(きょくめい・교꾸메이) 곡명

歌曲(かきょく・가교꾸) 가곡

歌劇(かげき・가게끼) 가극

オペラ(오뻬라) 오페라, 가극

プリマドンナ(쁘리마돈나) 프리마돈
나, 가극의 여주인공역

熱唱(ねっしょう・넷쇼오) 열창

フィナレー(휘나레에) 피날레

飾る(かざる・가자루) 장식하다

慈善音楽会(じぜんおんがくかい・지
젱옹가꾸까이) 자선음악회

観客(かんきゃく・강꺄꾸) 관객

観衆(かんしゅう・간슈우) 관중

ファン(환) 팬

聴衆(ちょうしゅう・쵸오슈우) 청중

沈黙(ちんもく・진모꾸) 침묵
「신모꾸」로 알기 쉬우나「진모꾸」이다.

客席(きゃくせき・갸꾸세끼) 객석

アンコール(앙꼬오루) 앵콜, 재청(再請)

起立拍手(きりつはくしゅ・기리쓰하
꾸슈) 기립박수

喝采(かっさい・갓사이) 갈채
コンサートは 聴衆の 熱烈な 喝采を
浴びた (콘서트는 청중의 열렬한 갈채
를 받았다)

舞踊(ぶよう・부요오) 무용

バレー(바레에) 발레

バレリーナ(바레리이나) 발레리너

按舞(あんぶ・안부) 안무

群舞(ぐんぶ・군부) 군무

抜群(ばつぐん・바쓰궁) 발군

音楽徒(おんがくと・옹가꾸또) 음악도

コンクール(공꾸우루) 콩쿠르

コンテスト(곤떼스또) 콘테스트, 경연,

275

경연대회
入賞(にゅうしょう・뉴우쇼오) 입상
受賞(じゅしょう・쥬쇼오) 수상
ベートベン(베에또벤) 베토벤
バッハ(밧하) 바흐
チャイコフスキー(짜이꼬후스끼이)
　차이코프스키

モーツァルト(모오짜루또) 모차르트
シューベルト(슈우베루또) 슈베르트
ショパン(쇼빵) 쇼펭
ワグナー(와구나아) 바그너
ベルディー(베루디이) 베르디

끝으로 종교와 관련이 있는 단어를 알아보기로 한다.

종교용어에는 발음이나 뜻이 까다로운 것들이 상상외로 많다. 따라서 차근차근 익혀나가기로 하자.

모든 「신」을 통틀어 가리키는 「신」은 「神」이라고 쓰고 「가미」라고 읽으며, 「神様」는 직역하면 「신님」이 되지만 「하느님」을 가리키며 「가미사마」가 된다.

「仏」이라고 하면 무엇을 뜻하는지 쉽게 생각이 나지 않을 테지만 「부처」를 뜻하고 「호도께」라고 읽으며, 불교에서 흔히 말하는 「사바·속세」는 「娑婆」라고 쓰고 「사바」라고 발음한다.

승려가 손목에 감는 「염주」는 「珠数(쥬즈)」이고 「목탁」은 「木魚(모꾸교)」라고 하는데, 목탁이 물고기모양으로 생겼기 때문에 붙여진 단어이다.

「만다라」라는 말이 있거니와 이것은 「부처가 깨달은 경지」「부처의 세계나 극락을 그린 그림」이라는 뜻으로서 「曼陀羅(만다라)」라고 하며 이 또한 불교에서 많이 사용하는 「윤회」는 「輪廻」라고 쓰고 「린네」라고 읽는다.

우리가 그 뜻도 제대로 모르고 있는 말에 「아수라 같다」「아수라장이 되었다」하는 단어가 있는데, 「아수라」는 「阿修羅」라고 쓰고 「아슈라」라고 읽으며, 본시 「인도의 전투를 좋아하는 신」을 가리키는 단어이다.

한편 기독교에서 말하는 「메시아」는 「メシア」로서 「메시아」라고 읽으며, 「신의 계시」라는 뜻의 「신탁」은 「神託」이고 「신따꾸」로 발음한다.

그리스도가 사흘만에 부활했다는 「부활」은 「復活(훗까쓰)」이고, 기독교인들이 하루도 빼놓지 않고 올리는 「기도」는 물론 「祈祷(기또오)」라고도 하지만, 그보다는 「お祈り(오이노리)」라는 말을 더 많이 사용하고 있다.

한편 천주교에서도 불교도처럼 염주를 쓰고 있는데, 이 「염주」는 「ロザリオ(로자리오)」라고 하며, 천주교나 개신교에서 말하는 「세례」는 「洗礼(센레이)」이다.

복음을 전파한다는 「복음」은 「福音」이라고 쓰거니와, 문제는 그 발음이 「후꾸옹」이 아닌 「후꾸잉」이라는 사실을 단단히 기억해 두기 바란다. 그리스도의 계시라고 할 때의 「계시」는 「啓示(게이지)」라고도 하지만, 그보다는 「お示し」라고 쓰고 「오시메시」라고 말하는 수가 더 많다.

끝으로 모세가 하나님에게 받았다는 10개조의 계시를 뜻하는 「十誡」는 「짓까이」라고 읽으며 「기적」은 「奇跡(기세끼)」가 된다.

神(かみ・가미) 신
神様(かみさま・가미사마) 하느님
崇める(あがめる・아가메루) 숭배하다
崇拝(すうはい・스우하이) 숭배
敬神(けいしん・게이싱) 경신, 신을
　공경함
宗教(しゅうきょう・슈우꾜오) 종교
信仰(しんこう・싱꼬오) 신앙
信ずる(しんずる・신즈루) 믿다
原始宗教(げんししゅうきょう・겐시
　슈우꾜오) 원시신앙
シャマニズム(샤마니즈무) 샤머니즘,
　원시종교의 한 형태
聖者(せいじゃ・세이쟈) 성자
全能(ぜんのう・젠노오) 전능
仏(ほとけ・호도께) 부처, 불타
仏様(ほとけさま・호도께사마) 부처님
釈迦(しゃか・샤까) 석가, 석가모니
釈尊(しゃくぞん・샤꾸종) 석가모니
　의 존칭
仏陀(ぶっだ・붓다) 불타, 부처
シッダルタ(싯다루따) 싯달다
寺(てら・데라) 절
寺院(じいん・지잉) 사원
伽藍(がらん・가랑) 가람, 절의 큰 건물
本山(ほんざん・혼장) 본산, 각 종파
　를 통괄하는 사찰
寺門(じもん・지몽) 절의 문, 사문

尼寺(あまでら・아마데라) 여승만 사
　는 절
仏教(ぶっきょう・붓꾜오) 불교
仏道(ぶつどう・부쓰도오) 불도
仏壇(ぶつだん・부쓰당) 불단
仏像(ぶつぞう・부쓰조오) 불상
仏前(ぶつぜん・부쓰젱) 불전, 부처 앞
大仏(だいぶつ・다이부쓰) 대불
ひざまずく(히자마즈꾸) 무릎을 꿇다
額付く(ぬかずく・누까즈꾸) 조아리다
　仏前に 額付いて 拝む
　(불전에 꿇어 엎드려 절한다)
仏書(ぶっしょ・붓쇼) 불서
仏経(ぶっきょう・붓꾜오) 불경
仏典(ぶってん・붓뗑) 불전
　「부쓰뗑」이 아닌 「붓뗑」인데, 이렇
　듯 「仏」은 「붓」도 되고 「부쓰」도 되는
　등 단어에 따라 발음이 다르다.
厨子(ずし・즈시) 불상이나 경전을 넣
　어 두는 문이 두 짝 달린 농짝
舎利(しゃり・샤리) 사리, 석가・성자
　의 유골
　高僧は 死んで 舎利を 残す
　(고승은 죽어서 사리를 남긴다)
後背(こうはい・고오하이) 불상 위의
　원광(圓光)
七宝(しっぽう・싯뽀오) 칠보, 불전에
　있는 일곱 가지 보배

パゴダ(빠고다) 절에 있는 탑

灌仏(かんぶつ・간부쓰) 욕불(浴仏), 음력 4월 8일에 석가상에 향수를 뿌리는 행사

菩薩(ぼさつ・보사쓰) 보살

文殊(もんじゅ・몬쥬) 문수보살, 지혜를 맡은 보살

観音(かんのん・간농) 관세음보살의 준말. 발음이 「간옹」이 아닌 「간농」이다.

達磨(だるま・다루마) 달마대사

僧(そう・소오) 중, 승려

尼(あま・아마) 여승, 비구니

比丘尼(びくに・비꾸니) 비구니, 여승

僧侶(そうりょ・소오료) 승려, 중

坊主(ぼうず・보오즈) 승려, 중

坊主頭(ぼうずあたま・보오즈아따마) 까가중머리

坊さん(ぼうさん・보오상) 중을 친근하게 부르는 말
その 坊さんは たいへん 慈悲深い (그 중은 매우 자비롭다)

仏者(ぶっしゃ・붓샤) 불자, 불문에 들어간 사람

住職(じゅうしょく・쥬우쇼꾸) 주지승
무슨 뜻인지 짐작하기 힘들 테지만 절의 「주지스님」을 가리키며 「쥬우쇼꾸」라고 한다.

小僧(こぞう・고조오) 나이 어린 중

尼僧(あまそう・아마소오) 여승, 비구니

僧坊(そうぼう・소오보오) 승방, 중이 기거하는 집

仏徒(ぶっと・붓또) 불도

仏教徒(ぶっきょうと・붓꾜오또) 불교도

仏弟子(ぶつでし・부쓰데시) 불제자

苦界(くかい・구까이) 고생스러운 세계

煩悩(ぼんのう・본노오) 번뇌

儚い(はかない・하까나이) 허무하다

出家(しゅっけ・슛께) 집을 떠나 중이 됨
「슛까」가 아닌 「슛께」라는 사실에 유의할 것
頭を 剃って 出家する (머리를 깎고 절로 들어가 중이 된다)

沙門(しゃもん・샤몽) 불문에 들어가 불도를 닦는 사람

沙弥(しゃみ・샤미) 불문에 들어가 아직 비구의 자격을 얻지 못한 소년승

虚無僧(こむそう・고무소오) 동냥승
「교무소오」가 아닌 난데없는 「고무소오」가 된다.

托鉢(たくはつ・다꾸하쓰) 탁발

旅僧(たびそう・다비소오) 행각승

雲水(うんすい・운스이) 행각승, 탁발승
직역하면 「구름과 물」인데 엉뚱하게도 「탁발승」을 가리킨다.

娑婆(さば・사바) 속세, 사바세계

憧れる(あこがれる・아꼬가레루) 동
경하다
　寺に 入っても 未だ 娑婆を 憧れる
(절에 들어가서도 여전히 사바세계
를 그리워한다)

無明(むめい・무메이) 번뇌로 말미암
아 불법을 이해못하는 정신상태

破戒(はかい・하까이) 파계, 계율을
어김

破門(はもん・하몽) 규칙을 어긴 신도
를 종문에서 제거하는 것

修行(しゅぎょう・슈교오) 수행, 불도
를 닦음
　「슈우교오」로 생각할 테지만「슈교
오」가 된다.

苦行(くぎょう・구교오) 고행, 깨달음
을 얻기 위한 괴로운 수행

精進(しょうじん・쇼오징) 정진, 불도
수행에 전념하는 것
　당연히「세이싱」으로 생각할 테지
만 엉뚱하게도「쇼오징」이라고 한다.

久道(くどう・구도오) 구도, 부처를
믿고 깨달음을 구함

般若(はんにゃ・한냐) 반야, 모든 법
의 진실을 아는 지혜
　발음이 독특한「한냐」가 된다.

禅(ぜん・젱) 선

座禅(ざぜん・자젱) 좌선

参禅(さんぜん・산젱) 참선

読経(どっきょう・돗꾜오) 독경
　「도꾸꾜오」라고 생각할 테지만「돗
꾜오」라고 한다.

念仏(ねんぶつ・넨부쓰) 염불
　馬の 耳に 念仏である
(쇠귀에 경읽기이다)

経文(きょうもん・교오몽) 경문

唱える(となえる・도나에루) 소리내
어 읽다

念珠(ねんじゅ・넨쥬) 염주

珠数(じゅず・쥬즈) 염주

珠数玉(じゅずだま・쥬즈다마) 염주알

珠数を 爪繰る(じゅずを たぐる・쥬
즈오 다구루) 염주알을 세워넘기다

木魚(もくぎょ・모꾸교) 목탁

叩く(たたく・다따꾸) 두드리다

袈裟(けさ・게사) 가사, 승려가 입는
법복
　필경「가사」라고 생각했다가「게사」
라는 사실을 알고 놀랄 것이다.

悟り(さとり・사또리) 깨달음

悟る(さとる・사또루) 깨닫다

得道(とくどう・도꾸도오) 득도, 깨달
음의 경지에 이름

被岸(ひがん・히강) 깨달음의 경지에
도달하는 것

曼陀羅(まんだら・만다라) 부처가 깨

달은 경지, 부처의 세계나 극락을 그린 그림

涅槃(ねはん · 네항) 열반, 석가모니의 입적(入寂), 죽음, 모든 것을 깨달았을 때의 경지

　발음이 쉽지 않은 단어로서 「네항」이라고 한다.

入寂(にゅうじゃく · 뉴우쟈꾸)　입적, 성자나 고승의 죽음

成仏(じょうぶつ · 죠오부쓰)　죽어서 부처가 됨. 「세이부쓰」가 아닌 「죠오부쓰」이다.

往生(おうじょう · 오오죠오)　죽은 후 극락정토에 태어남

　이 단어 또한 「오오세이」가 아닌 「오오죠오」임을 명심할 것

　あとの 事は 心配せずに 往生しなさい
　(뒷일은 염려말고 눈을 감으시오)

輪廻(りんね · 린네) 살아있는 영혼은 불멸이며 여러 삶을 받아 생사를 반복한다는 것

来世(らいせ · 라이세) 내세, 미래의 세상

　당연히 「라이세이」로 알 테지만 「라이세」가 된다.

極楽(ごくらく · 고꾸라꾸) 극락

浄土(じょうど · 죠오도) 보살이 사는 깨끗한 나라

冥土(めいど · 메이도) 명토, 저승

冥府(めいふ · 메이후) 명부, 저승

冥界(めいかい · 메이까이) 명계, 저승

あの世(あのよ · 아노요) 저 세상

　果して あの世が あるだろうか
　(과연 저 세상이 있는 것일까?)

地獄(じごく · 지고꾸) 지옥

奈落(ならく · 나라꾸) 나락, 지옥

殺生(せっしょう · 셋쇼오) 살생, 생물을 죽이는 것

　「삿세이」가 아닌 「셋쇼오」이다.

末世(まっせ · 맛세) 말세

般若心経(はんにゃしんきょう · 한냐싱꾜오) 반야심경

南無阿弥陀仏(なむあみだぶつ · 나무아미다부쓰) 나무아미타불

観世音菩薩(かんぜおんぼさつ · 간제옹보사쓰) 관세음보살

婆羅門(バラモン · 바라몽)　바라문교의 승려

ウバニシャッド(우바니샷또)　우바니샤토, 바라문교의 철학사상을 설명한 교전(教典)

シバ神(しん · 시바싱) 인도 힌두교의 대표신의 하나

法会(ほうかい · 호오까이) 법회

説法(せっぽう · 셋뽀오) 설법

破邪(はじゃ · 하쟈)　사견(邪見) · 사

도(邪道)를 막는 일

刹那(せつな・세쓰나) 찰나, 손가락 한
번 퉁기는 사이, 지극히 짧은 사이

宗門(しゅうもん・슈우몽) 한 종교의
종파

宗旨(そうし・소오시) 각 종교의 교리

教祖(きょうそ・교오소) 일파의 종교
를 개척한 사람

門徒(もんと・몬또) 그 종교의 신도

神業(かみわざ・가미와자)　신기(神
技), 신이 하는 초인적인 행위

仏力(ぶつりき・부쓰리끼) 부처의 신
통한 힘

霊験(れいげん・레이겡) 신불의 영묘
한 감응

感応(かんのう・간노오)　신심(信心)
이 신불에 통함
「강오오」가 아닌 「간노오」라고 읽는다.

神通力(じんつうりき・진쓰우리끼)
신통력

冥加(みょうが・묘오가) 모르는 사이
에 입는 신불의 가호
당연히 「메이까」로 알 테지만 엉뚱
한 「묘오가」이다.

冥利(みょうり・묘오리) 은연중에 입
는 신불의 은혜

果報者(かほうもの・가호오모노)　행
운아

摩可(まか・마까) 초월

神頼み(かみだのみ・가미다노미)　신
에게 빌어 구원을 청하는 것

苦しい 時の 神頼み(くるしい ときの
かみだのみ・구루시이 도끼노 가미
다노미) 급할 때 하느님찾기
　信仰が 苦しい 時の 神頼みに なっ
ては いけない (신앙이 급할 때 하느님
찾기가 되어서는 안 된다)

施米(しまい・시마이) 중에게 쌀을 나
누어 줌

供物(くもつ・구모쓰) 신불에 바치는
물건

供米(くまい・구마이) 공양미

供養(くよう・구요오) 죽은이의 영혼
에 물건을 바쳐 명복을 비는 것
　「供」이 모두 「교오」가 아닌 「구」로
발음된다는 사실에 유의할 것

大黒天(だいこくてん・다이고꾸뗑)
복을 주는 신의 하나

帝釈天(たいしゃくてん・다이샤꾸뗑)
도리천(忉利天)에 살며 불법을 지키
는 신

羅刹(らせつ・라세쓰) 나찰, 악한 귀
신의 하나

魔王(まおう・마오오) 악마의 왕

邪魔(じゃま・쟈마) 수행을 방해하는
악마

阿修羅(あしゅら・아슈라) 인도의 귀신

亡者(もうじゃ・모오쟈) 망자, 죽어서
　성불하지 못하고 방황하는 자

三途の 川(さんずの かわ・산즈노 가
　와) 사자(死者)가 건너간다는 내
　人は 死んで みな 三途の 川を 渡る
　そうだ (사람은 죽어서 모두 개울을 건
　너간다고 한다)

救い主(すくいぬし・스꾸이누시) 구
　세주

救世主(きゅうせいしゅ・규우세이슈)
　구세주

メシア(메시아) 메시아, 구세주

唯一神(ゆいいっしん・유이잇싱) 유
　일신

アガペ(아가뻬) 아가페, 신의 사랑

イエス(이에스) 예수

キリスト(기리스도) 그리스도

エホバ(에호바) 여호와

聖母(せいぼ・세이보) 성모

マリア(마리아) 마리아

サンタマリア(산따마리아) 성모마리아

マドンナ(마돈나) 성모마리아

アンゼルス(안제루스) 안젤루스, 성모
　마리아의 수태고지(受胎告知)를 기
　념하는 기도

降誕(こうたん・고오땅) 거룩한 이가
　탄생함

神殿(しんでん・신뎅) 신전

神技(しんぎ・싱기) 신기, 신의 조화

神託(しんたく・신따꾸) 신의 계시
　앞에서 말했듯이 「신의 계시」를 뜻
　하며 「신따꾸」라고 읽는다.

天佑(てんゆう・뎅우우) 천우신조

キリスト教(きょう・기리스도꾜오)
　그리스도교

耶蘇教(やそきょう・야소꾜오) 그리스
　도교

カトリック教(きょう・가또릿꾸꾜오)
　가톨릭교

マホメット教(きょう・마호멧또꾜오)
　마호멧교

コーラン(고오랑) 코란, 회교(回教)의
　성전(聖典)

アラー神(しん・아라아싱) 알라신, 회
　교의 유일신

イスラム教(きょう・이스라무꾜오)
　이슬람교

プロテスタント(뿌로떼스딴또) 프로
　테스턴트, 기독교의 신교

新教(しんきょう・싱꾜오) 신교

旧教(きゅうきょう・규우꾜오) 구교

キリスタン(기리스땅) 일본에 들어온
　가톨릭의 일파

清教徒(せいきょうと・세이꾜오또)
　청교도

聖体(せいたい・세이따이) 성체

聖血(せいけつ・세이께쓰) 성혈

聖霊(せいれい・세이레이) 성령

復活(ふっかつ・훗까쓰) 부활

教会(きょうかい・교오까이) 교회

チャーチ(짜아찌) 처어치, 교회

十字架(じゅうじか・쥬우지까) 십자가

輝く(かがやく・가가야꾸) 빛나다

礼拝(らいはい・라이하이) 예배

　「礼」는 본시 「레이」로 발음을 하지만, 「礼拝」는 「레이」가 아닌 「라이하이」가 된다.

拝む(おがむ・오가무) 절하다, 배례하다

祝祷(しゅくとう・슈꾸또오) 축도

祈祷(きとう・기또오) 기도

お祈り(おいのり・오이노리) 기도

　マリアの 銅像を 仰いで お祈りを する (마리아의 동상을 올려다보고 기도를 한다)

ミサ(미사) 미사

おごそか(오고소까) 엄숙함

粛然(しゅくぜん・슈꾸젱) 숙연

偶像崇拝(ぐうぞうすうはい・구우조오스우하이) 우상숭배

懺悔(ざんげ・장게) 참회

　발음이 쉽게 생각나지 않을 테지만 「장게」인데 「ざん」은 Z발음의 「장」이다.

贖罪(しょくざい・쇼꾸자이) 속죄

宣教(せんきょう・셍꾜오) 선교

伝道(でんどう・덴도오) 전도

布教(ふきょう・후꾜오) 포교

ミッション(밋송) 미션, 그리스도교의 전도, 또 그 단체

法王(ほうおう・호오오오) 법왕

法王庁(ほうおうちょう・호오오오쬬오) 법왕청

僧正(そうじょう・소오죠오) 승정

ビショップ(삣숏뿌) 비숍, 승정, 그리스도 교회 최고의 교직

牧師(ぼくし・보꾸시) 목사

司祭(しさい・시사이) 사제

神父(しんぷ・신뿌) 신부

バテレン(바떼렝) 신부, 그리스도인

法服(ほうふく・호오후꾸) 법복

修女(しゅうじょ・슈우죠) 수녀

牧師館(ぼくしかん・보꾸시깡) 목사관

修道院(しゅうどういん・슈우도오잉) 수도원

トラピスト(도라삐스또) 트라피스트 수도원

信徒(しんと・신또) 신도

信者(しんじゃ・신쟈) 신자

クリスチャン(구리스쨩) 크리스천

信心(しんじん・신징) 신앙심

　「신싱」이라고 생각할 테지만 「신징」이다.

284

信心が 薄い 信者が 多い

(신앙심이 두텁지 못한 신자가 많다)

厚い(あつい・아쓰이) 두텁다

篤実(とくじつ・도꾸지쓰) 독실함

洗礼(せんれい・센레이) 세례

受ける(うける・우께루) 받다

聖書(せいしょ・세이쇼) 성서

聖書も 仏経も 真理は 同じである

(성서도 불경도 진리는 같다)

バイブル(바이부루) 바이블, 성서

聖句(せいく・세이꾸) 성서 속의 문구

旧約(きゅうやく・규우야꾸) 구약, 구

약성서

新約(しんやく・싱야꾸) 신약, 신약성서

説教(せっきょう・셋꾜오) 설교

垂訓(すいくん・스이꿍) 수훈

隣を 愛せよ(となりを あいせよ・도나

리오 아이세요) 이웃을 사랑하라

キリスト教の 真理は「隣を 愛せよ」

である (그리스도교의 진리는「이웃을

사랑하라」이다)

摂理(せつり・세쓰리) 섭리

お示し(おしめし・오시메시) 계시

앞에서 말한 것처럼「신의 계시」를

뜻하며「오시메시」라고 한다.

お恵み(おめぐみ・오메구미) 은총

イエスの お恵みを 受けて 長年の

不治病が 治る (예수의 은총을 입어 오

랜 불치병이 낫는다)

お許し(おゆるし・오유루시) 용서

福音(ふくいん・후꾸잉) 복음

「후꾸옹」으로 알 테지만, 엉뚱하게

「후꾸잉」이다.

教理(きょうり・교오리) 교리

伝播(でんぱ・덴빠) 전파

アーメン(아아멩) 아멘, 그렇게 되어지

이다

賛美歌(さんびか・산비까) 찬송가

コーラス(고오라스) 코러스, 합창

賛美歌の コーラスを 聞くと 粛然と

した 気分に なる (찬송가의 합창을 들

으면 숙연한 기분이 든다)

ハレルヤ(하레루야) 할렐루야, 여호와

신을 찬양하라

聖域(せいいき・세이이끼) 성역

聖地(せいち・세이찌) 성지

巡礼(じゅんれい・쥰레이) 순례

イエルサレム(에루사레무) 예루살렘

復活節(ふっかつせつ・훗까쓰세쓰)

부활절

イスラエル(이스라에루) 이스라엘

カナアン(가나안) 가나안

シオン(시옹) 시온, 예루살렘 부근의

언덕

シオニズム(시오니즈무) 시오니즘, 유

대인이 그 민족적 근거지를 팔레스

타나로 정하려고 하는 운동

ヘブライ(헤부라이) 히브리, 다른 민족
이 이스라엘 민족을 부를 때 쓰던 말

バリサイ(바리사이) 바리새, 유대교의
한 파

天国(てんごく・뎅고꾸) 천국

天使(てんし・뎅시) 천사

エンゼル(엔제루) 엔젤, 천사

地獄(じごく・지고꾸) 지옥

サタン(사딴) 사탄, 악마

エデンの園(その・에덴노소노) 에덴동산

アダムと イブ(아다무또 이부) 아담과
이브

無花果(いちじく・이찌지꾸) 무화과

善悪(ぜんあく・젱아꾸) 선악

誘惑(ゆうわく・유우와꾸) 유혹

負ける(まける・마께루) 지다, 패하다

失楽園(しつらくえん・시쓰라꾸엥)
실락원

最後の 晩餐(さいごの ばんさん・사이
고노 반상) 최후의 만찬

審判の 日(しんぱんの ひ・신빤노 히)
심판의 날

使徒(しと・시또) 그리스도의 복음을
전하기 위해 고른 12인의 제자

パウル(바우루) 바올로

ペテロ(뻬떼로) 베드로

ユダ(유다) 유대, 그리스도의 12사도의

하나, 그리스도를 관헌에게 팔았다
가 뒤에 후회하여 목매어 죽음

ヨハネ(요하네) 요한

マタイ(마따이) 마태

マガ(마가) 마가

モセ(모세) 모세

十誡(じっかい・짓까이) 십계, 모세가
하나님에게 받았다는 10개조의 계시

奇跡(きせき・기세끼) 기적

戒律(かいりつ・가이리쓰) 계율

ゲッセマネ(겟세마네) 겟세마네, 예수
가 처형 전날 기도를 드린 장소

ゴルゴタ坂(さか・고루고다사까) 골
고다 언덕

ガリリー湖(こ・가리리이꼬) 갈릴리 호

ベドレヘム(베도레헤무) 베들레헴

聖夜(せいや・세이야) 성야, 크리스마
스 이브

聖誕節(せいたんせつ・세이땅세쓰)
성탄절

クリスマス(구리스마스) 크리스마스

サンタクロース(산따꾸로오스) 산타
클로스

救世軍(きゅうせいぐん・뀨우세이궁)
구세군

慈善鍋(じぜんなべ・지젠나베) 자선
냄비

저자 소개

서울 출생
저서「기초일본어」
　　「기초일본어단어 · 숙어집」
　　「속성일본어단어」
역서 미우라아야꼬「빙점」
　　「무화과」「두드려라 열릴 것이오」
　　마쓰모또 세이쪼오「점과 선」「0의 초점」
　　엔도오슈사꾸「침묵」
　　「예수의 탄생」기타 다수

분야별로 가려뽑은 핵심

日本語 단어

초판 인쇄 | 2015년 10월 15일
초판 발행 | 2015년 10월 25일

지은이 | 이규형
대　표 | 장삼기
펴낸이 | 신지현
펴낸곳 | 도서출판 사사연

등록번호 | 제10-1912호
등록일 | 2000년 2월 8일
주소 | 서울시 강서구 강서로 29길 55, 301(화곡동)
전화 | 02-393-2510, 010-4413-0870
팩스 | 02-393-2511

인쇄 | 성실인쇄
제본 | 동심제책사
홈페이지 | www.ssyeun.co.kr
이메일 | ssyeun@naver.com

값 9,500원
ISBN 979-11-952501-8-9
✽ 잘못 만들어진 책은 바꿔 드립니다.